〈法と自由〉講義

憲法の基本を理解するために

仲正昌樹
Nakamasa Masaki

作品社

［前書き］――そもそも「法」とは何なのか、哲学的に考えてみることが必要ではないか？
「憲法」という装置を生み出した古典をきちんと読む意義

「憲法」論議の盲点

二〇一二年末に憲法改正を目標として掲げる自民党が政権に復帰し、安倍首相が、憲法改正要件を規定する第九六条の先行改正を提起したのをきっかけに、マスコミで憲法論議が盛んになっている。第九条をめぐる左右の宣伝合戦に終始していた従来の論議よりも、他の法律とは異なる憲法の特殊性が一般的に認識されるようになったのは確かだろう。しかしながら、新たな論議も、ともすると、安倍首相の〝真の意図〟や政治姿勢、外国との比較など、表層的なレベルに留まるきらいがあり、「憲法は何のための法か？」、という根本的な問いは掘り下げて論じられていないように思われる。

自民党の現在の改憲案に批判的な論者たちは、「憲法」は政府の権力行使に縛りをかけるものであるにもかかわらず、その制約を緩めて、国民に政治的・道徳的義務を課そうとするのは本末転倒である、と主張している。この議論はもっともらしく思われる。しかし、だとすると、現行憲法に国民の三大義務が規定されているのはどうしてかという疑問が出てくる。また、憲法第一二条の「この憲法が国民に保障する自由及び権利は、国民の不断の努力によって、これを保持しなければならない」、という文言はどう理解すべきなのか？　更に言えば、主権者である国民が、自らが信託した（立法府を含む意味での）「政府」が恣意的な権力行使をしないよう、条件付けるために〝のみ〟「憲法」を制定したのだとすれば、立法府のいずれか一院の三分の一の議員の反対によって、国民が改憲のための国民投票を行う機会を奪うのはおかしい、という安倍首相の言い分は必ずしも見当外れではない。

また、憲法は、国民一人ひとりの生き方を規律するものではない、という〝リベラル〟な「憲法」理解に徹するのであれば、政府が憲法第二五条などを根拠として、市場を中心とした市民の経済活動に干渉し、再配分・福祉政策を行うのは僭越ではないか、という議論をすることもできる。政府による「社会的正義」の実現に批判的な、経済学者フリードリヒ・ハイエクは、そうした「憲法」理解を示している――これについては、『週刊金曜日』第九五五号に掲載された拙稿「ハイエクから見る日本国憲法改正論議」で論じた。

このように、日本国憲法には、異なった価値観や歴史的経緯を反映する様々な要素が入り込んでいて、完全に論理的一貫性をもった解釈をすることは困難である。「憲法」とは何か、本格的に考えようとすれば、現行憲法の条文を読むだけでなく、「憲法」という装置を生み出した西欧諸国の政治・法思想史について学ぶこと、そして、そもそも「法」とは何なのか、哲学的に考えてみることが必要だ。

「政府を縛るものとしての憲法」、という考え方は、マグナ・カルタ（大憲章）以降の英国の政治思想史の中で形成されてきたが、当然、政府の権力構造が変容するのに伴って、その意味するところも変化している。また、英米圏の「憲法」は、「法の支配」と不可分に結び付いてきたが、その場合の「法」とはどのようなものか理解しないと、「憲法」の理解も曖昧になってしまう。日本では、「法の支配」という言葉は、司法制度改革等でよく使われるが、それが正確にどういう状態を意味するかについては、ごく一部の専門家の間でしか本格的な議論は行われていない。

「憲法」を考えるのに、なぜこの三人を取り上げるのか？

本書の元になった連続講義「法と自由」では、アメリカ独立戦争とフランス革命の時代である、一八世紀後半の西欧における三人の代表的な哲学的法思想家であるルソー、ベッカリーア、カントの三人の法哲学に関する、代表的なテクストを読解することを試みた。周知のように、ルソーは、近代民主主義の前提となっている人民主権を、「一般意志」による統治という形で定式化した理論家であり、最近日本の論壇で、東浩紀の「一般意志２・０」論などを通して再び注目されている。一般的にはあまり認知されていないが、彼は「法」を「一般意志」の現れとして捉え、「法」の本質について独自の議論を展開している。そして、「一般意志」を「法」として表象するという行為に内在する原理的な困難を指摘している。これは、「憲法」という書かれた法典（エクリチュール）と、「国民の意志」の関係を考えるうえで、重要な論点である。

ベッカリーアとカントは、この一般意志論を受けて、それぞれの法理論を展開した。ベッカリーアの『犯罪と刑罰』は、近代刑法の原点となったとされる古典的著作であるが、この中で、「刑法」をはじめとする「法」を、「社会契約」に基づくものとして再定義することを試みている。ただし、彼はベンサムにも繋がる功利主義的な観点から「刑罰」を考えており、「道徳的自由」という側面を強調するルソーとは微妙に「法」に対する視点が異なっている。

カントは、ルソーの教育論である『エミール』を読みふけって、日課である散歩のタイミングがその日だけくるってしまったエピソードが知られているが、「法」理論の面でも、ルソーの［社会契約－一般意志］論の影響を強く受けている。ただ、カントは「道徳的自由＝自律」をめぐる自らの哲学的考察を法理論にも組み込んでいるので、ルソーよりも各市民の自由や、権利／義務関係に重点を置いた議論をしている。

一八世紀の社会思想の主題となっていた「啓蒙」に対する三者の距離感の違いが、それぞれの法理論や権力観にどのように反映されているかも興味深い。社会契約論に基づく「法」理論は、時代や地域に拘束されない普遍性を目指す傾向があるが、個々の思想家の立ち位置は、何らかの形で時代や地域の制約を受ける。そして、その制約はしばしば、それらの思想家を受容する後代の理論家、解釈者たちにも影響を及ぼす。

そうした関心から、本書を読んで頂ければ幸いである。

〈法と自由〉講義

——憲法の基本を理解するために——

▼ジャン＝ジャック・ルソー　Jean-Jacques Rousseau（1712－78年）

社会契約 － 一般意志論 － 法

近代民主主義の前提となっている人民主権を、「一般意志」による統治という形で定式化した理論家。彼は「法」を「一般意志」の現れとして捉え、「一般意志」を「法」として表象するという行為に内在する原理的な困難を指摘している。

「憲法」という書かれた法典（エクリチュール）と、「国民の意志」の関係について考察。

啓蒙について：フランス啓蒙主義の進歩史観に反発。

▼チェザーレ・ベッカリーア Cesare Bonesana Beccaria（1738年－94年）

社会契約 ＋ 功利主義

人民の合意に基づく罪刑法定主義論、司法の独立、死刑廃止

『犯罪と刑罰』は、近代刑法の原点となったとされる古典的著作。

「刑法」をはじめとする「法」を、「社会契約」に基づくものとして再定義。

ただし、ベンサムにも繋がる功利主義的な観点から「刑罰」を考えている。

※「道徳的自由」という側面を強調するルソーとは微妙に「法」に対する視点が異なっている。

啓蒙について：キリスト教・カトリックに配慮しながらも、啓蒙主義を称賛。

▼イマヌエル・カント Immanuel Kant（1724年－1804年）

自由 － 自律、公民的秩序論

「法」理論の面でも、ルソーの［社会契約－一般意志］論の影響を強く受けている。ただ、カントは「道徳的自由＝自律」をめぐる自らの哲学的考察を法理論にも組み込んでいるので、ルソーよりも各市民の自由や、権利／義務関係に重点を置いた議論をしている。

啓蒙について：漸進的な啓蒙主義。

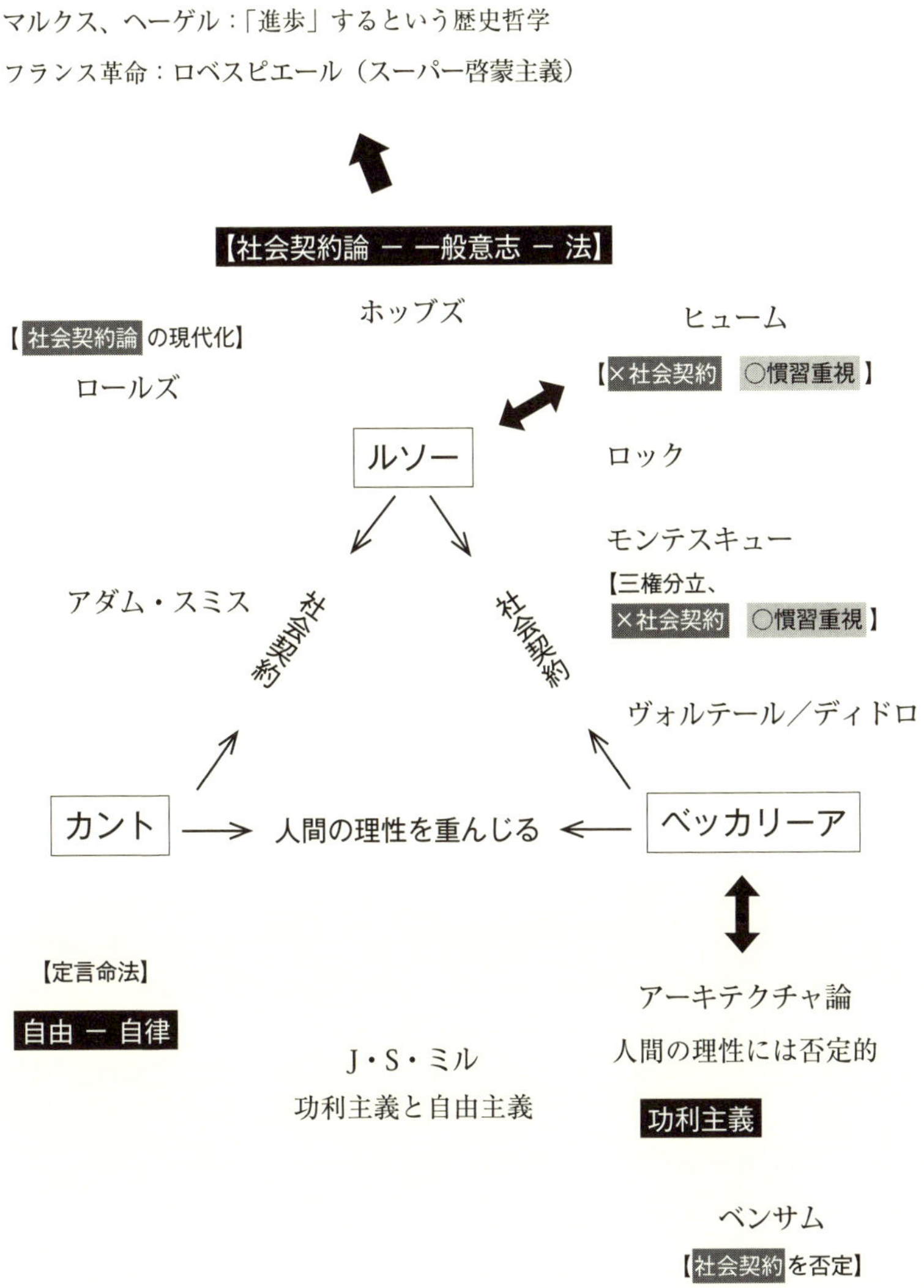
マルクス、ヘーゲル：「進歩」するという歴史哲学
フランス革命：ロベスピエール（スーパー啓蒙主義）
【社会契約論 － 一般意志 － 法】
ホッブズ
【社会契約論の現代化】
ロールズ
ヒューム
【×社会契約 ○慣習重視】
ルソー
ロック
モンテスキュー
【三権分立、×社会契約 ○慣習重視】
アダム・スミス
社会契約
社会契約
ヴォルテール／ディドロ
カント
人間の理性を重んじる
ベッカリーア
【定言命法】
自由 － 自律
アーキテクチャ論
人間の理性には否定的
J・S・ミル
功利主義と自由主義
功利主義
ベンサム
【社会契約を否定】

目次

本書は、連合設計社市谷建築事務所で行われた全６回の連続講義（2012年４月〜10月）に、適宜見出しで区切り、文章化するにあたり正確を期するべく大幅に手を入れた。なお講義の雰囲気を再現するため、話し言葉のままとした。また講義内容に即した会場からの質問も、編集のうえ収録した。

講義で、主に取り上げたのは、ルソー『社会契約論』、ベッカリーア『犯罪と刑罰』、『啓蒙とは何か　他四篇』（以上、岩波文庫）に収められている翻訳並びに該当する原書を適宜参照した。

本書は、テキストの精読を受講生と一緒に進めながら、読解し、その内容について考えていくという主旨で編集しています。決して〝答え〟が書いてあるわけではありません。きちんと原書並びに本書で触れられたテキストを手に取られ、自分で考えるための〝道具〟と本書がなるよう切に願っております。

最後に、来場していただいたみなさま並びにご協力いただいた連合設計社市谷建築事務所スタッフの方々に心より御礼申し上げます。【編集部】

第Ⅰ部 なぜ、社会契約を知らなければいけないのか?

——ルソー『社会契約論』を読む

人間は自由なものとして生まれた、しかもいたるところで鎖につながれている。自分が他人の主人であると思っているようなものも、実はその人々以上にドレイなのだ。どうしてこの変化が生じたのか？　わたしは知らない。何がそれを正当なものとしうるか？　わたしはこの問題は解きうると信じる。

しかし、全人民が、全人民に関する〔法の〕取りきめをするときには、人民は、人民自身のことしか考えていないのである。そして、そのさいある関係がつくられるにしても、それは、ある見地から見られた対象全体が、別の見地から見られたその全体にたいする関係であり、何ら全体の分割がおこるのではない。その場合、取りきめの対象となるものは、取りきめをする意志と等しく一般的である。わたしが法と呼ぶのは、この行為なのである。

ルソー　『社会契約論』より

［講義］第一回

私たちの「社会」をつくるものとは何か？

――“社会契約”という発想

かなりポジティヴな役割を持つルソーの「法」

ルソー（一七一二－七八）の『社会契約論』（一七六二）を二回に分けて読んでいきます。この著作に関しては、昨年に出版された東浩紀さん（一九七一－　）の『一般意志2・0』（二〇一一）から改めて関心を持たれた人もいるかと思います。私の講義では、ルソーから新しいものを読み出していくというよりは、ルソー自身が『社会契約論』という著作のなかで何を言っていたのか、改めて考えてみたいと思います。

まず、『社会契約論』はルソーの思想のなかでどのような性格を持っているかを前提として話したいと思います。ルソーの政治思想関係の著作としては、他に『人間不平等起源論』（一七五五）があり、『社会契約論』とともに政治思想関連の二大著作とされています。教育論としては『エミール』（一七六二）、文学としては『新エロイーズ』（一七六一）、他にも演劇論など様々な著作がありますが、ルソーの法思想を知ろうとするのであれば、通常、『人間不平等起源論』『社会契約論』の二冊を読み比べます。現在では、そういう傾向はさほど強くありませんが、かつては、『人間不平等起源論』と『社会契約論』を連続的に理解して、『不平等起源論』で生じた問題が、革命を経て、『契約論』での理想状態へと至るというように、左派的に解釈するパターンが多かったように思います。

『人間不平等起源論』では、「自然状態」における「自然人」、あるいは「野生人 l'homme sauvage」の在り方が論じられます。「自然状態」にあるヒトは、理性を働かせていない状態であるが、しかし幸福であったとします。やがて理性を働かせて自分と他人を比較し、自己の取り分を主張するようになった。そこに「所有」の観念が生まれた。それが制度化され、それを守るために「法」が制定された。ルソーは、所有権あるいは権利、そしてそれを守るものとしての「法」に対して非常にネガティヴな書き方をしています。最も強い者が自分の所有、取り分——特に土地ですが——を正当化するために、権利や法という観念を生み出し、国家をという調子です。無政府主義的なトーンですね。そして、そのような不自然な状態はいつか崩壊し、自然状態に戻るだろう、ということを示唆しています。

『社会契約論』では、人々は、「一つの人民」となる「社会契約」を結び、通常我々が「国家」と呼んでいるもの——ルソー自身は「国家」という言い方は必ずしも固定的には使ってはいないのですが——を形成します。その国家は、それを構成する「人民」の共通の意志としての「一般意志」によって統治されています。「一般意志」の現れが「法」です——法学では「意思」という漢字を当てますが、哲学ではむしろ「意志」という漢字を使うことが多いです。「法」の下で、各市民は「権利」を付与され、「市民的自由」の主体になります。「法」はかなりポジティヴな役割を果たしているわけです。

このように、『不平等起源論』と『社会契約論』では「法」と「権利」のイメージがかなり異なります。では、どのように整合的に理解すればよいのか、どちらがルソーの本意なのか? 比較的単純に結び付けると、『不平等起源論』では、本来あるべきではない腐敗した法が描かれており、『社会契約論』では本来あるべき法を論じている、ということになるでしょう。それにヘーゲル（一七七〇‐一八三一）やマルクス（一八一八‐八三）の歴史哲学を重ね合わせると、堕落した状態の法や権利に依拠する国家が一旦崩壊し、その後に本来の社会契約に基づく国家が成立される、というような歴史の発展図式を描けます。『社会契約論』は歴史的にもっと後の段階、革命の後に生じる未来の国家を論じていると考えると、何となく辻褄が合いそうだし、唯物史観に合っているような感じもするので、ある時期まで、そういう読み方が結構ポピュラーになっていました。左派的な運動が徐々に弱まっていくなかで、そういう読み方は次第に衰退し、むしろ、イデオロギー的な補足抜きに、それぞれのテクストを内在的に読むやり方が当たり前になっていると思います。

「社会」の理想的なあり方

『人間不平等起源論』で論じられているテーマと『社会契約論』で論じられているテーマは違うものである、と理解するのが今では一般的だと思います。無理やり理論的連続性を想定する必要性はない。『人間不平等起源論』は、「自然状態」というものが仮にあったとすれば、それはどのような状態であり、その「自然状態」の視点から、今の社会はどのように見えるかを論じています。『人間不平等起源論』が「自然状態」からの思考とすると、『社会契約論』は「社会状態」からの思考ということになるでしょう。人間が、「自然」ではなく、「社会」の中で生きることを前提として、その「社会」の理想的なあり方を論じているわけです。

本来は「自然」が良いのだが、反省的自我意識に目覚めた人間は、「自然」に完全に回帰することはできない。そうなると、自然に似た擬似自然的な〝理想の社会〟を求めるという発想になりそうですが、ルソーはそう考えない。彼は、一旦「社会」の中で生きるようになったら「自然状態」とは異なる理想を目指すべき、自然な自由ではなく、契約に基づく社会の中での自由を追求すべき、と考えます。『人間不平等起源論』と『社会契約論』は全く無関係ではなく、大事なところで対応していますが、それぞれの理想は異なっています。少なくとも私は、そういう前提でこのテクストを読んでいこうと思います。

ちなみに「社会状態」と訳されていますが、フランス語では〈l'état civil〉です。フランス語の形容詞の〈civil〉には、「市民的」あるいは「文明的」という意味があります。英語で「文明」のことを〈civilization〉と言いますが、あれも形容詞の〈civil〉から来ています。これらは、ラテン語の〈civitas〉に由来する言葉で、〈civitas〉はギリシア語の「ポリス」に相当し、「都市国家」を意味します。〈civil〉はその形容詞形ですから、「都市国家の住民（市民）の」、あるいは「都市国家に関わる」という意味合いです。「（都市）国家の政治に市民として関わる」という意味合いを帯びている時は、「共和制的」と訳されることもあります。また、都市での市民たちの生活が洗練されているという想定から、「文明」という意味も出てきました。英語の〈civility〉は、「（市民的）礼節」という意味です。

ルソーが〈l'état civil〉と書いている時、「文明的状態」なのか「市民的状態」なのか、それとも「共和制的状態」なのか？　そのどれにもとれるので、通常の翻訳では、「自然状態」ではなく、市民たちから成る「社会」が成立しているという意味合いを込めて、「社会状態」と訳されています。因みに、「市民社会 civil society」という概念も、一八世紀半ばにはまだ定着していませんでした。「市民社会」の意味の変遷については、植村邦彦さん（一九五二‐　）の『市民社会とは何か』（二〇一〇）で詳しく述べられています。

第一編の冒頭に、ルソーがこの著作を書いた意図がはっきりと述べられています。岩波文庫の訳の一四頁をご覧下さい。

わたしは、人間をあるがままのものとして、また、法律をありうべきものとして、取り上げた場合、市民の世界に、正当で確実な何らかの政治上の法律がありうるかどうか、を調べてみたい。わたしは、

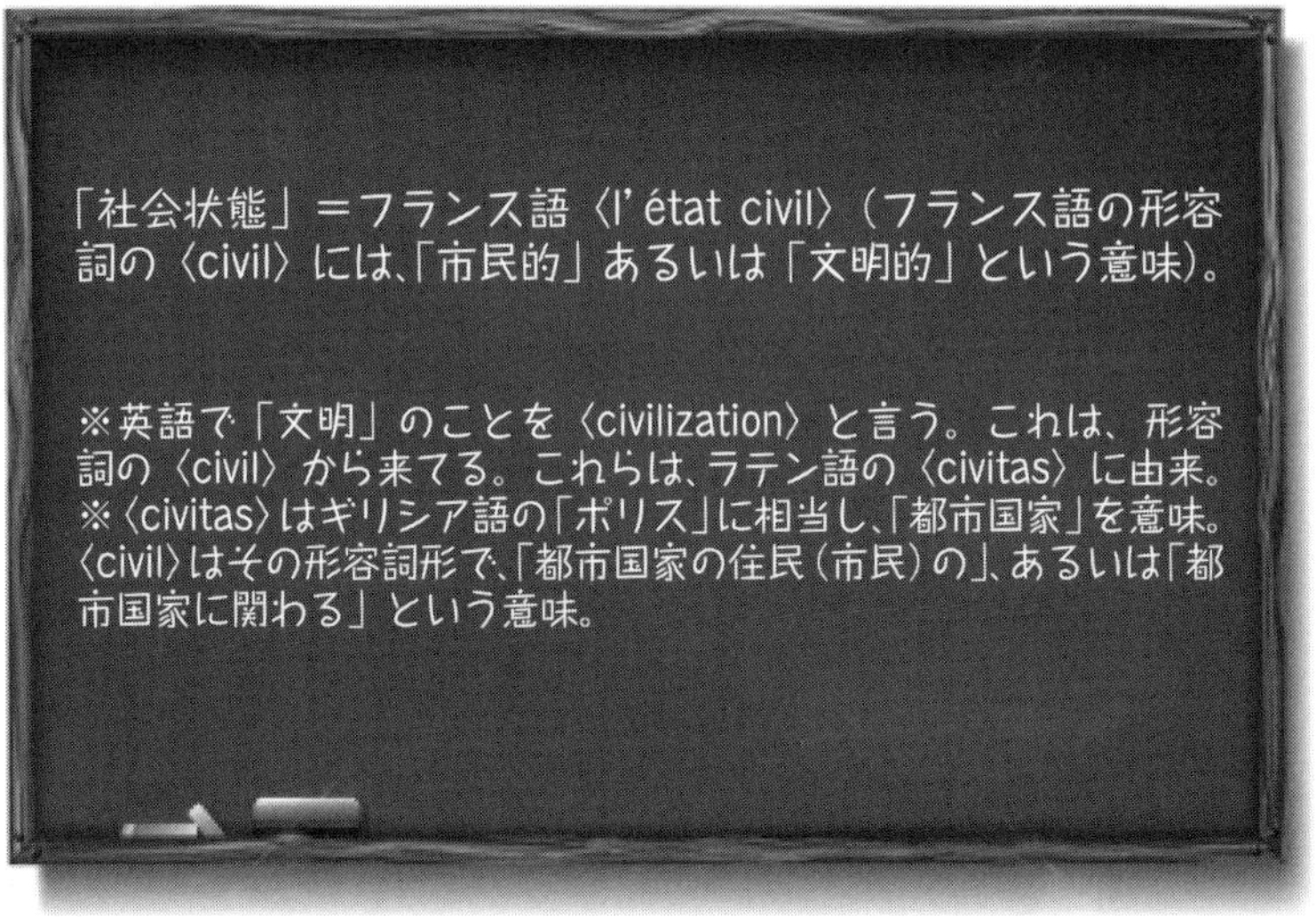
「社会状態」＝フランス語〈l' état civil〉（フランス語の形容詞の〈civil〉には、「市民的」あるいは「文明的」という意味）。
※英語で「文明」のことを〈civilization〉と言う。これは、形容詞の〈civil〉から来てる。これらは、ラテン語の〈civitas〉に由来。
※〈civitas〉はギリシア語の「ポリス」に相当し、「都市国家」を意味。〈civil〉はその形容詞形で、「都市国家の住民（市民）の」、あるいは「都市国家に関わる」という意味。

正義と有用性が決して分離しないようにするために、権利が許すことと利害が命ずることとを、この研究において常に結合するように努めよう。

「人間をあるがままのものとして les homes tells qu'ils sont」というのが、抽象的で分かりにくい感じがしますが、これは、『人間不平等起源論』でルソーが、「あるがままの人間」としての「野生人」を描いたこととの対比で考えればいいと思います。『不平等起源論』では、社会に生きている私たちの偏見を可能な限り排して、純粋な「自然状態」の理念を探求し、その中に生きる「野生人」の姿を想像したわけですが、それとパラレルに、『社会契約論』では、不完全で様々な不合理な現実の社会ではなくて、人々がお互いの「合意」に基づいて形成するであろう、理想の「社会」を想定したうえで、そこに生きる「市民」の姿を純粋に想像しようとしているのだと考えられます。

「市民の世界 l'ordre civil」――正確に訳すと、「市民的秩序」――というのは、市民たちが自らの意志で形成した、理想の「社会」、ということです。従って、

「法律をありうべきものとして les lois tells qu'elles peuventêtre」というのは、そうした「社会」に相応しい「法」ということでしょう。あるべき「社会」をゼロから考え直すことを目指しているわけですね。

「自由なものとして生まれた」vs.「いたるところで鎖につながれている」

一五頁の「第一章：第一編の主題」で、もう少し具体的に課題が設定されています。有名なくだりです。

人間は自由なものとして生まれた、しかもいたるところで鎖につながれている。自分が他人の主人であると思っているようなものも、実はその人々以上にドレイなのだ。どうしてこの変化が生じたのか？　わたしは知らない。何がそれを正当なものとしうるか？　わたしはこの問題は解きうると信じる。

普通に読むと、矛盾していますね。「自由なものとして生まれた」が、「いたるところで鎖につながれている」とはどういうことか？　この「鎖につながれている dan les fers」とはどういうことか？「生まれた」瞬間だけは自由だったけど、誰かが作ったおかしな慣習や制度に搦め取られるということなのか、それとも、人間が社会の中で生きる生き物である以上、そういうものに搦め取られてしまうのは必然なのか、あるいは、「鎖」には、もっと深い意味、たとえば、肉体に閉じこめられている、というようなことなのか？　これだけでは分かりませんね。そういう多義的に取れる表現が、ルソーの魅力なんだと思います。

細かいことを言いますと、〈fer〉というフランス語は「鉄」という意味で、複数形〈fers〉にして、「中に」という意味の前置詞〈dans〉と合わせて熟語にすると、「鉄の枷に（繋がれて）」、という意味になりますが、その「鉄の枷」は、鎖かもしれないし、牢獄かもしれません。牢獄と鎖では、イメージが結構違ってきますね。その後の「ドレイ esclave」という表現も、恐らく、この〈fers〉に拘束されているという意味でしょう。

『人間不平等起源論』との対比が念頭に置かれているとすると、少し意味合いがはっきりしてきます。『不平等起源論』で描かれている「自然人」は、それぞれ独立して生きており、他のいかなる人間によっても縛られていない存在です。しかし、「社会」の中で生きていると、お互いに対する見栄や対抗意識、慣習、法や権力などで、縛られることになる。そのために、不自由で不幸になっている。

そうした「社会」による拘束があることを前提としたうえで、「何がそれを正当なものとしうるか？ Qu'est-ce qui peut le render légitime?」を、言い換えれば、拘束を完全になくすのではなくて、現在の不当な拘束を正当なもの、つまり正義に適ったものに変えるにはどうしたらいいかを考えよう、というわけです。

自由に生まれたのに、縛られているというのはおかしいので、特に左派的な思想の人ではなくても、「そんな鎖を断ち切れ！」、と言いたくなるところですが、ルソーはそうは言わないわけです。現在の「社会」の鎖は不当なものだと認識するけれど、私たちが「野生人」ではなくて、「市民」である以上、「社会」は必要であるという前提に立つわけです。

もし、わたしが力しか、またそこから出てくる結果しか、考えに入れないとすれば、わたしは次のようにいうだろう――ある人民が服従を強いられ、また服従している間は、それもよろしい。人民がクビキをふりほどくことができ、またそれをふりほどくことが早ければ早いほど、なおよろしい。なぜなら、そのとき人民は、〔支配者が〕人民の自由をうばったその同じ権利によって、自分の自由を回復するのであって、人民は自由をとり戻す資格をあたえられるか、それとも人民から自由をうばう資格はもともとなかったということになるか、どちらかだから。

ここだけ読むと抽象的で何を言っているか分かりにくいのですが、「力 force」という言葉に焦点を当てて考えると、分かりやすくなります。この場合の「力」というのは、法とか道徳などの精神的な力ではなく、物理的な「力」のことです。もう少し後でまた出て来ますが、ルソーは物理的な力による支配は、単に事実的な関係はないので、法的な拘束力はないと考えます。あと「結果」の原語は、〈effet〉ですが、物理的な「力」の話なので、「効果」とか「作用」と訳した方が、物理的なニュアンスが出るかもしれません。

力が強い者が弱い者を支配しているという事実に〝だけ〟注目するのであれば、弱い方が力が強くなった時点で、くびきを、つまり物理的な意味でのくびきを、実力でふりほどいてしまえばいい。それだけの話です。動物の世界で強いものが弱いものを従えているのと同じことです。理論的に考えることなんかありません。動物の世界にも秩序はあるかもしれませんが、それはルソーが論じようとしている「社会秩序」とは異なるものです。

「約束 conventions」が社会を、秩序をつくる

ルソーは、自分が関心を持って、この本で論じようとしているのは、「社会秩序」であることを明言します。

しかし、社会秩序はすべての他の権利の基礎となる神聖な権利である。しかしながら、この権利は自然から由来するものではない。それはだから約束にもとづくものである。これらの約束がどんなもの

であるかを知ることが、問題なのだ。

ここで、このテクストでのルソーの最も中心的な考え方が表明されています。「自然状態」を尺度にするのではなく、「社会秩序」を基準にし、そこから全ての「権利」が導き出されると考えるわけです。ホッブズ（一五八八―一六七九）やロック（一六三二―一七〇四）のように、「自然状態」における「自然権」を基礎にしているわけではないのです。「社会秩序」が「神聖な権利 un droit sacré」であるという言い方は、日本語としては不自然ですが、フランス語の〈droit〉はラテン語の〈jus〉やドイツ語の〈Recht〉と同様に、「法」や「正義」という意味もありますので、「神聖な法」とか「神聖な正義」と訳した方が良かったかもしれませんが、そうすると、その後の「他の権利」とうまく対応しなくなるので、訳の難しいところです。

「社会秩序」が全ての「権利」の源泉であると確認したうえで、それは「約束 conventions」を通じてしか生まれない、と言っているわけです。つまり、「社会秩序」は自然発生的に生まれてくるわけではなく、人々の「約束」によってしか生じてこないわけです。〈convention〉は英語の〈convention〉と同じで、「取り決め」とか「慣習」「規約」などの意味がありますが、この場合は、当事者たちが意識的にする「取り決め」が問題になっているので、「約束」という訳でいいでしょう。

その「約束」が、「社会契約」だということになるわけです。「自然界」をいくら調べても「社会秩序」の根拠は出てこない。動物の世界に、権利などありません――少なくとも私たちにはそう見えます。そこでルソーは、「社会秩序」は、人々が自発的に合意し、「取り決め」をすることによって、お互いの行為を縛ることができると考えるわけです。民法の契約のような発想をするわけです。民法の契約を根底で支える大本の法、一番基本的な「取り決め」が「社会契約」であるわけです。

ちなみに「社会契約」という表現自体は、ルソーの『社会契約論』以降一般化しますが、ご承知のように、ホッブズやロック、あるいは、ロックの同時代人のプーフェンドルフ（一六三二–九四）などが、国家あるいは政府の起源を、契約とのアナロジーで論じています。自発的な同意に基づく「契約」に言及することで、国家や政府の存在に正当性があることを示唆するわけです。

生まれたときから「奴隷状態 l'esclavage」に置かれると……

「第二章　最初の社会について」では、家族が「政治社会」の最初のモデルであるという考え方があることを紹介しています。ロックは、家族という血縁に基づく自然に形成された関係と、取り決めに基づく「政治社会 political society」は異質である、という立場を取りますが、ルソーは少し微妙で、子供たちが自立できる段階になってもまだ家族として結合しているとすれば、それはもはや「自然」ではなく、自発的な「約束＝取り決め」に基づくという解釈を加えたうえで、「家族」を「政治社会」の最初のモデルと見なすことができるとしていますね。つまり、「家族」の本質を読み替えたうえで、その意味で、「政治社会」のモデルだとする、捻った議論をしているわけです。

そう述べてから、一見違った方向へ議論を進めていきます。

> グロチウスは、あらゆる人間の権力が被支配者のためにつくられている、ということを否定する。彼はドレイを例としてあげている。彼がいつもやる推理の仕方は、事実によって権利をうち立てることである。

グロチウス（一五八三–一六四五）とは、言うまでもなく「国際法の父」と言われているあのグロチウスのことです。ホッブズとほぼ同時代人のオランダの法学者、哲学者です。オランダが海洋国家であるという背景もあって、主に国際法と取り組んでいますが、プロテスタント内部の神学論争にも加わり、神学に関する著作も多く残しています。

家族の話から奴隷の話に飛んでいる感じがしますが、これはグロチウスの『戦争と平和の法』（一六二五）の、「対人権 jus in personas」について論じている第二巻第五章で、［家族→主人と奴隷の関係→支配者と人民の関係］という順序で議論が進んでいるのに合わせているのでしょう。『戦争と平和の法』は、今日の狭義の国際法、つまり国家間の法的関係だけでなく、法学基礎論的な部分を含んでいます。グロチウスなどの国際法の古典を読んだことのない読者にとっては、不親切な話の進め方ですね。

グロチウスは、家族関係、主／僕関係、支配者／人民関係を、「物」ではなく、「人」に対する権利として一括りにして議論しているわけです。現代の感覚からすると、無理やり一つにまとめている感じがしますが、家族、奴隷、臣民がみな所有の対象になっていた時代もあると考えれば、それほどおかしなことではないのかもしれません。現在の法学用語で「対人権」と言うと、債権に代表されるような、特定の人に対して法的義務を課すことができる権利を指していて、他人を「物」と同じレベルで支配できることは――純理論的な可能性は別にして――含意していないようです。

「あらゆる人間の権力が被支配者のためにつくられている、ということを否定する」というのはややこしい言い方ですが、「あらゆる人間の権力が被支配者のためにつくられている」という部分を、「権力は、支配されている人たちの幸福のためにある」と言い換えると分かりやすくなると思います。領主や王様は、領民のために統治しているという考え方もありうるわけですが、グロチウスは必ずしもそうなっていない、と言っている、と

グロチウス

ルソーは解釈しているわけです。
それと奴隷の話がどう繋がるのかが分かりにくいですが、「権力が支配されている人たちの幸福のためにある」というのは、更に言い換えれば、支配されている人が自分たちの利益のために権力を創設し、それを誰かに委ねている、ということです。奴隷の場合、当然、同意とか納得とかはありません。奴隷は、主人に生殺与奪の権を握られているので、主人の権力が彼らのためにある、とは到底言えません。

「事実によって権利をうち立てる」というのは、先ほどルソー自身が言っていたことの逆です。グロチウスは、「奴隷が存在している」という事実から、「奴隷を所有する」、主人の権利を導き出そうとしているわけですが、先ほどのルソーの理屈からすれば、現に力によって支配しているからといって、そこに法＝権利関係が成立している、とは言えないわけです。「人間の権力 pouvoir」というところで出てくる、〈pouvoir〉という言葉は、英語の〈power〉と同じで、自然な物理的な力を意味することもあれば、人為的な取り決めによって構成される「権力」を意味することもあります。ルソー自身は、後者の意味で理解しようとしているけれど、グロチウスの議論の仕方だとどっちかよく分からないわけですね。

だから、グロチウスによると、全人間が百人ばかりの人間に従属しているのか、それとも、この百人ばかりの人間が全人間に従属しているのか、疑わしくなる。そして彼の著書全体から察すると、彼は前の方の意見にかたむいているようだ。

「百人ばかりの人間」というのは、王や皇帝などの支配者のことです。先ほどの部分で述べられていたように、グロチウスは「現実」からの推論によって「権利＝法」を導き出す議論をしているので、君主のために臣民が存在しているように見える現実を、「権利＝法」として固定化することになるわけです。君主たちが臣民のために奉仕していると見て、その〝現実〟を、「権利＝法」として固定化する方向で議論することもできないわけではないけれど、どちらかというと前者に傾いているということですね。

ホッブズの考え方もまたそうである。そうすると、人類はいくつかの家畜の群に分たれ、その各の群には主人があり、その主人は家畜をむさぼり食うために番をしているということになる。

ご承知のようにホッブズは、『リヴァイアサン』（一六五一）で、契約によって国家ができると主張したわけですが、国家ができると同時に、人民は、自分たちを代表する、主権者に全ての権利を譲渡します。いったん、主権者の権力が確立されると、主権者の意志である法に抵抗することはできません。そういう状態になることを、ルソーは、家畜の群の主人と呼んでいるわけです。「家畜をむさぼり食う」というのは、自然状態では、「人は人に対して狼である homo homini lupus」というホッブズの有名な標語を念頭に置いているのかもしれません。国家を作って、権利を放棄したら臣民はおとなしい家畜になるけれど、主権者は「狼」のまま、ということなのでしょう。

アリストテレスは正しかった。しかし、彼は結果を原因と取りちがえていたのだ。ドレイ状態のなかで生まれた人間のすべては、ドレイとなるために生まれたのだ、世にこれほどたしかなことはない。ドレイは彼らの鎖になかですべてを失ってしまう、そこからのがれたいという欲望までも。彼らがその屈従に甘んじているのは、オデュッセウスの仲間が豚にされて喜んでいたのと同じである。

アリストテレス（前三八四―三二二）が、奴隷になるべく生まれた人がいるという前提で議論をしていたというのはよく知られている話ですね。ルソーはそれを真っ向から批判しているのではなく、アリストテレスは「結果」と「原因」を取り違えている、と言っているわけです。ちょっと分かりにくいですが、文章の流れに即して素直に理解すれば、一人ひとりが奴隷として生まれたから、「奴隷状態 l'esclavage」が生まれるのではなく、「奴隷状態」が先ずあって、その状態の中で生まれ育った人が、奴隷らしくなる、ということです。もっと簡潔に言うと、奴隷らしい性質というのは各人が先天的に持っているものではなく、奴隷としての生活環境の中で身に付けるものだということです。

キルケー

アリストテレスもグロチウスやホッブズと同様に、現実をベースにして、法や正義を考えているわけですが、その現実の捉え方に問題があるわけです。人間は、環境によって、本性が変化する存在です。

オデュッセウスの話は、ホメロスの『オデュッセイア』（前八世紀頃）に出てくるエピソードです。トロイ戦争が終わり故郷に戻る途中で、オデュッセウスが魔女キルケーのいる島に寄った際、彼の仲間は、キルケーの差し出す食べ物を食べたことによって、豚に変えられます。アドルノ（一九〇三－六九）とホルクハイマー（一八九八－一九七三）は、『啓蒙の弁証法』（一九四七）で、このエピソードを、自然から自立して自己を確立したばかりの主体に対して、主客未分化の状態へと回帰するように働きかける自然の力の現れと解釈しています。彼らは、主体は常に不安定で、身体に宿る自然の誘惑を常に受けていると見ているわけです。これについては、拙著『現代ドイツ思想講義』（二〇一二）で詳しく解説しましたので、関心があれば、ご覧下さい。

本題に戻しますと、ルソーは、人間は屈従（servitude）の状態に長いこと置かれると、それが自然になってしまうのではないか、と言っているわけです。人為的に形成された〝自然〟を基準に考えるのはおかしい、と示唆しているわけです。

だからもし、本性からのドレイがあるとしたならば、それは自然に反してドレイなるものがかつてあったからである。暴力が最初のドレイたちをつくりだし、彼らのいくじなさがそれを永久化したのだ。

先ほどの議論を踏まえると、分かりやすくなりますね。本当に、「本性＝自然 nature」――フランス語の〈nature〉は英語の〈nature〉と同様に、「自然」という意味と「本性」という意味があります――から奴隷の人がいるわけではない。しかし、最初に誰かが、強制的に「奴隷」にされると、その人たちは、いつの間にかその状態に慣れてしまい、奴隷のままであることが心地良くなる。そして、彼らの子供として生まれた人たちは、生まれた時から、奴隷であることが普通になる。結果的に、生まれた時から、奴隷らしい人たちが存在することになるわけです。それを、彼らの純粋な〝本性〟だと理解したら、おかしなことになるとルソーは示唆しているわけです。

ルソーの二分法とヒュームの法則

「第三章 最も強いものの権利について」で、先ほどの「力」による事実的な支配関係はあまり意味がないという話がもう少し詳しく説明されています。

最も強いものでも、自分の力を権利に、〈他人の〉服従を義務にかえないかぎり、いつまでも主人でありうるほど強いものでは決してない。ここから最も強いものの権利などというものが出てくる。みたところ皮肉にとれる権利だが、実際は原理として確立されているのだ。しかし、この言葉は、いつまでも説明のつかないものだろうか？　暴力は一つの物理的な力である。そのはたらきからどんな道徳的なものが結果しうるか、わたしにはわからない。

ここで「力」と表現されているのは、先ほどの話に出てきたように、単に強いという事実、そして「服従 l'obéissance」と表現されているのは、その力によって支配されているという事実です。しかし、それを「権利」と「義務 devoir」の関係に変えないかぎり、どんなに強い者でも、「いつでも主人でありうるほど強いものでは決してない」。当たり前の話ですね。そもそも、純粋に自分の暴力だけで支配できる人数は、たかだか数名でしょう。「最も強いものの権利 Droit du plus fort」という概念にはあまり意味がない。「暴力」は「物理的な力 une puissance physique」にすぎないので、より強い者が出てきたら支配者が変わるだけです。因みに「暴力」の原語は〈force〉なので、一貫性の観点からすれば、「力」と訳すべきなのでしょうが、それだと〈puissance〉との違いが出せず、「力は一つの物理的な力である」というおかしな訳になるので、「暴力」と意訳したのでしょう。〈puissance〉は〈pouvoir〉と同根の言葉で、それほど違いはないのですが、「力」とか「権力」の多面性を問題にする時、この二つを使い分ける思想家が少なくありません。

「物理的な力」の働きから「権利」がどのように出てくるのか「わからない」と述べていますが、これは、事実上の否定ですね。そして、「権利」や「義務」は道徳的なものである、としています。「道徳的なもの moralité」という言葉が唐突な感じがしますが、フランス語の「道徳的 moral」というのは、日本語の「道徳的」よりも意味が広くて、「精神的」とか、「非物質的」「規範的」といった意味でも使われます。英語圏の社会理論で、〈moral science〉と言われているものには、「経済学」とか「社会哲学」を含んでいることもありますが、それは〈moral〉が、人間の精神的な営み、振る舞い全般を包括する、広い意味を持っているからです。

ここでは取りあえず、「物理的」と「道徳的」が対比されていて、後者からしか「権利／義務」関係は導き出せないという立場を取っていることさえ押さえておけばいいでしょう。「物理的」な状態を記述する『不平等起源論』とは異なる論理を取っているわけです。「社会」とは、「道徳」的な法則によって支配される場です。

こうしたルソーの二分法を、一時期まで彼の友人であったけれど、後に彼の妄想のせいで、「敵」扱いされるようになったヒューム（一七一一―七六）の道徳哲学と対比すると面白いです。ヒュームは、「～である is」から「～べき ought」を導き出すことはできない、つまり事実を記述する文から規範命題を導き出すことはできない、という「ヒュームの法則」で有名です。これは、ルソーの二分法に近い感じがしますが、ヒューム自身は、「べき」ではなく、「である」のレベルで、道徳を論じています。つまり、人々の間でいつのまにか共有される「慣習」から、道徳や法が生まれてくるという考え方を取ります。ルソーとは逆の側で、議論を進めているわけです。ヒュームは、原初的合意によって社会ができ上がるとする、社会契約論は認めず、慣習の積み重ねによって社会が形成される、という立場を取っています。

猿山のボスは、なぜ偉いのか？――物理的な「力」とは別の「権利」「義務」「正当性」の根拠

本文に戻りましょう。

しばらく、この権利と称するところのものが存在すると仮定しておこう。わたしは、そこから結果するものはただわけのわからぬたわごとにすぎぬ、といいたい。なぜなら、権利を生みだすものは力だということになれば、すぐさま結果は原因とともに変ってしまうからだ。つまり、最初の力に打ちか

った力はすべて、前者の権利を受けつぐのである。

ここで「この権利と称するところのもの ce prétendu droit」と言われているのは、事実に基づく〝権利〟、ルソーが認めていない〝権利〟です。既得権益、既成事実のようなものから、「権利」が生じるという考え方もありますが、ルソーは、物理的な力関係や処世の知恵から、「権利」が生じるという考え方を徹底して否定します。

ここでは、仮に事実による〝権利〟があるとすると、どういうことになるのか考えてみよう、というわけです。相手方の論理に従って考えていくと矛盾が生じる、おかしなことになることを、証明したうえで、それと反対の立場にある自分の議論を正当化しようとする、背理法的な論理を使っているわけです。

「結果は原因とともに変ってしまう」、あるいは「最初の力に打ちかった力はすべて、前者の権利を受けつぐのである」というのは抽象的な表現なのでピンと来にくいかもしれませんが、猿山のボスをイメージすれば分かりやすくなると思います。猿山で一番強いものがボスになるが、そのボスが弱って別の猿がそれに打ち勝ったら、ボスが交代する。それだけの話です。それは自然のプロセスです。「結果は原因になる」、というのは、結果としてボスになり、支配権を得たので、新しいボスが、古いボスに暴力をふるって放逐しても、新しいボスの行為は「最も強いものの権利」として正当化されるということです。勝った瞬間にボスになり、過去に遡って、「最も強いものの権利」を行使したことになります。前のボスが、「最も強いものの権利」としてやっていたことを、勝ったものがそのまま引き継ぎ、何をしてもいいことになるわけです。

服従しなくても罰せられないということになれば、ひとは服従しなくても合法的でありうる。そして、最も強いものがいつでも正しい以上、問題は自分が最も強いものになるようにするだけのことである。ところで、力がなくなればほろんでしまうような権利とは、いったいどんなものだろう？　もし力のために服従せねばならぬのなら、義務のために服従する必要はない。またもし、ひとがもはや服従を強制されなくなれば、もはや服従の義務はなくなる。そこで、この権利という言葉が力に附加するものは何ひとつない、ということがわかる。この言葉は、ここではまったく何の意味もないのだ。

「最も強いもの」は力があるので、罰せられません。そうすると、彼の行為は常に「合法的 légitime」であるということになります。ここでは、〈légitime〉を「合法的」と訳していますが、必ずしも法律的な話ではなく、正しい手順に基づいているという意味合いの言葉なので、「正統的」と訳した方がいいと思います。強ければ、何をやっても「正しい」ということになれば、みんな一番強くなろうとする。それだったら、「権利」とか「義務」という言葉を使う意味がない。「強い」か「弱い」かだけの話で、「権利／義務」という道徳的な次元の話をする必要などない。「力」とは別の次元のものが働いていないのであれば、「権利＝法」という言葉は無意味です。

権力者には従え。もしそれが、力には屈せよ、という意味なら、その教訓は結構だが、よけいなものだ。

余計なものだ、というのは、別に教訓など言わなくても、「最も強いものの権利」が通用している世界では、どっちみち力が強い者が自然と勝つので、教訓として心得る必要などない、ということです。

そして、この章の結論として、

そこで、力は権利を生みださないこと、また、ひとは正当な権力にしか従う義務がないこと、をみとめよう。だから、いつもわたしの最初の問題にもどることになるのだ。

つまり、「権利」とか「正当性」は、力とは別の次元の問題だということです。だから、物理的な「力」とは別のところに、「権利」「義務」「正当性」の根拠を求めねばならない、ことになります。

「権威 autorité」は必要なのか？

第四章のタイトルは、「ドレイ状態について」ですね。第二章で、奴隷としての「本性」を否定し、第三章で、「力」と「権利＝法」の結び付きを否定したうえで、ここで、「奴隷状態」の延長で、国家や社会の起源を説明する議論を、最終的に論破することを試みているわけです。

いかなる人間もその仲間にたいして自然的な権利をもつものではなく、また、力はいかなる権利をも生みだすものでない以上、人間のあいだの正当なすべての権威の基礎としては、約束だけがのこることになる。

ここで、「力」に代えて、「権威 autorité」という言葉が出てきました。日本語で日常的に「権威」と言う時は、単に「偉い人」とか「偉い役所」という意味で使うことが多いので、ピンと来にくいですね。私の大学の授業で、「権威」とはどういう意味か聞いたら、「権力」と答えた学生が結構いました。仮に「権力」と同じだったら、先ほどの物理的「力」とどう違うのかはっきりしなくなりますね。「力」だとしても、物理的な「力」とは違う「力」でないと、ここでのルソーの議論に意味がなくなる。「権威」の「力」は、少なくとも物理的ではない「力」です。

英語の〈authority〉やフランス語の〈autorité〉は、日常語としては日本語のように緩い意味で使われることが多いですし、複数形で使われると、「当局」という意味になりますが、学術的に、正しい答えを与えてくれるもの、あるいはその資格という意味合いで使われることがあります。カトリック教会であれば、普通の信徒よりは、聖職者の方が神の教えに近いので、その意味で「権威」を持っていますが、彼らの間でも意見が違えば、ローマ法王が最終的な「権威」を持つことになります。そうした宗教的な権威を半ば継承する、法的あるいは法学的な権威というのもあります。例えばアメリカであれば、連邦最高裁判所が、違憲か合憲かを判定する最終的権威を持っているわけです。政治や法では、人々の意見が異なることで、決定しなければならないことがしばしばあります。正統に根拠付けられた政治を行うには、何が正しい答えなのかを確定する「権威」が必要になります。

ルソーは、「約束」のみが、「権利」を基礎付ける「権威」になる、という立場を取ると明言しているわけです。その観点から、「奴隷状態」論を正当化するグロチウスの議論に異を唱えます。誰かが誰かの「奴隷」になることについての双方向的な「約束」がないからです。

ある個人が自分の自由を譲りわたして、ある主人のドレイとなることができるものならば、どうして人民の全体がその自由を譲りわたして、国王の臣民となることができないのだろうか、とグロチウスはいっている。ここには説明を必要とするようなアイマイな言葉がたくさんある。だが、譲りわたすという言葉だけを取り上げよう。譲りわたす、それは与えるまたは売る、ということだ。ところで、他人のドレイとなる人間は自分を与えるのではない、身を売るのだ、少なくとも自分の生活資料をえるために身を売るのだ。しかし、全人民が何のために自分を売ったりするのか？　国王はその臣民たちに生活資料を与えるどころか、自分の生活資料をもっぱら臣民たちからひき出しているのだ。

これは分かりやすいですね。仮に、自分自身を売り渡して奴隷になる人がいるとして、どういう利益があって、自発的に自分自身を売り渡すのか？　奴隷になれば、自分自身は主人の所有物になるので、自分の持ち物も本当は主人のものです。いつ取り上げられても仕方ない。強いて言えば、主人に食べ物と居場所、身に付けるものくらいは与えられる、ということになるかもしれない。

それなら、辛うじて説明になっているような気もしますが、国王と臣民の関係には適用できない。臣民が国王に養ってもらっているわけではなくて、国王が臣民に寄生しているからである。無論、国王が国家を、自分の家産のように経営して、臣民のくいぶちを作り出していると言えなくもないですし、後にドイツ系の国家学で家産国家観というのが登場しますが、ルソーはそういう見方は、非現実的だと考えているのでしょう。

たとえ各人が、自分自身を他人に譲りわたすことができるとしても、自分の子供たちまで譲りわたすことはできない。

これも分かりやすいですね。仮に、自分自身を奴隷にすることに自発的に合意する人がいるとしても、その人の子孫まで自動的に奴隷にする約束はヘンです。子孫は約束していないわけですから。ここで、第一章の「家族」も「約束」によって成り立っている、という議論が生きてきます。

〝自由意志〟を持たない動物と契約することは可能か？

次に、契約の本質からして、「奴隷契約」が自家撞着であることを論証する、哲学議論を展開します。非常に興味深い議論です。

自分の自由の放棄、それは人間たる資格、人類の権利ならびに義務をさえ放棄することである。何ぴとにせよ、すべてを放棄する人には、どんなつぐないも与えられない。こうした放棄は、人間の本性と相いれない。そして、意志から自由を全くうばい去ることは、おこないから道徳性を全くうばい去ることである。要するに、約束するとき、一方に絶対の権威をあたえ、他方に無制限の服従を強いるのは、空虚な矛盾した約束なのだ。もし、ある人にすべてを要求しうるとすれば、その人から何の拘束もうけないことは明らかではなかろうか？　そして代償もあたえず、交換もしない、というこの条件だけで、その約束行為は無効だということになりはしないか？　なぜなら、わたしのドレイはわたしにたいして、いかなる権利をもつであろうか？　というのは、すべて彼のものはわたしのものであり、また、彼の権利はわたしの権利であるからには、この〈彼のわたしに対する〉権利はわたしに対するわたしの権利ということになり、それは何の意味もない言葉だから。

先ほどもお話ししたように、奴隷は主人の所有物なので、奴隷の手元にある物は、本当は、主の物です。これをもう少し抽象的に敷衍すると、奴隷の〝権利〟は、主人の権利であるということです。従って、奴隷になった人が、主人になった人から約束で、何かの〝権利〟を保障されたとしても、それは、本当は主人の権利であるということになります。奴隷契約は、一方は、未来永劫にわたって相手の全てを獲得し、他方は相手に全てを渡してしまうことを意味するので、契約の体を成していません。

つまり、他人を奴隷にするというのは、契約によるのではなく、物理的強制によるのか、そうでなければ、文字通りの意味で「奴隷＝所有物」にしているということではなく、日本の時代劇に出てくる、年季奉公のように、期限付きとか、一定の権利を留保する契約だと考えられます。

「意志から自由を全くうばい去ることは、おこないから道徳性を全くうばい去る」という、哲学的な言い回しが気になりますね。これが、ここでの議論の哲学的核心だと思います。双方の自由意志に基づいて「約束」は成立する。しかし、奴隷になるという約束は、成立した瞬間に、約束した人は、定義上、自由意志の主体ではなくなる。犬と同じような存在になる。自由意志を持たない動物と契約することはできません。彼の行為は、いかなる「道徳性」も持たなくなるわけです。つまり、この契約は論理的に成立した瞬間に無効になってしまう、という自己論駁的な性質を持っているわけです。

論理的にも、現実的な動機の面からもこの奴隷契約というものは成立しないわけです。ルソーは自分が支持していない奴隷契約を否定するために、難しい哲学的な論理を展開しているわけです。こういう風に、まるで自明の理であるかのように思えることを、哲学的に理詰めで証明していくのがルソーの面白いところです。普通の人だと、証明するまでもないと思ってさっさと通り過ぎていきそうなところにこだわるので、かえってついて行きにくいかもしれません。

二六頁で、奴隷契約の変形ヴァージョンとして、「征服の権利」について論じられています。戦争に負けた国の住民が、戦勝国に征服される。その際に、負けた側は命を助けてもらう代わりに、命を助けてもらうという〝約束〟をしたかもしれない。それが奴隷の起源になったとすると、最初に、約束があったのだから、そうした支配関係には正当性があると言えないか？　これもグロチウス批判です。この辺の議論も、『戦争と平和の法』の第二巻第五章で展開されています。先ほどの奴隷契約が無効であるというのと同じような論法で、これも無効であることを証明していきます。

何故かと言うと、戦争に負けた時に、一方が完全な全面降伏をし、他方に生殺与奪の権限を文字通り与えてしまったら、何のために降伏したのか意味がなくなるからです。先ほどと同じで奴隷になった時点で、そもそも契約を結ぶ利益がなくなる。それを分かっていて自発的に契約を結ぶ人はいない。結局のところ、力で脅迫されて、仕方なく奴隷になったのであって、それは「権利」を発生させるような関係ではないというわけです。見かけ上の約束では、駄目だというわけです。

人々はいつ一つの人民となる約束をしたのか？――「多数者 multitude」vs.「社会 société」

「第五章　つねに最初の約束にさかのぼらねばならないこと」は理論的に極めて重要な――私の意見では、このテクスト全体の核となる――箇所ですが、その分かなり抽象的で、分かりにくい。

多数者をおさえつけることと、一つの社会を治めることの間には、いつでも大へんな違いがあるはずだ。ばらばらになっている人々が、つぎつぎに一人の人間のドレイにされてゆくとして、その人数がどうであろうとも、わたしはそこに、一人の主人とドレイたちしかみとめない。人民とそのかしらはみとめられない。それは集合とはいえようが、結合ではない。

最初の文が分かりにくいかもしれませんが、この文のポイントは、「多数者 multitude」、つまり単なる複数の人間の集合体と、「社会 société」は違うということです。ある空間に、人間が大勢集まっているだけで、「社会」あるいは「人民」とは呼ばない。また、一人の主人が周りの人をどんどん奴隷にしていって、かなりの数の奴隷を確保しても、それは「人民」ではない。人々が、一つの結合体になっている必要がある。

日本語ではピンと来にくいのですが、フランス語の「人民」という言葉を考えると分かりやすいと思います。原語だと、〈un peuple〉になっています。英語の〈a, an〉に当たる不定冠詞が付いています。ロシア語などスラブ系の言葉は違いますが、ラテン系やゲルマン系の言葉の名詞は、冠詞が付きます。つまり、ルソーはここで「一つの人民」と言っているわけです。英語でもそうですが、不定冠詞は通常は強く発音しませんが、強く発音すると、「一つの」という意味が強調されます。人が物理的にたくさんいただけでは、「一つの人民」とは言えない、ということです。

そこには、公共の財産もなければ、政治体もないのだ。

「公共の財産」と訳していますが、原語は〈bien public〉で、これはラテン語の〈res publica（公共の事物）〉のフランス語訳です。〈res〉は、英語の〈thing〉と同様に、具体的な「物」という意味合いと、抽象的な「事柄」という意味合いがあります。従って、公共の財産、もしくは、公的事柄、公的利益という意味の熟語ですが、そうした〝物〟を管理するための市民たちの組織、つまり「共和制」という意味も持つようになりました。英語の〈repulic〉やフランス語の〈république〉の語源です。更に言えば、ホッブズの『リヴァイアサン』やロックの『統治二論』（一六八九）では、〈res publica〉の英語訳である〈commmonwealth〉が「国家」の意味で使われています。ルソーは、そうした多重の意味を込めて〈bien public〉と言っているのだと思います。

「政治体 corps politique」も意味深です。フランス語の〈corps〉や英語の〈body〉には、「体」の他に、「団体」という意味もあります。日本語の「体」という漢字も、同じような使い方をしますね。つまり、「一つの身体」を共有しているかのように、政治的に結合している状態を表す単語と見ることができるわけです。ルソーはその辺を意識しながら書いていると思います。

人民は、自分を王にあたえることができる、とグロチウスはいう。だから、グロチウスによれば、人民は、自分を王にあたえる前に、まず人民であるわけだ。この贈与行為そのものが、市民としての行為なのだ。それは公衆の議決を前提としている。だから、人民が、それによって王をえらぶ行為をしらべる前に、人民が、それによって人民となる行為をしらべるのがよかろう。なぜなら、この行為は、必然的に他の〈王をえらぶ〉行為よりも先にあるものであって、これこそが社会の真の基礎なのだから。

「人民」が自分を王に与えることができるとすれば、その前に、単なる多数の人間ではなく、「一つの人民」になっている必要がある、というわけです。そうでないと、「与える」という行為の主体になれないわけです。「市民としての行為 l'acte civil」というのは、バラバラの諸個人ではなく、政治的共同体としての行為、ということでしょう。

従って、「人民が、それによって人民となる行為 l'acte par lequel un peuple est un peuple」とはどういうものか調べる必要が出て来るわけです。その最初の「行為」が成されなかったら、「人民」として「行為」することはできないわけです。「人民が、それによって人民となる」というのは禅問答めいた言い方ですが、「人民」には、先ほどお話しした、不定冠詞の〈un〉が付いています。後ろの方の「人民」は、「一つの人民」と訳した方が、主旨がはっきりするような気がします：「人民が、それによって一つの人民となる行為」。単なる多数者が、この最初の行為が、「社会の真の基礎」になるわけです。

「公衆の議決 une délibération publique」という表現も要注意です。熟議的民主主義と言う時の「熟議」がこの〈délibération〉です。つまり、じっくり考える、審議する、といった意味の言葉です。「公衆の議決」というのは、公共の事柄としてじっくり考えたうえで決めるということでしょう。この〈délibération〉という概念は、次回読む、第二編第三章でまた出てくるので覚えておいて下さい。

人々が「一つの人民」になることこそが、社会契約の本質であることを明らかにしたところにルソーの独創性があります。グロチウス、ホッブズ、ロックなどの議論では、いつ「人民」が生まれるのかはっきりしません。自然状態で各人が一匹の動物として孤立してきていたとすれば、どのような手順を経て、人々は、一つの統一行動をとる「団体」としてお互いを拘束し合うようになるのか？ ルソー以前の人たちは、そこを詰めて考えませんでした。ホッブズは、みんなを代表する主権者を選出することによって、「人民」は統一的な「人格 Person」として「代表 present」されることになる、という論法を使いましたが、それだと、統一体になる〝前〟にどうやって、みんなの代表を選ぶことができるのか、という疑問が出てきます。従来の議論は、国家の成立を論じると言いながら、既成の国家に現に住んでいる人々が、「人民」の単位であることが自明の理になっていたわけです。ルソーは、「人民」という言葉を便宜的に使わず、「人民」が生まれるには、どういう条件が必要か拘って考えようとしているわけです。

無論、「人々はいつ一つの人民となる約束をしたのか？」を探求しても、明確にどの時点か確定できないでしょう。そんな記録など、どこにもないし、誰も記憶していない。厳密に考えれば、そんな約束など元々なかった、つまり、「人民」などいない、ということにならざるを得ないでしょう。

ルソーはアイロニカルに、実は「人民」というものはどこにも実在しないことを示唆しているわけですが、その一方で、みんなできちんとした約束を結び直し、真の「人民」になる必要性を説いているようにも見えます。

「多数決」——人民の名において独立宣言する、ということはどういうことなのか？

ルソーの影響を強く受けていることが知られているジャック・デリダ（一九三〇–二〇〇四）は、「合衆国独立宣言」（一九七六）という論文で、この問題をしつこく追求しています。人民の名において独立宣言する、ということはどういうことなのか、と。独立国家になる以前に、「人民」という統一的主体はどうやって、いかなる意味で存在し得るのか？　答えはある意味、最初から分かっているのですが、それを独立宣言の文書に即してかなりしつこく追求しています。この論文は、『耳伝』（一九八四）という本に収められています。

本文に戻りましょう。

事実、もし先にあるべき約束ができていなかったとすれば、選挙が全員一致ではないかぎり、少数者は多数者の選択に従わなければならぬなどという義務は、一体どこにあるのだろう？　主人をほしいとおもう百人の人が、主人などほしいとおもわない十人の人に代って票決する権利は、いったいどこから出てくるのだ？　多数決の法則は、それ自身、約束によってうちたてられたものであり、また少なくとも一度だけは、全員一致があったことを前提とするものである。

表現はややこしいですが、ポイントは分かりますね。「多数決は民主主義の原則」であるというのはよく聞く話ですが、それを原則にする前に、「多数決が私たちの意志の決め方である」、ということを全員一致で約束しておかないといけないということです。「多数決が私たちの意志の決め方である」と言う「私たち」に参加していない人は、多数決に従う謂れはありません。従わされるとしたら、自分の周りの大勢によって、強制されることになります。だから、最初に全員一致で多数決原理を採択しないといけないわけですが、これも厳密に考えると難しい話ですね。ある程度の大きさのある国だと、国家を創設するに当たって、全員からそうした同意を取り付けるのはほぼ事実上不可能です。

「第六章　社会契約について」で、「社会契約」の本来の条件が述べられ、それとの関係で「一般意志」が定義されます。ここが、この本全体の核心部分です。

わたしは想定する――人々は、自然状態において生存することを妨げるもろもろの障害が、その抵抗力によって、各個人が自然状態にとどまろうとして用いる力に打ちかつに至る点にまで到達した、と。そのときには、この原始状態はもはや存続しえなくなる。そして人類は、もしも生存の仕方を変えなければ、亡びるであろう。

ここで想定されているのは、恐らく、『人間不平等起源論』で描かれている、自我意識が覚醒し、力の強い者たちが土地の〝所有〟を始める時期でしょう。ルソーはホッブズたちと違って、「自然状態」を、純粋な野生人たちが孤立して生きている状態として描いていたわけですが、人々の理性が目覚め、自己の利益を主張し始めると、「自然状態」のままで共存することが難しくなってきます。言わば、堕落した〝自然状態〟になるわけで、それはホッブズの言う「戦争状態」としての「自然状態」に近くなるわけです。

ところで、人間は新しい力を生み出すことはできず、ただすでにある力を結びつけ、方向づけることができるだけであるから、生存するためにとりうる手段としては、集合することによって、抵抗に打ちかちうる力の総和を、自分たちが作り出し、それをただ一つの原動力で働かせ、一致した動きをさせること、それ以外にはもはや何もない。

この力の総和は、多人数の協力によってしか生まれえない。ところが各人の力と自由こそは、生存のための最も大切な手段であるからには、ひとは、自分を害することなしに、また自分にたいする配慮の義務を怠ることなしに、どうしてそれらを拘束しうるであろうか？　わたしの主題に引きもどして考えれば、この困難は、次のような言葉であらわすことができる。

「各構成員の身体と財産を、共同の力のすべてをあげて守り保護するような、結合の一形式を見出すこと。そうしてそれによって各人が、すべての人々と結びつきながら、しかも自分自身にしか服従せず、以前と同じように自由であること。」


「新しい力を生み出す」というのでルソーがどういうことを想定しているのか分かりにくいですが、恐らく、自然の趨勢を変え、均衡を回復させるような力ということでしょう。そういう魔法のような力はない、と言っているわけですが、現代人だったら、科学の力によってある程度可能ではないか、と考えるかもしれません。ルソーは未来にそういう可能性があることは想定していないのでしょう。

そこで、多くの人の力を結集して、大きな力、つまり「権力」を作り出して困難に立ち向かうことが必要になってくるわけですが、単に大きな「権力」を作るだけでは意味がありません。自分自身に害があるような結合をしては意味がありません。ここがホッブズとは違うところです。ホッブズは、安全のために「共通の権力」を設定し、主権者——国王のように単独の人間である場合も、議会のような集合体である場合もあります——を選ぶと、その時点で臣民はそれまで持っていた自然権を放棄しているので、主権者の命令＝法に逆らうことができない。それに対して、ルソーは、権力を生み出す目的に即した結合にしないと意味がないことを強調しているわけです。その条件を「　」に入れた部分で、厳密に定式化しているわけです。

この「　」の部分の意義を明らかにするために、先ほどの奴隷契約批判を展開したわけです。自由意志を行使する余地を一切残していないような形で契約を結んでしまったら、生殺与奪の権利を誰かに持たれてしまっている奴隷と同じことになり、契約を結んだ意味がなくなってしまう。ホッブズの議論だと、そういうことになってしまう。

「社会契約」の根本問題とは？

ルソーは、誰か特定の人に「(権) 力」を委ねるのではなく、「共同の力のすべてをあげて de toute la force commune」という言い方をします。みんなが対等の立場でその力の運用に当たるわけです。それだけではなく、「自分自身にしか服従せず、以前と同じように自由である」ことが要件だと言います。先ほどの話からすると、このように言うのはもっともですね。「自分自身」ではなく、他人に従うのなら、奴隷と同じことになるわけだから。しかし、この条件を充たすのは難しそうですね。何故なら、他人と協働すれば、通常、自由が制約され、他の人たちに従うことが不可避になるからです。「以前と同じように自由」というのは、不可能である気がしますね。でもルソーは、

これこそ根本的な問題であり、社会契約がそれに解決を与える。

と断言し、自分でハードルを高くします。そうでないと、仮に〝社会契約〟らしきものが結ばれても、それは本来の目的に反しているので、不安定になり、人々はその〝契約〟を破り始め、(堕落した形態での)〝自然状態〟に逆戻りしてしまいます。ルソーの示した解決策は、

この諸条項は、正しく理解すれば、すべてが次のただ一つの条項に帰着する。すなわち、各構成員をそのすべての権利とともに、共同体の全体にたいして、全面的に譲渡することである。

ホッブズの場合、「主権者に対して」全面的に譲渡することになるわけですが、ルソーは「共同体の全体に対して à toute la communauté」全面的に譲渡する、と言うわけです。「共同体の全体に対して」というのが抽象的で分かりにくいですが、以下がその説明です。

その理由は、第一に、各人は自分をすっかり与えるのだから、すべての人にとって条件は等しい。また、すべての人にとって条件が等しい以上、誰も他人の条件を重くすることに関心をもたないからである。

その上、この譲渡は留保なしに行われるから、結合は最大限に完全であり、どの構成員も要求するものは何一つない。なぜなら、もしも特定の人々の手に何らかの権利が残るとすれば、彼らと公衆の間にたって裁きをつけうる共通の上位者は誰もいないのだから、各人は、ある点で自分自身の裁判官であって、すぐさま、あらゆることについて裁判官となることを主張するだろう。そうなれば、自然状態が存続するであろうし、また結合は必然的に圧制的となるか、空虚なものとなるであろう。要するに、各人は自己をすべての人に与えて、しかも誰にも自己を与えない。

全員が「共同体の全体」に、「自分自身」を全面的に譲渡するというのは、具体的にどういうことをするのかイメージしにくいですが、一応、字面通りのことが行われるとすると、ホッブズの図式と違って、特定の一人が、他の全員から受け取る立場にあるわけではなく、みんな同じ立場なので、支配する人と支配される人の断絶はないことになります。

譲渡が留保なしに行われて、完全な結合が成され、誰の手にも権利は残らない、というのは何か全体主義っぽい感じがしますね。実際、こういう言い方をするので、ルソーは全体主義の元祖扱いされるわけですが、ここではあまりそういう憶測は抜きにして、ルソー自身の理屈に即して考えてみましょう。

ここでルソーが問題にしているのは、ほんの少しでも権利を自分の手元に残している人がいれば、その人たちと、権利を譲渡した公衆（le public）の間での争いが起こっても、前者の「権利」を誰も制限できない、ということです。「共同体の全体」の力で制限すればいいではないかと言いたいところですが、その人たちが行使している権利は、「共同体」に譲渡されていないので、「共同体」の管轄外です。物理的力を行使することはできるかもしれませんが、それはルソーの定義からして、社会契約によらない力です。つまり、誰も、権利を留保している人たちの権利行使を、正当なやり方で抑止できないことになります。そうすると、悪い意味での自然状態に戻ってしまうわけです。

だから、自分自身を留保なしに共同体に与える必要が出て来るわけです。「自己をすべての人に与えて、しかも誰にも自己を与えない」という言い方は矛盾しているように聞こえますが、この場合の「誰にも」というのは、「特定の誰にも」という意味だと取って下さい。

そして、自分が譲りわたすのと同じ権利を受けとらないような、いかなる構成員も存在しないのだから、人は失うすべてのものと同じ価値のものを手に入れ、また所有しているものを保存するためのより多くの力を手に入れる。

ここも具体的にはどうすることなのかよく分かりませんが、大枠の理屈は分からないことはないですね。「譲りわたすのと同じ権利」というのは、自然状態において持っていた自然権を譲り渡し、その代わりにそれと同じ価値のある市民権を受け取り直す、ということです。無論、〝自然権〟といっても、「約束」に基づく権利ではありません。自然状態において各人は、自分自身の生き方を自分で決める権利＝自由を持っていたと仮に想定したうえで、ルソーの言う意味での完全な社会契約を結べば、譲渡した自然権と同じ価値の市民権が戻ってくる。何をもって「同じ価値 l'équivalent」というのか尺度がよく分かりませんが、当人たちにとって「（以前と）同じ価値」ということだとすれば、ありえなくもないような感じはしますね。

みんな、溶け合って〝一つ〟になれるの？――一般意志と共同の自我

だから、もし社会契約から、その本質でないものを取りのぞくと、それは次の言葉に帰着することがわかるだろう。「われわれの各は、身体とすべての力を共同のものとして一般意志の最高の指導の下におく。そしてわれわれは各構成員を、全体の不可分の一部として、ひとまとめとして受けとるのだ。」

この結合行為は、直ちに、各契約者の特殊な自己に代って、一つの精神的で集合的な団体をつくり出す。その団体は集会における投票者と同数の構成員からなる。それは、この同じ行為から、その統一、その共同の自我、その生命およびその意志を受けとる。

ここで「一般意志」が出てきます。「一般意志」によって、全員の身体と全ての力が統一される。言わ

ホッブズの『リヴァイアサン』の扉絵

ば、一つの人格になる。それが「共同の自我 *moi* commun」です。「一般意志」は「共同の自我」の意志です。「共同の自我」の身体に当たるのが、「一つの精神的で集合的な団体」です。「団体」の原語は〈corps〉です。この単語は、先ほどお話ししたように、英語の〈body〉と同じく、「身体」と「団体」という意味を持っています。「精神的で集合的な団体 un corps moral et collectif」は、「精神的で集合的な身体」とも訳せます。「精神的な身体」というのは、ヘンな感じですが、この場合の〈精神的 moral〉というのは、物質的実体がない、という程度の意味です。

「団体」としての意志としての「一般意志」を持つということは、「一つの身体」を持つということを意味すると考えられます。ホッブズの『リヴァイアサン』の扉絵が、多くの人間が集まって一つの巨大な身体を持った人格を形成している様子を表象しているのは有名ですね。〈corps〉という言葉は、そうした象徴的イメージを喚起します。

多くの人が集まって、「一つの身体＝団体」と「共同の自我」を形成するという言い方をすると、ひどく抽象的に聞こえますが、「法人」とのアナロジーで考えると、分かりやすくなると思います。法人は、実在する人格ではありませんが、法律行為をすることができます。法人を代表する人物がやったことは、個人ではなく、法人という団体のやったことになります。法人を最初に作った時に、「○○の問題に関して、▽▽の手続きによって決定すれば、それはこの団体の意志になる」ということを定款として決めておけば、法人は「意志」を持った人格として行為することができるようになります。

それと同じように、国が一つの集合的身体と「共同的自我」を持つ状態を想定するわけです。国は、会社等の法人に比べて規模が遙かに大きいうえ、みんな自分の意志によって参加しているのではないので、

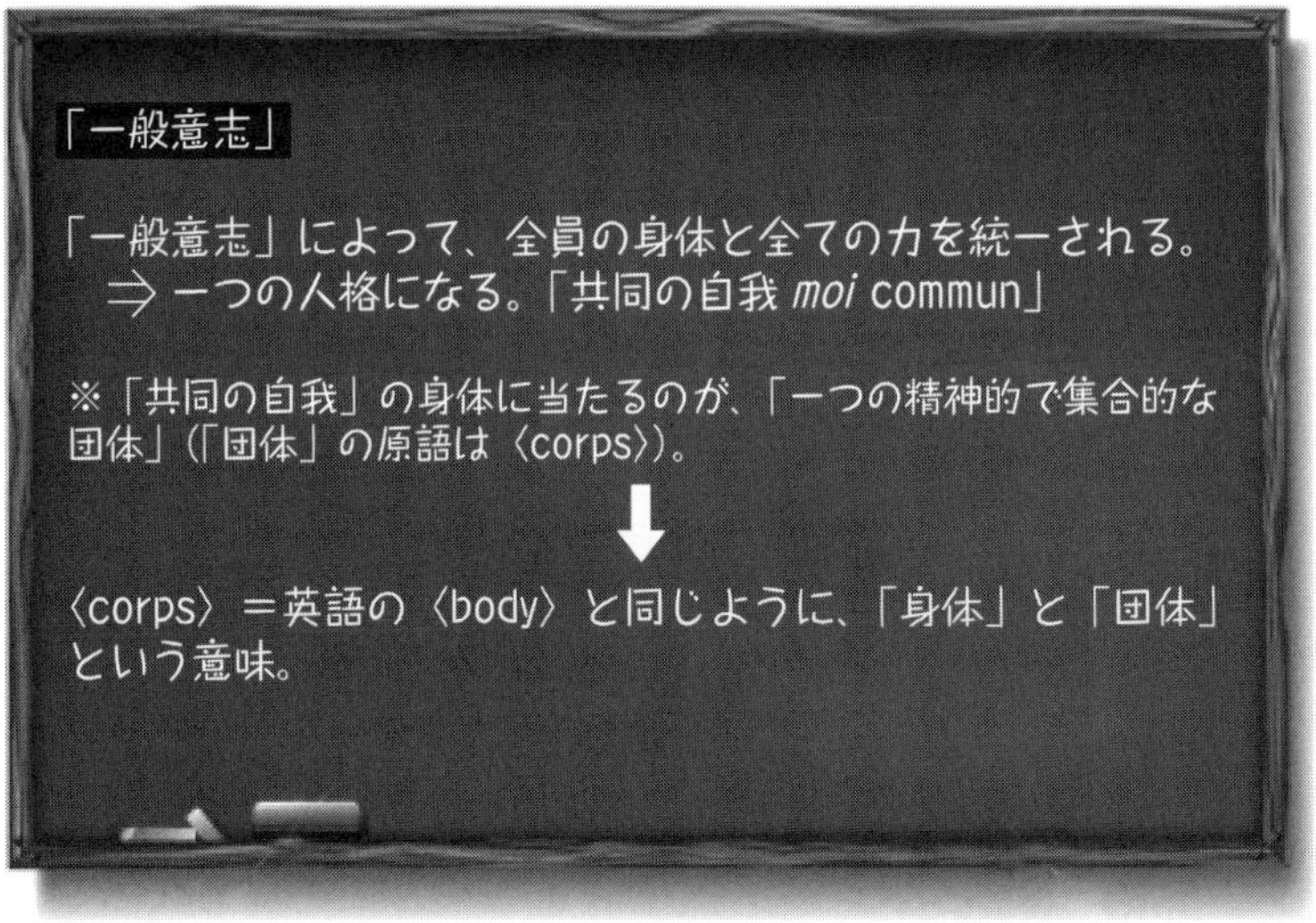
「一般意志」
「一般意志」によって、全員の身体と全ての力を統一される。
⇒一つの人格になる。「共同の自我 *moi* commun」
※「共同の自我」の身体に当たるのが、「一つの精神的で集合的な団体」（「団体」の原語は〈corps〉）。
〈corps〉＝英語の〈body〉と同じように、「身体」と「団体」という意味。

比べにくい感じもしますが、法人を作る際に定款を作ってそれに基づいて「法人の意志」を決めるという論理は、先ほど読み上げた箇所で展開されている、最初に約束に基づいて、「一つの意志」を持つ「共同の自我」として振る舞うことができるようになる、という論理と同型だと考えられます。

一般意志とは、法人の意志を国家レベルに拡張したものだと考えれば、それほど難しいことを言っているわけではないと分かるでしょう。

　このように、すべての人々の結合によって形成されるこの公的な人格は、かつては都市国家《シテ》という名前をもっていたが、今では共和国（République）または政治体（Corps politique）という名前をもっている。それは、受動的には、構成員から国家（État）とよばれ、能動的には主権者（Souverain）、同種のものと比べるときは国（Puissance）とよばれる。構成員についていえば、集合的には人民（Peuple）という名をもつが、個々には、主権に参加するものとしては市民

ライプニッツ

（Citoyens）、国家の法律に服従するものとしては臣民（Sujets）とよばれる。

政治体の「体」で〈Corps〉を使っていますね。共通の「身体」性を強調しているわけです。市民（Citoyens）と臣民（Sujets）の対比が面白いですね。〈Citoyen〉は、「都市 cité」の「住民」ということです。〈Cité〉の語源は、ローマなどの都市国家を意味するラテン語の〈Civitas〉です。ローマ市民のように、都市の政治に参加する市民が、〈Citoyen〉なのでしょう。フランス語には「市民」を意味する言葉として、〈bourgeois〉もあります。〈bourg〉の住民ということです。〈bourg〉はドイツ語の〈Burg〉から派生したことで、「城」、あるいは城壁に取り囲まれた町を意味します。〈Citoyen〉の方がルソーの影響で、政治に能動的に参加する、活動する「市民」の意味で使われるようになるのに対し、〈bourgeois〉の方はご存じのように、マルクスの影響で、「資本家階級に属する人」の意味で使われるようになりました。

〈Sujet〉は「臣民」と訳されていますが、この単語の意味の変遷はなかなか面白いです。英語の〈subject〉と同じように、ラテン語の〈subjectum〉という単語から派生しています。〈sub〉は、英語の〈submarine〉や〈subway〉がそうであるように、「下に（へ）」という意味の接頭辞で、〈jectum〉は、英語の〈jet〉の語源である〈jectare〉の受け身形です。〈jectare〉は「投げる」という意味です。従って〈subjectum〉は、「下に投げ出されているもの」「下に置かれているもの」という意味です。そこから、「服従している者＝臣下」という意味が派生してきました。英語の形容詞としての〈subject〉には、〈be subject to ～：～に従っている〉、という使い方がありますが、それは、〈subjetum〉の名残です。先ほど見たように、ここでルソーは〈sujet〉を「臣民」の意味で使っていますが、一九世紀以降、国民主権が確立されてくると、この意味ではあまり使われなくなりました。その一方で、純粋哲学の領域では、ライプニッツ

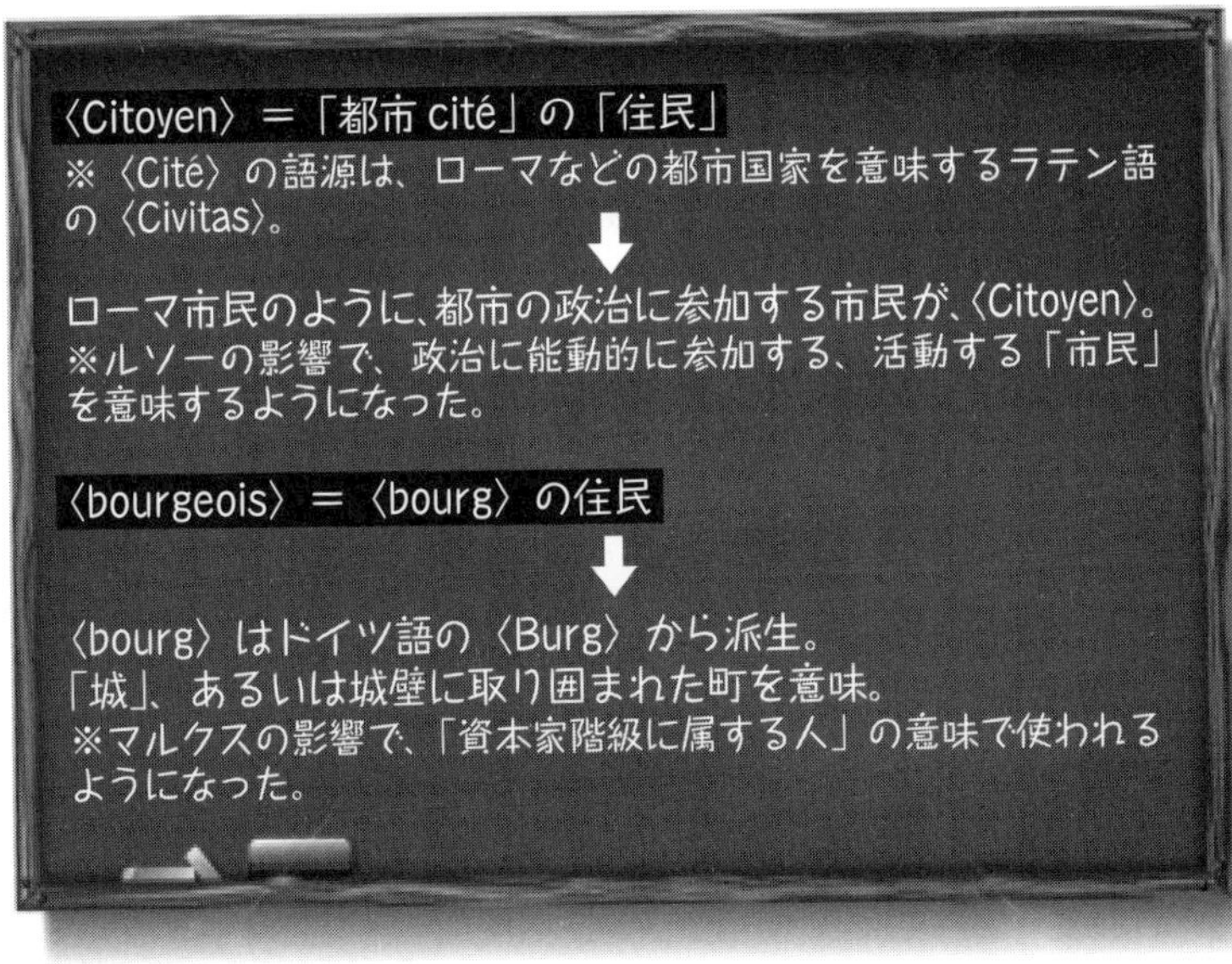
〈Citoyen〉＝「都市 cité」の「住民」
※〈Cité〉の語源は、ローマなどの都市国家を意味するラテン語の〈Civitas〉。
ローマ市民のように、都市の政治に参加する市民が、〈Citoyen〉。
※ルソーの影響で、政治に能動的に参加する、活動する「市民」を意味するようになった。
〈bourgeois〉＝〈bourg〉の住民
〈bourg〉はドイツ語の〈Burg〉から派生。
「城」、あるいは城壁に取り囲まれた町を意味。
※マルクスの影響で、「資本家階級に属する人」の意味で使われるようになった。

（一六四六－一七一六）が、全てのものの「基底によこたわっているもの」＝「魂」という意味で〈subjectum〉を使って以来、「主体」の意味でこの言葉が使われるようになり、カント（一七二四－一八〇四）やドイツ観念論の議論で、お馴染みの「主体／客体」という対表現が定着するようになりました。こちらの意味での「主体」あるいは「主観」が、倫理学や法哲学でも使われるようになったせいで、結果的に、「臣民」から「主体」へと反転したような感じになりました。純粋哲学の〈subjectum〉は元々、アリストテレスの〈hypokeimenon（基底）〉の訳語だったのですが、デカルト（一五九六－一六五〇）以降の近代哲学で、諸事物を認識し、秩序付ける基底が、「自我」になったので、この言葉が、日本語の「主体」あるいは「主観」に相当する意味を獲得することになったわけです。何重にも絡まった意味の転換が起こっているわけです。

　本題に戻りましょう。ここでのポイントは、能動的に「一般意志」の形成に関わっている場面では「市民」である人が、「一般意志」に従う場合では、「臣民」として振る舞うことになるわけです。同じ人間が、決める側になったり、決められる側になったりするわけです。

ある人が、自分の決めたことに自分で従っているとすれば、その人は「自律」しており、その意味で、「自由」だと言えます。この場合は、一人の人ではなく、「人民」という集合体として、「共同の自我」＝「公的人格 personne publique」を持ち、その決定に、臣民である各人が従っています。言い換えれば、みんなで決めたことにみんなで従っているわけです。その意味で、「人民」は、「自由」です。人々は、自然的自由を諦める代わりに、人民としての「自由」を獲得することになるわけです。

ルソーは、人民主権論の元祖であると言われることが多いですが、ここでの議論から分かるように、彼の言う「人民」は、「共同の自我」の意志としての「一般意志」を共有している集合体です。人々が、「一般意志」が何であるか分からないまま、何となく大勢の意見に従っているだけでは、「一般意志」に基づく統治とは言えません。「一般意志」を介して、みんなで決めたことにみんなで従う状態が成立しているかどうかを、ルソーは問題にしているわけです。

自由と自律、そして「タダのり《フリーライダー》」問題

ただ、そうは言っても、会社が人格を持った人間として実在しないのと同様に、「公的人格」も実在しているわけではありません。それに対して、各個人は依然として、自らの自我を持ち続けています。個人の意志と、一般意志が対立することもあるでしょう。そういう場合、各人はどういう態度を取るべきか？第七章の終わりの方、三五頁をご覧下さい。

実際、各個人は、人間としては、一つの特殊意志をもち、それは彼が市民としてもっている一般意志

に反する、あるいは、それと異なるものである。彼の特殊な利益は、公共の利益とは全くちがったふうに彼に話しかけることもある。彼の絶対的な、そして本来独立した存在は、彼をして、彼が公共にたいして負っているところのもの〔をかえすこと〕を、ただで寄付することのように思いこませることがあるかもしれない。（…）そして彼は、国家を構成する精神的人格を、それが一個の人間ではないという理由から、頭で考え出したものとみなし、臣民の義務をはたそうとはしないで、市民の権利を享受するであろう。このような不正が進めば、政治体の滅亡をまねくだろう。

ここで、「公共の利益 l'intérêt commun」という概念が出てきますね。正確に訳すと、「共通利益」です。「共通利益」は、「一般意志」が実現しようとする利益です。それに対して各人は、自らの「特殊利益 l'intérêt particulier」を実現しようとする「特殊意志 l'intérêt particulière」があります。「特殊」と訳していますが、日本語の「特殊」には「変わったもの」というニュアンスもあるので、「個別」と言う方がいいかもしれません。

ルソーは、「国家を構成する精神的人格 la personne morale qui constitue l'État」が実在する人間ではないので、人々が「一般意志」を本気で信じず、「一般意志」に対する義務を無視する可能性があることを認めているわけです。現代で言うところのフリーライダー問題を暗示しているわけです。で、どうするか？

従って、社会契約を空虚な法規としないために、この契約は、何びとにせよ一般意志への服従を拒むものは、団体全体によってそれに服従するように強制されるという約束を、暗黙のうちに含んでいる。そして、この約束だけが他の約束に効力を与えうるのである。

「強制」が必要だと言っているわけですね。無論、一方的に強制するのではなくて、「私たちの約束によって発生した一般意志に私（たち）が従わないようだったら、私（たち）を罰して下さい」という約束を予めしておくわけです。そうすると、自分が予め同意したルールに、自分が従うことになるので、他律にはならないわけです。時間差を利用して、冷静な状態にある私が、冷静さを失ってしまうかもしれない将来の私の行為を制約する構図になります。

ホメロスの『オデュッセイア』で、セイレーンの島を通り抜ける時、オデュッセウスは、自分がセイレーンの歌声の魔力に魅せられて自滅させられないよう、部下に命じて、自分をマストに縛り付けさせました。これは、将来非理性的になるかもしれない自己を予め拘束しておこうとする、理性的な自律の論理の原型だとされます。人民主権における「憲法」の意義を説明する時に、よく引用される喩えです。

そうした自律の公式を成立させるうえで、「最初の約束」が大事になるわけです。

第八章では、そうした「社会契約」によって、人間の生がどのように変化するか、「自由」と「権利／義務」の視点から論じられています。

自然状態から社会状態への、この推移は、人間のうちにきわめて注目すべき変化をもたらす。人間の行為において、本能を正義によっておきかえ、これまで欠けていたところの道徳性を、その行動にあたえるのである。その時になってはじめて、義務の声が肉体の衝動と交代し、権利が欲望と交代して、人間は、その時までは自分のことだけ考えていたものだが、それまでと違った原理によって動き、自分の好みにきく前に理性に相談しなければならなくなっていることに、気がつく。この状態において、彼は、自然から受けていた多くの利益をうしなうけれど、その代りにきわめて大きな利益を受けとるのであり、彼の能力はきたえられて発達し、彼の思想は広くなり、彼の感情は気高くなり、彼の魂の全体が高められる。

それまで「本能 instinct」に従って行為していた自然人たちが、「正義 justice」に基づいて行動する「市民」になるわけです。ここで言う「正義」が、日本語の「正義」のイメージと異なることに注意して下さい。先ほどもお話ししたように、〈justice〉は、元々「法」や「権利」と同根の言葉です。「正義」に従って行動するということは、法的な「権利」と、それに対応する「義務」の関係に即して行動するということです。「道徳性」というのも、そうした法的関係性に即している、ということです。そうした道徳的な関係性の中で、理性的に行動する存在になることを、ルソーは人間にとって大きな「利益」と見ているわけです。

この貸借勘定の全体を、たやすく比較できる言葉に要約してみよう。社会契約によって人間が失うもの、それは彼の自然的自由と、彼の気をひき、しかも彼が手に入れることのできる一切についての無制限の権利であり、人間が獲得するもの、それは市民的自由と、彼の持っているもの一切についての所有権である。このうめあわせについて、間違った判断をくださぬためには、個個人の力以外に制限をもたぬ自然的自由を、一般意志によって制約されている市民〈社会〉的自由から、はっきり区別することが必要だ。

全てを「共同的自我」に差し出す「社会契約」を通して、人々は「自然的自由 liberté naturelle」と引き換えに「市民的自由 liberté civile」を獲得するわけです。無制限の「自然的自由」と比べて、「一般意志」によって制約されている「市民的自由」は、何だかしょぼい感じがしますが、「一般意志」によって制約を受けるのは、「私」だけではないことに注意が必要です。「私」の「市民的権利」は、「一般意志」によって、他の市民たちによる侵害から守られるわけです。単に自分の力によって物を占有しているだけの状態と、一般意志の下で「所有権」を保障されている状態を比較しないと、損得勘定を間違えてしまうわけですね。

第九章「土地支配権について」では、この問題を土地に即して論じています。「土地」の問題を特別詳しく扱っているのは、伝統的な所有権論の中で「土地」が特別な位置を示しているし、『人間不平等起源論』でも、社会ができあがり、人間が不幸になってくる過程で、「土地」を「私のもの」だと主張する人たちの登場が、重要な位置を占めているからです。道具とかであれば、ロックの労働所有説で説明できそうですが、土地自体は自分で作り出すことはできないので、そういうわけにはいきません。

少し込み入った議論をしているのですが、要約すると、土地の占有を確実にしようとすると、他者がそこに入り込むことを阻止することができないといけないわけですが、これは個人の力では難しい。自分の周囲の人くらいは何とか力で押しのけたとしても、西洋人が新大陸でやったように、全然知らない人がやってきて、「ここは私のものだ」、と勝手に宣言するかもしれない。どうしても、国家の主権の下で、一定の広さを持った領域を領土として実効支配し、その枠内で「所有権」を保障してもらわないと、確実に自分のものにすることができない。他の物についても基本的には同じことなのですが、「不動産」の場合は、主権による領土の支配と直接的に関わってきます。北方領土とか尖閣諸島のことを念頭に置くと、このことの意味が分かりやすくなるでしょう。

ここで今日は終わりにします。次章は、第二編第六章「法について」から読んでいきます。第二編第一～五章にかけては、一般意志に基づく主権とはいかなるものかという性格の記述です。そして第六章で再度、一般意志と法がどのような関係にあるか、という難しい問題を論じています。

全てを「共同的自我」に差し出す「社会契約」。

↓

人々は「自然的自由 libertè naturelle」と引き換えに「市民的自由 libertè civile」を獲得する

無制限の「自然的自由」

↕

「市民的自由」

※「一般意志」によって制約を受けるのは、「私」だけではないことに注意が必要（「私」の「市民的権利」は、「一般意志」によって、他の市民たちによる侵害から守られる、一般意志の下で「所有権」を保障されている状態）

■質疑応答

Q　全体的な質問です。今回、『社会契約論』を初めて読んでルソーに対するイメージが変わってしまったのですが、フランス革命前、ルソーは啓蒙主義のサロンにはあまり出入りしなかったのだけれど、フランス革命の理論的主柱になったというイメージを持っていました。先ほども人民主権の話が出てきましたが、確かに一般意志から引き出される人民主権ということはあるのでしょうが、先を読むと民主制に対してかなり懐疑的な部分があり、少数の人間に行政権を委ねたほうがいいなどとも言っています。そうすると、ルソーの『社会契約論』の歴史的な意義とは何だったのかな、と改めて思いました。『社会契約論』自体はロックから連綿とあり、決して新しいものではないので、もしルソーに新しい概念を見出すとしたら一般意志です。私も分かったようで分かっていないのですが、よく聞く話では、結局多数決原理に基づかなければいけないので、少数派は多数派に従わなければならない、ということを説明するのに、一般意志という抽象的な概念を持ち出したということがありますが、それだけだと、大きな意義があるようには思えません。その辺についてのルソーの『社会契約論』が果たした意義についての質問が一点目です。

それから、今日の講義では法と自由がテーマということですが、ルソーの自由についての概念がいまいちよく分かりません。単に奴隷状態ではないことを市民的自由と言っているのか。例えばJ・S・ミル（一八〇六–七三）の『自由論』では、まさに今の自由主義国家の理念そのものの自由の概念があります。二つ目の質問は、ルソーの自由の概念についてです。

A　ルソーの現実的な影響として、フランス革命の指導者、特にロベスピエール（一七五八–九四）がルソーの著作をよく読み、ルソーの理念を実現しようとした、ということがあります。フランス革命を主導する理念となり、それを契機として、その後の市民革命論、市民社会論、人民主権論に影響を与え続けた。これが最もベタな答えでしょう。

ただ、よくあることなのですが、フランス革命の理念が、ルソーの社会契約論そのものかと言えば、決してそんなことはない。ロシア革命を指導したレーニン（一八七〇－一九二四）やトロツキー（一八七九－一九四〇）がマルクスから影響を受けたのは間違いないけど、彼らの思想は、マルクスの思想そのものではない。ルソーの一般意志論は、先ほど読んで分かったように、かなり抽象的なので、そのままの形で実現するのは難しい。ロベスピエールたちは、実際の政治にすぐに活かせるような形で、強引にルソーのテクストを読み替えたのではないかと思います。

ルソーの言っている意味での「一つの人民」は実際には、どこにも存在しません。そうすると、「一般意志」による政治はできないことになる。何もできなくなる。しかし、「一般意志」に基づく統治というアイデアは魅力的です。そこで、実践的な解釈者は「このようにすればそれに近い状態になるだろう」と想像して、読み替える。一般的に、哲学者が政治運動に影響を与えるというのは、そういうことだと思います。哲学者の言っていることをそのまま実現はできないので、現実的にそれに一番近い状態はどうなのかと考える。

フランス革命の思想的下地は、一八世紀の啓蒙の知識人たちの様々な活動の中から生み出されてきたのだと思いますが、その中でも『人間不平等起源論』『エミール』『社会契約論』の著者であるルソーのインパクトが圧倒的だったので、ルソーの理念の現実化ということを試みる必要があったのではないかと思います。

フランス革命の際に、「人権宣言」が採択されたことが有名ですが、この宣言は、正確には「人及び市民の権利宣言 Déclaration des Droits de l'homme et du Citoyen」と言います。「人間の権利」と「市民の権利」

を区別しているわけです。この区別は一見ルソーっぽいですが、今日最初に読んだところから分かるように、ルソーは、「生まれながらに自由な人間」ではなくて、「市民」の権利だけを論じたわけですから、それとは別に、「人」を出してくるのは、ルソー自身の論理ではない。

ルソーの「民主制」理解は、今回読んだところよりかなり先、第三編に出て来るのですが、ご質問と関係しているので、前倒しで少し説明しておきます。第三編では政府の諸形態について論じられています。九三頁の第三章「政府の分類」で、政府を構成している人間の数によって分類がされるとして、民主制、貴族制、君主制の三形態を挙げています。この場合の政府というのは、当然、立法府ではなくて、行政府です。我々が「民主主義」と言う時は、立法における民主制のことを念頭に置いていますね。政府の役人の数が普通の人の数よりも多ければ民主制で、少なければ貴族制、一人だけであれば君主制であるわけです。

ですから、ルソーに関連した本のカバーとか、イベントでよく見かける「革命的な民主主義の思想を提示した」というコピーは不正確です。一般意志論は、ある意味、私たちの民主主義理解の常識になっていますが、それはルソー自身が「民主主義」と呼んでいるものとは違います。

ルソーは政府の形態としての「民主主義」を一応ポジティヴに呈示しますが、完全な民主制だと、立法と執行が癒着してしまうのでよくないかもしれない、というモンテスキュー（一六八九－一七五五）的な議論をしています。自分で方針を決めて、自分で実行しようとすると、どうしても公的な方針決定に自分の利害を絡めたくなります。そんなことは絶対にしない、神々のような人ばかりだったら、そもそも統治なんか必要ない。九六頁では、「民主政という言葉の意味を厳密に解釈するなら、真の民主政（véritable démocratie）はこれまで存在しなかったし、これからも決して存在しないだろう」と述べていますね。

今日読んだところもそうですが、ルソーは、理想状態を理論的可能性として追求していって、最後は、

「しかし、それは現実にはあり得ない」、と締めくくって、期待していた読者に肩すかしをくわせるようなところがあります――私は最初から期待しないで読んでいますが。法哲学や政治哲学にはそういうところがあると思います。理想の制度を理念的に突き詰めていって、読者の期待を高めていって、最後に「それは不可能ですね」って、あっけらかんと認めてしまうようなところが。みんなの期待を裏切りたくない、凡庸な理論家なら、理論を薄めて、現実化できそうなオチを付けようとしますが、本当の哲学者はそんな誤魔化しをしません。ルソーは、そういう態度が極めてはっきりしています。理念と現実のギャップを、読み手に意識させるような書き方をします。読み手は、アイロニーなのか、実践の勧めなのか分からなくなる。その分からなくなることを通して、「私は何を求めているんだろう」と各人に自問させるのが、「哲学」だと思います。

あと、ルソーの「自由」とはどういうものかということですね。カントを間に入れると分かりやすくなります。カントは、ルソーよりも一二歳若い人で、ルソーの影響を強く受けていたことはよく知られています。カントの「自由」の核心は「自律」です。有名な定言命法の定式「汝の意志の格率が常に普遍的立法の基準として妥当するように行為せよ」を思い出して下さい。自分の意志決定の最も基本的な方針のようなものを立て、例外なくそれに従って行為し、それを他者に対しても主張できるようにしなさい、そうでないとそれは本当の道徳的な行為ではありませんということです。そのような意志の格率の根拠になる道徳法則を見つけて、それに従って行為することが、カント的な意味での「自由」です。他の動物のように利那的な欲求に支配されているのではなく、自分の主人になっているという意味での「自由」です。その考え方の起源は、キリスト教神学の根本にある「神の下での精神の自由」にまで遡って見出すことができます。それを世俗化したヴァージョンが、近代における自律としての「自由」です。

一人の人間の場合は、「自律」という言葉で表現されますが、それを「政治」に置き換えると、集団的自己統治、自治の問題になります。集団的自己統治こそが、自由だということになります。ルソーの「市民的自由」は、「一般意志」という形での集団的自己統治を通して達成されます。

共和主義思想は、集団的自己統治こそが、「自由」の本質だと考え、そこへの参加を市民に奨励します。ルソーは、共和主義的な発想のエッセンスを突き詰めていくと、単なる多数派支配ではなく、「共同的自我」の意志である「一般意志」に基づく統治というところに至ると考えたのではないかと思います。「一つの人民」を構成していると考える人たちが、「自分たちはどのような集団なのか」考え、自己規定したうえで、意志の格率に相当するもの、「法」を立て、それに従っていく。第二編では、この意味での「法」の意味について詳しく検討されています。「人民」は、情念によってその場限りの選択をするのではなく、自分で決めた格率＝「法」に自ら進んで従っており、その意味で自律している。だから「一般意志」は常に公的利益を志向しているし、決して誤らない、というような想定が出てくるわけです。そういう「一般意志」は、偶然性や各人の利害の特殊性を超えた、普遍的格率によって方向付けられたものでなければならない。そうでないと、「一般意志」とは言えない。

Q カントは集団による自己統治ではないのですか。

A 『人倫の形而上学』（一七九七）では、社会契約論的な法理論を展開していますので、その場合は当然、集団的自己統治＝自由が前提になっています。ただ、『人倫の形而上学の基礎付け』（一七八五）とか『実践理性批判』（一七八八）などの倫理学の主要著作では、もっぱら、個人の「自律」を論じています。『人倫の形而上学』は、これらに比べると、論理がシャープでなくなっていると言われています。個人の「自律」と、人民の自治はやはりレベルが違う話なので、そのままの形では応用できないのだと思います。

Q　今の「自律」の話にも関わっていると思いますが、ルソーは市民的な徳の涵養についてどう考えていたんでしょうか。後に市民的宗教の話や有名な教育論があります。それにつながるのでしょうか。

A　『社会契約論』の第一編、第二編は、純粋に理屈の上で、「一般意志があるとすれば……」という話をしていますが、第三編、第四編では現実的な話に戻します。現実に生きる生身の人間は、特殊意志に支配されがちなので、先ほどもお話ししたように、どのような政府形態にしてもうまくいかない。そのことを過去の政治理論を参照しながら確認していきます。それで最終的に、「市民宗教」によって、公共性を志向し、内面化する人間を育てていく、というアイデアが出てきます。市民たちに、「徳」を身に付けさせるための手段として、「宗教」に注目するわけです。普通の共和主義に近づいている感じですね。『エミール』でも、最初はなるべく自然に教育していくと述べていますが、後のほうになると、市民として社会に適応させることの重要性を強調するようになります。市民的な徳の涵養を問題にするわけです。ルソーは同じテクストの中でも、結構揺れる人です。

「一般意志」を抽象論的に規定しておいて、それは現実的には無理だと言う。しかし、今度は、一般意志に基づく統治に最も近い状態を、政府形態のレベルで考える。それでもすっきりしないので、「市民」たちの「徳」の涵養を問題にし始める。「宗教」というところに回帰しているかのような動きも見せる。そのように、自らの議論の極端な帰結に直面して、揺れ動き続けているところがルソーの魅力と言えば魅力です。

［講義］ 第二回

とっても便利な「一般意志」！

――秩序と自由は両立可能か？

自由の二つの概念――「市民的自由」と「道徳的自由 liberté morale」

前回の最後に「自律」と「自治」の話をしましたが、この点についてのルソー自身の考え方を確認するため、第一編第八章を少し復習しておきましょう。

社会契約によって人間が失うもの、それは彼の自然的自由と、彼の気をひき、しかも彼が手に入れることのできる一切についての無制限の権利であり、人間が獲得するもの、それは市民的自由と、彼の持っているもの一切についての所有権である。このうめあわせについて、間違った判断をくださぬためには、個個人の力以外に制限をもたぬ自然的自由を、一般意志によって制約されている市民〈社会〉的自由から、はっきり区別することが必要だ。

「自然的自由」の代わりに、「市民的自由」が得られるということですね。両者を連続的に考えるのではなく、社会契約に際して、前者を譲渡することによって、人々は道徳的な関係性を構築し、そこで「市民的自由」という、異なった性質の「自由」を獲得するという話でしたね。二つの「自由」を分けて考えるところが、ルソーの「自由」論の特徴です。この次の段落をご覧下さい。

以上のものの上にさらに、わたしたちは、人間をして自らのまことの主人たらしめる唯一のもの、すなわち道徳的自由をも、人間が社会状態において獲得するものの中に、加えることができよう。なぜならば、たんなる欲望の衝動〈に従うこと〉はドレイ状態であり、自ら課した法律に従うことは自由の境界であるからだ。

「道徳的自由 liberté morale」という概念が出てきましたね。「市民的自由」の延長上に「道徳的自由」が出てくるわけです。「市民的自由」というのは、「社会契約」によって保障される「自由」のことですが、「道徳的自由」というのは、それより積極的側面と解することができます。「人間をして自らのまことの主人たらしめる唯一のもの」ということですね。これだけだと抽象的で分かりにくいですが、その後に出てくる、「たんなる欲望の衝動 l'impulsion du seul appétit」に従うことではなく、「自ら課した法律に従うことと l'obéissance à la loi qu'on s'est prescrite」というのが、その言い換えです。

これは、［自分で決めたルールに自分で従うこと＝自由］ということですね。前回の最後にお話しした、カント哲学で言うところの「自律 Autonomie」です。物理的な刺激に対していかなるものにも遮られることなく反応しているだけの状態は、因果法則に支配されているので「自由」とは言えず、真の自由、道徳的自由は、「自律」であるというのはカント哲学の基本的な考え方です。

ルソーは、「政治」というレベルでの「自律」を論じているわけです。それは、「法」に基づく集団的自己統治ということになります。

集団的自己統治こそ、「自由」の本質であるという自由観は、共和主義的自由、または「古代人の自由」

と言います。「古代人の自由 liberté des Anciens」というのは、バンジャマン・コンスタン（一七六七－一八三〇）というルソーより少し後の時代、フランス革命期から王政復古期にかけて活躍した自由主義思想家・作家の概念です。コンスタンは、フランス革命において民主主義が行き過ぎ、個人の自由が侵害されたことを受けて、「憲法」の中に個人の権利を保護する規定を入れる必要性を説いたことと、「古代人の自由」と「近代人の自由 liberté des Modernes」の区別を論じたことで知られています。「古代人の自由」とは、集団的な自己統治に参加することです。古代ギリシアやローマの市民は、自治を行うことを「自由」と考えていました。それに対して、「近代人の自由」は、いかなる制約も受けることなく、個人としてやりたいことができる状態を指します。古代人にとって、政治無しの自由は考えられなかったのに対して、近代人はむしろ、政治によって煩わされない方が、自由だと感じるわけです。

この分類で行くと、ルソーは「古代人の自由」の系譜に連なる共和主義的な政治思想家の一人と見なされます。共和主義というのは、政治への参加を市民の権利であると同時に義務であると見る思想の系譜です。『社会契約論』をここまで読めば分かるように、ルソーは、古代の共和制をそのままモデルにしようとしているわけではなく、社会契約によって新たな共同体を作るという論理構成にしているわけですが、市民たちの「一般意志」への積極的参与によってはじめて「市民的自由」や「道徳的自由」が得られると考えている点で、共和主義的だと言えます。

「一般意志」と「全体意志」

次に第二編の「第三章　一般意志は誤ることができるか」を見ていきましょう。「一般意志」と「全体意志」の違いについて述べている箇所なので、よく引用されます。また、東浩紀氏が『一般意志2・0』で、一般意志は数学的存在であるという話をする時の論拠として引き合いに出している箇所でもあるので、集団的自己統治こそ、「自由」の本質であるという自由観。市民たちの「一般意志」への積極的参与によってはじめて「市民的自由」や「道徳的自由」が得られる（ルソー）

「市民的自由」　⇒延長に、「道徳的自由 liberté morale」

※「道徳的自由」というのは、それより積極的側面。
「たんなる欲望の衝動　l'impulsion du seul appétit」に従うことではなく、「自ら課した法律に従うこと l'obéissance à la loi qu'on s'est prescrite」。

つまり、

［自分で決めたルールに自分で従うこと＝自由］＝カント哲学で言うところの「自律 Autonomie」

（物理的な刺激に対していかなるものにも遮られることなく反応しているだけの状態は、因果法則に支配されているので「自由」とは言えず、真の自由、道徳的自由は、「自律」であるというのはカント哲学の基本的な考え方）。

ルソーは、「政治」というレベルでの「自律」⇒「法」に基づく集団的自己統治。

⬇

「自由」の本質であるという自由観。

⬇

共和主義的自由＝「古代人の自由 liberté des Anciens 」（バンジャマン・コンスタン）

※コンスタンは、フランス革命において民主主義が行き過ぎ、個人の自由が侵害されたことを受けて、「憲法」の中に個人の権利を保護する規定を入れる必要性を説き、「古代人の自由」と「近代人の自由 liberté des Modernes」（「近代人の自由」は、いかなる制約も受けることなく、個人としてやりたいことができる状態。近代人はむしろ、政治によって煩わされない方が、自由だと感じる）を区別。

その点も確認しておきたいと思います。

（…）一般意志は、つねに正しく、つねに公けの利益を目ざす、ということが出てくる。しかし、人民の決議が、つねに同一の正しさをもつ、ということにはならない。人は、つねに自分の幸福をのぞむものだが、つねに幸福を見わけることができるわけではない。人民は、腐敗させられることは決してないが、ときには欺かれることがある。そして、人民が悪いことをのぞむように見えるのは、そのような場合だけである。

「一般意志」は、それが成立した場合、その中に誰か個人の利害を反映する特殊意志は含まれていないはずなので、常に「正しく droit」、ストレートに「公の利益 utilité publique」を目指している、と定義上言うことができます。〈droit〉には、「正しい」という意味の他に、「まっすぐ」という意味もあります。「特殊性」に引っ張られず、まっすぐに「公の利益」に向かっているというイメージで考えればいいと思います。

ただ、現実には、「人民の決議 délibérations du peuple」――ここでも、「熟議」とも訳すことのできる〈délibération〉が出てきますね――が、「一般意志」と見なされることが多いわけですが、実在する「人民」が、「公の利益」が何であるか分かっているかどうかは別の問題です。

前回述べたように、「一つの人民」も明確に定義されています。単に群れとして大勢が集まっているだけではなく、「私たちは一つの人民になる」という満場一致の決議をどこかの時点で成し、その決議に縛られ続けるのが、「人民」です。「一般意志」を共有する「人民」は、常に「公の利益」を志向し、その意味で「腐敗しない」はずですが、「欺かれる＝間違う」可能性、つまり、自分たちの幸福に繋がらない決定をする可能性はあり得るわけです。

全体意志と一般意志のあいだには、時にはかなり相違があるものである。後者は、共通の利益だけをこころがける。前者は、私の利益をこころがける。それは、特殊意志の総和であるにすぎない。

この文章が高校の倫理の教科書などに載っている、「特殊意志 volonté particulière」の総和にすぎない「全体意志 volonté de tous」と、「一般意志」は異なる、という話の元の表現です。「全体意志」という用語について少し説明しておきましょう。日本語で「全体」というと、「共同体」全体の意志のように聞こえますね。そうすると、「共同の自我」の意志である「一般意志」と同じではないかという感じがしますが、これは訳の問題です。フランス語の〈tous〉は、基本的に英語の〈all〉と同じ意味で、この場合は、「全ての人」ということです。「全員の意志」ということです。これでもまだ、全体っぽい感じが残るかもしれませんが、この場合の「全員の意志」は、「一つの人民」としての「意志」ではなくて、各個人の個別の意志を足し合わせたものにすぎません。個人の意志を単純に足し合わせたものが、「公の利益」を志向する、「一般意志」になるわけではありません。

これだとまだピンと来ないかもしれないので、集合体の意志と、その集合体を構成するメンバーの意志の総和が食い違う例を考えてみましょう。例えば、私が大学で授業をしているとします。学生たちは、全員やる気がなくてさぼりたい。そういう学生を前にしている私もやる気がなくなる。だったら、「休みたい」という特殊意志をみんなが持っているので、それがみんなの総意、つまり全体意志ということになります。だったら、さぼったらいいじゃないか、そうしよう、ということになるかというと、それは常識的に考えておかしいですね。どうしておかしいのか。それは、私たちは、教室で決まった時間に授業をするという大学という組織の根源的約束——大げさですが、分かりやすくするために、そう呼んでおきましょう——に基づいて、教室にいるからです。その大本の約束からすれば、ちゃんと授業をやることこそが、大学という組織の公共的利益に適う、私たちの一般意志である、ということになるはずです。

もっとそれらしい例として、税金についても考えてみましょう。ほとんどの人はできたら税金を払いたくない。では、みんなの全体意志で税金を払わないことにしよう、という話でいいかというと、まともな人はうんと言わないでしょう。国家は、公共の利益に適うように、一般意志として税制を定めているのであって、それは、各人の特殊意志の総和とは異なるわけです。

「一般意志」とは、はたして「数学的存在」か?

この次の箇所が、東さんが「一般意志」は「数学的存在だ」と言っている根拠になっています。

しかし、これらの特殊意志から、相殺しあう過不足をのぞくと、相違の総和として、一般意志がのこることになる。

先ほどは、一般意志は、特殊意志を足し合わせたものではないと言っていたのに、ここでは、何となく、計算しているような感じですね。何か矛盾している感じがします。この後に、ルソー自身による注釈があります。そこを続けて読んでみましょう。

＊ ダルジャンソン侯はいう、「各人の利害は、それぞれ相異なる原理をもつ。二つの個別的利害は、第三者の利害との対立によってはじめて合致する」と。彼は、すべての人の利害は、各人の利害と対

立することによってはじめて合致する、とつけ加えることもできたであろう。もし利害が異なっていないなら、共通の利害などというものはほとんど感じられないであろう。共通の利害は決して障害にぶつからず、すべてはおのずから進行し、政治は技術であることをやめるであろう。

ダルジャンソン侯爵（一六九六－一七六四）は、一八世紀のフランスの政治家で外務大臣も務めています。ヴォルテール（一六九四－一七七八）などの啓蒙思想家と親しい関係にあり、パトロン的なことをやっていました。

カギ括弧の中がどういうことを言いたいのか分かりにくいですが、「合致する」という部分——原語では、〈accord〉という名詞で表現されています——を、少し補って、「合致している部分が見えてくる」ということだと考えれば、意味が通じるでしょう。対立していた二人が、第三者の登場によって、完全に一致するという話だと思うから、魔法みたいな話のように聞こえて分からなくなるんです。

例えば、いろいろな木々を伐採できる入会地のようになっている土地があり、そこを利用している二人の人間がいるとします。二人はその土地は狭く、十分な木材は採れないと感じている。当然、二人は希少資源をめぐって利害が対立している。しかし、そこに第三の人間がやって来て、そこで焼畑農業をしようと言い出す。すると、この二人は、その第三者と利害が対立し、自分たちには、そこを自然の植物を採取できる場所として保持したいという共通利害があることを見出す。更に、そこに住宅地とか工場を作りたいという人が出てくれば、この三人は自分たちの利害の共通性を見出す……おそらくダルジャンソンはそういうことを言っているのでしょう。表面では対立していても深いところでは共通の利益があることが、第三者との対比で見出されるわけです。その延長で、「一般意志」が見出されると考えられます。「相殺しあう過不足をのぞく」というのは、単純な足し算引き算ではなく、違いをよく吟味することを通して、表面的な違いを超えた、より深い次元での共通利益が見出される、という意味合いだと思います。
東さんはベクトルという言い方で説明しています。『一般意志２・０』の四四頁から四五頁にかけての該当個所を引用しておきましょう。

特殊意志は方向をもっている。つまりベクトルである。しかし全体意志はスカラーの和にすぎない。ルソーはそう言おうとしたのではないだろうか。全体意志が方向を消してしまうものだとすれば、ある一組の特殊意志がまったく別の方向を向いていたとしても――たとえば、あえて現代日本でわかりやすい例を挙げるとすれば、ある有権者が高齢者の福祉の強化を望んでおり（後期高齢者医療制度の改革）、もう一人の有権者が若年層の福祉の改革を望んでいたとして（子供手当の実現）、その方向の差異は考慮されずに、つまりは国のかたちをどうデザインするかは考慮されずに両方の希望がマニフェストに盛り込まれれば、ただ社会保障費ばかりが膨れあがることになる。他方でルソーは、一般意志を、そのような方向の差異をきちんと相殺した、別種の和として捉えようとした。「差異の和」とは、スカラーの和ではなくベクトルの和を意味するのだと理解すれば、ルソーの記述にはなにも曖昧で神秘的なところはない。

一見もっともらしく聞こえるのですが、特殊意志がそれぞれ異なった方向を向いているベクトルだとすれば、それらを合成した場合、お互いに相殺されてゼロか、それに近い値になる可能性があります。「後期高齢者医療制度の改革」と、「子供手当の実現」が本当に真逆の方向を向いているとしたら、二つのベクトルを合成すれば、片方の方向性が消滅し、もう一方がその分だけ短くなってしまいます。それがまともだと思う人はいないでしょう。単純にベクトルの和として考えることには無理があります。そういう

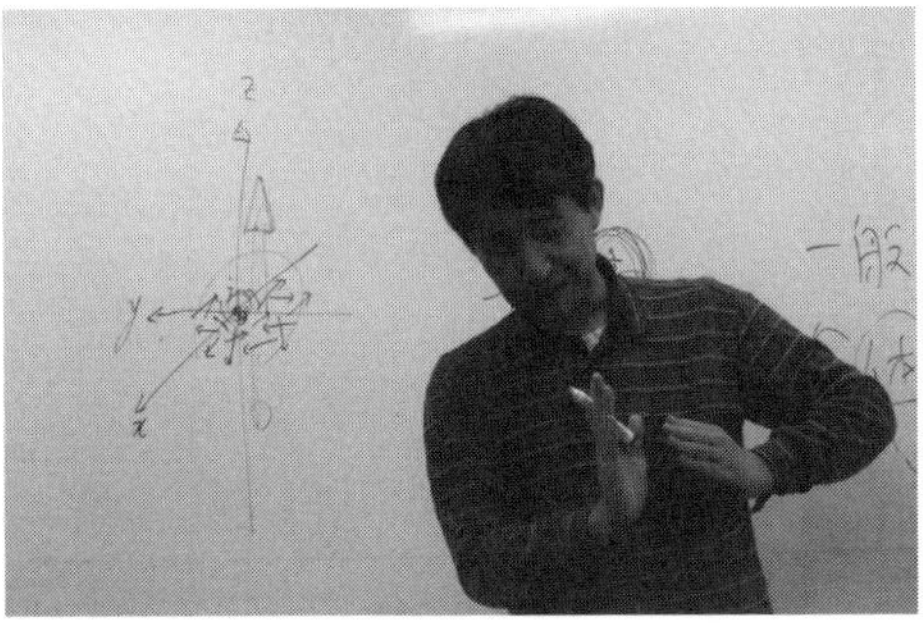

〝ベクトル和〟は、通常のルソー理解における「全体意志」のイメージです。

そもそも、純粋にスカラーだけで方向性がないものは、「意志」とは言えないでしょう。「意志」とは、ある方向に向けて行動を起こそうとする意識化された欲求です。東さんの例に即して言うと、福祉に関する二つの特殊意志だけでなく、その両方を取り込もうとする政党の〝意志〟があるから、マニフェストに並列的に盛り込まれるわけです。更に言えば、二つの特殊意志が対立するのは、福祉予算の枠という制約を受け入れた場合の話です。予算の枠が増えれば、必ずしも対立はしません。むしろ両立する可能性は高い。では、予算の枠はどう決まるのか？　その枠を「公正に＝どちらにもまがらずに」設定するのが、まさに「一般意志」の働きではないでしょうか。

そういう風に考えていくと、東さん流のベクトルの比喩はあまり適切ではないと思います。ただ、私はベクトルの比喩が全く無意味だとは思いません。ダルジャンソン侯の定式に倣って、私たちそれぞれの特殊意志が、多様な方向性を持つ多次元ベクトルだと見なして、その多次元の内で、みんなの目指している方向が一致している次元があるとすれば、それが「一般意志」ではないかと思います。単純化するために、三次元で考えましょう。x－y座標系上では、みんなの特殊意志がバラバラな方向を指し示しており、それらのベクトルの和を取ると、原点からあまり長く伸びていない短いベクトルになるでしょう。特殊意志は変動するので、短いベクトルが原点の周りをぐるぐる回っているだけになりそうです。それが「全体意志」です。それに対して、z軸上で見ると、すべての特殊意志がプラスの方向を向いている。そこだけ大きなベクトルが働いていることになります。x－y平面のレベルで見るとバラバラだけど、もう一つの座標軸上は、同じ方向を向いている。それが「一般意志」なのではないかと思います。

ただし、様々な方向性を持つ人々の特殊意志を図示しようとすれば、何十次元とか何百次元ものもの凄く複雑な座標軸を設定しなければならなくなるでしょう。その内の一つだけでも、すべての人の特殊意志がプラスに向いている軸を見つけることができれば、それが「一般意志」になるわけですが、本当にそれが見つかるか保証はありません。この議論については、さらに詳しくは、拙著『〈ネ申〉の民主主義』（明月堂書店、二〇一三）で、展開しています。

「コミュニケーションcommunication」に、過剰な意味を込めるな!!

この後に続く箇所も、『一般意志２・０』のルソー解釈のカギになっていますが、ここでも私は違和感を覚えています。

人民が十分に情報をもって審議するとき、もし市民がお互いに意志を少しも伝えあわないなら〈徒党をくむなどのことがなければ〉、わずかの相違がたくさん集って、つねに一般意志が結果し、その決議はつねによいものであるだろう。しかし、徒党、部分的団体が、大きい団体を犠牲にしてつくられるならば、これらの団体の各〻の意志は、その成員に関しては一般的で、国家に関しては特殊的なものになる。

東さんは、「市民がお互いに意志を少しも伝えあわないなら」という表現に注目します。「意志を伝えあう」は、原文では、〈communication〉という言葉で表現されています。そこで東さんは、「一般意志」は「コミュニケーション」なしに生じると主張します。そう主張することによって、「コミュニケーション」が苦手な、動物化したオタクでも、「一般意志」の形成に参与できることを示唆しているわけです。まるでルソーが、オタクの教祖みたいですね（笑）。実際、東さんは、ルソーを、現代日本のオタクのように、コミュニケーションの苦手な人として描き出しています。オタクが喜びそうな話ですね（笑）。

ただ、この箇所では、その一方で「人民が十分に情報をもって審議するとき」とも述べられています。「審議する」んだったら、「コミュニケーション」しているじゃないか、という気がしますね。少なくとも、引きこもっているオタクが、コミュニケーションしないで「審議する」というのは、日本語的にヘンな感じがしますね。では、原文がどうなっているか確認しておきましょう。

Si, quand le peuple suffisammment informé délibère, les citoyens n'avoient aucune communication entre eux, du grand nombre de petites différences résulteroit toujours la volonté générale, et la délibération seroit toujours bonne. Mais quand il se fait des brigues, des associations partielles aux depénses de la grande, la volonté de chacune de ces associations devient générale par rapport à ses membres, et particulière par rapport à l'état:

（…）

「審議」の原語は、前回も出てきた〈délibération〉です。今風に訳すと、「熟議」ですね。「十分に情報をもって」の原語は〈suffisamment informé〉です。〈informé〉は、「インフォームド・コンセント」の「インフォームド」に当たるフランス語です。過去分詞形です。「人民」が十分に情報を与えられた状態で「熟議する」ことを通して、「一般意志」が生じて来るわけですね。ごく普通に考えれば、コミュニケーションなしに、「熟議（審議）する」ことはできないですね。

問題は、〈les citoyens n'avoient aucune communication entre eux〉という所に出て来る〈communication〉の意味です。東さんは、これを日本語のカタカナ語の「コミュニケーション」の意味に取っているようですが、そこが問題です。英和辞書を見れば、〈communication〉には、日本語の「コミュニケーション」には含まれない様々な意味があることが分かります。「伝達」「通信」「報道」「交通」「連絡」「情報技術」……。「マスコミ」は〈mass communication〉ですね。フランス語の辞書を見ると、更に「発表」とか「報告」という意味も出ています。熟語として、〈entrer en communication〉というのが出てきます。これは、「連絡を取る」とか「交渉する」という意味です。

そういう意味が含まれているとすれば、先ほど見た岩波文庫の訳の〔 〕の中の補足的な言い換え、〈徒党をくむなどのことがなければ〉は少し訳しすぎだけど、東さんの言うような不当な付け足しではないことが分かると思います。つまりこの場合の〈communication〉は、事前に「連絡」を取り、「交渉」して、意見調整をするというようなことを指していると理解するのが普通でしょう。先ほど読み上げた箇所

〈communication〉の意味

英和辞書を見れば、〈communication〉には、日本語の「コミュニケーション」には含まれない様々な意味がある。「伝達」「通信」「報道」「交通」「連絡」「情報技術」……。「マスコミ」は〈mass communication〉。フランス語の辞書を見ると、更に「発表」とか「報告」という意味も。事前に「連絡」を取り、「交渉」して、意見調整をするというようなことを指していると理解できる。

※元々、キリスト教の「聖餐」という意味だった〈communion〉という言葉だと、考えや感情の一致という意味になるが、〈communication〉の方は「情報伝達」とか「連絡」といった意味合いが強い。18世紀のフランス語で、現在のような心理学・人間関係論的なニュアンスを含んだ意味で〈communication〉という言葉を使っている例はほとんどない。

↕

日本語の**「コミュニケーション」**＝人間らしくて暑苦しい心の繋がりのようなニュアンスがある。日本語で「コミュニケーションなしの政治」という言い方をすると、人間関係をいちいち作らなくてもいいというニュアンスが出る。

※〈communication〉は必ずしもそうした、ヒューマンな感じを含んではいない。

の次の文で、国家の中に、「徒党 brigues」あるいは「部分的団体 associations partielles」が存在することが、「一般意志」生成の妨げになることが示唆されています。桑原・前川訳では、〈communication〉の話は、この「徒党」の話と対応していると解して、「徒党をくむ」という少し踏み込んだ訳をしたのでしょう。議論の流れから見て、自然な解釈だと思います。

一方、日本語の「コミュニケーション」には、人間らしくて暑苦しい心の繋がりのようなニュアンスがありますが、〈communication〉は必ずしもそうした、ヒューマンな感じを含んではいません。元々、キリスト教の「聖餐」という意味だった〈communion〉という言葉だと、考えや感情の一致という意味になるのですが、〈communication〉の方は「情報伝達」とか「連絡」といった意味合いが強いです。一八世紀のフランス語で、現在のような心理学・人間関係論的なニュアンスを含んだ意味で〈communication〉という言葉を使っている例はほとんどないと思います。

日本語で「コミュニケーションなしの政治」という言い方をすると、人間関係をいちいち作らなくてもいいというニュアンスが出るので、東さんが念頭に置いている、動物化したオタクの人たちにとって有り難い感じがするかもしれませんが、そうしたメッセージを『社会契約論』のこの箇所に読み込むのは無理があります。無論、ルソーが、フランスの知識人業界の付き合いを嫌っていたというのはよく知られている話なので、彼が個人的に、人間関係抜きで成立する政治を望んでいた可能性はありますし、『人間不平等起源論』や『新エロイーズ』では、理性的な言語を超えた感情的な繋がりを理想化するようなことを述べています。しかし、〈communication〉という一つの単語に過剰な意味を負わせて、強引に解釈すべきではないと思います。

国家でも個人でもなく、〝徒党〟を組む――「団体 association」とは何か?

本文に戻りましょう。先ほど見た箇所の末尾で、国家の中に存在する、ある「団体 association」の「意志」は、その成員にとっては「一般的」であるけれど、国家から見ると「特殊的」である、と述べられていますね。ある「団体」の中で〝一般意志〟が成立したとしても、それは、その「団体」のメンバーの原初的合意が成立したということであって、国家の「一般意志」とは違います。その「団体」が一体となって行動するということが、「国家」から見れば、十分な情報に基づいて意見交換する前から、一部の人たちだけが意見を固めていて、実質的に、熟議に加わらないということになります。その人たちは「団体」として自分たちの意見を押し通そうとするでしょう。つまり、全員の意見の違いを表に出し、「共通の利益」を探究するというプロセスが部分的に阻害されることになります。その観点から、ルソーは、事前の意志疎通＝意見調整、徒党の形成を問題視しているわけです。

少し抽象的に聞こえるかもしれませんが、こういう風に考えてみてください。自民党、公明党、共産党などの政党の内部でそれぞれの〝一般意志〟が既に完全に固まっているとしたら、それらの代表が国会に集まって〝審議〟することによって、国民全体の「一般意志」が導き出されると言えるのか？　常識的に考えて、ヘンだということは分かるでしょう。中国や北朝鮮のように、一党支配が確立している国家だったら尚更そうですね。ルソーは、そういうことを言っているわけです。

その場合には、もはや人々と同じ数だけの投票者があるのではなくて、団体と同じ数だけの投票者があるにすぎないといえよう。相違の数はより少なくなり、より少なく一般的な結果をもたらす。ついには、これらの団体の一つが、きわめて大きくなって、他のすべての団体を圧倒するようになると、その結果は、もはやさまざまのわずかな相違の総和ではなく、たった一つだけの相違があることになる。そうなれば、もはや一般意志は存在せず、また、優勢を占める意見は、特殊的な意見であるにすぎない。

これはまさに、団体中心主義の弊害を問題にしているわけですね。歴史学や政治社会学では、国家と個人の間に入って、意見を取りまとめる、政党、職業組合、教会、地方自治体などを、中間団体（corps intermédiaires）と呼びます。これらは、諸個人の利益を中央権力の圧力から保護する組織として評価されることもありますが、その逆に、国家の一体性を阻害する要因として否定的に評価されることもあります。ルソーは、中間団体に否定的な見解の元祖と見なされることが多いです。

彼はこの箇所で、細かな意見の違いを団体内で均一化する形で、不可視化することなく、すべて表に出すことで、全員の「共通の利益」をより的確に把握できるようにすべきだ、と主張しているわけです。現代の民主主義論からすれば、当然の考え方ですね。〈communication〉なしというのは、こういうことを指していると考えられます。

だから、一般意志が十分に表明されるためには、国家のうちに部分的社会が存在せず、各〻の市民が自分自身の意見だけをいうことが重要である。

「部分的社会」というのは抽象的な言い方ですが、原語は、〈société partielle〉です。〈partiel〉という形容詞は、「部分」という意味の名詞〈part〉から派生したわけですが、〈part〉から派生したもう一つの形容詞〈partial〉は、「党派的」とか「不公平」「偏っている」という意味です。「部分的社会」は、「偏り」を生み出すわけです。各人が、「団体」の代弁をするのではなく、自分自身の意見を表明することが、「十分な情報に基づく審議」の前提条件になるわけです。

この箇所にはルソー自身による注が付いていますね。

＊　マキャヴェルリはいう、「ある種の分裂は国家を害するのにたいし、他の種のそれは国家に有益であることは、真実である。徒党、党派が相伴ってくる分裂は国家に有害であり、徒党なく、党派なくして維持される分裂は国家をたすける。それゆえ、いかなる国家の創設者も、国家内の敵対にたいして備えることができない以上、彼は少なくとも、徒党が生まれないよう備えるべきである」と。（『フィレンツェ史』第七編）

『フィレンツェ史 Istorie Fiorentine』（一五二〇－二五）は、最近、岩波文庫から翻訳が刊行されましたね。マキャベリ（一四六九－一五二七）はフィレンツェ出身で、フィレンツェの政庁に勤務した官僚です。『フィレンツェ史』は、その名の通り、建国から彼の時代の直前までの政治の歴史を描いて、「国家」を維持していくうえで何が重要かを論じた、かなりの大作です。『社会契約論』では、この後にも何カ所かマキャベリからの引用や、マキャベリから影響を受けたのではないかと思える記述が出てきます。ルソーは、マキャベリをかなり高く評価しています。マキャベリというと、『君主論 Il Principe』（一五一三）のイメージが強いですが、彼には、共和主義時代のローマと当時のイタリアの内政・外交、軍事の在り方を比較して論じた『ローマ史論』（一五一三－一九）という著作もあり、こちらでは、市民たちによって主体的に担われる共和制を高く評価しています。この著作の正式タイトルは、〈Discorsi sopra la prima deca di Tito Livio（ティトゥス・リヴィウスの最初の十巻についての論述）〉です。ティトゥ

ティトゥス・リヴィウス

ス・リヴィウス（前五九頃–後一七）は、ローマ共和制末期の歴史家で、『ローマ建国史 Ab Urbe Condita Libri』（前一七頃）を著しています。ちくま学芸文庫から翻訳が出ています。「党派」の存在が「国家」を危うくするというのは、いかにもマキャベリ的な認識ですね。

「私たち=人民」が「私たち=人民」自身を縛っている

「第六章　法について」では、一般意志は「法」という形で表現される、という議論が展開されています。

社会契約によって、われわれは、存在と生命とを政治体に与えた。いまや立法によって、それに運動と意志とを与えることが、問題になる。なぜならば、この政治体をつくり、結合するところの、この最初の行為は、政治体がみずからを保存するためにせねばならぬ事がらについては、まだ何ごとも決定しないからだ。

（…）たしかに、理性だけから発する一種の普遍的正義というものがある。しかしこの正義は、われわれの間に受け入れられるためには、相互的でなければならない。ものごとを人間的に考察してみると、自然が制裁を加えてはくれないのだから、正義のおきては人間たちの間ではききめがない。（…）だから権利を義務に結びつけ、また正義をその〔本来の〕対象に立ちかえらせるためには、約束と法律がなくてはならない。

ここで、「法」を作る「立法 législation」の役割が規定されています。「社会契約」は、「政治体 corps politique」を作る行為だけれど、それだけでは、その「政治体」が何をすべきかは決まりません。「政治体」は、あらゆる人が認めざるを得ない「普遍的正義 une justice universelle」を実現することを目標にすべきだ、という考え方があります。ルソーも、神に由来する「普遍的正義」、「事物の本性（la nature des choses）に従って正しいこと」――「事物の本性」というのは、物事の本来の在るべき姿という意味合いの存在論的・形而上学的な概念です――が存在するという考え方を否定しているわけではありません。しかし、何がそういう「普遍的正義」なのかについて、人々の意見が一致しているわけではありません。神からの啓示によって、みんなの意見が急に一致するなどということは期待できない。「政治体」として何をすべきか規定する、「一般意志」を形成するには、「正義」についてのみんなの共通理解をはっきりさせ、お互いの認識に齟齬があったような場合、どういう風に合意したのか確認できるようにしておく必要があります。「約束＝取り決め（conventions）と法律（lois）がなくてはならない」ということです。この場合の「法（律）」というのは、各人が何をしていいのかという「権利」と、それに対応する他の人の「義務」を、（みんなが合意した）「正義」の概念に従って定めたものです。

すべてが共有である自然状態においては、わたしはわたしが何ものをも約束しなかった人々にたいしては、何ものをも負うてはいないし、わたしにとって無用なものしか、わたしは他人のものとは認めない。社会状態においては、そうではない。そこではすべての権利が法によって規定されている。
しかし、それでは、法とは一たい何だろうか？

ここでは、「約束」と「法」の違いが述べられています。「自然状態」でも、「約束」によって、お互いの取り分を認め合うということはあります。しかし、私が何かを「他人のもの」と認めるのは、多くの場合、それが私にとって不必要なものだからです。逆に言うと、必要であれば、相手の手中にあっても、奪おうとするわけです。それが〝自然権〟です。こうした「自然状態」のイメージは、ロックよりもホッブズに近いですね。
それに対して、「市民（社会）状態」においては、「権利 droit」は全て「法 loi」に拠って規定されている。逆に言うと、「法」に基づかない「権利」はない。
ここで少し語学的な説明をしておきます。フランス語の〈droit〉は、ラテン語の〈ius〉、ドイツ語の〈Recht〉等と同じで、「権利」の他に「法」や「正義」といった意味もあります。西欧の言語では、〈right〉と〈law〉をはっきり分けている英語の方が少数派です。ここでは、〈droit〉と区別して、〈law〉と同じ語源の〈loi〉という言葉を使っていますが、これは、後者を「社会契約」に基づいて成立した「市民状態」において、市民たちの合意によって成立した法、制定法であることを強調するためでしょう。

わたしはすでに、個別的な対象については一般意志はありえない、といった。実際、この個別的な対象は国家の内にあるか、それとも国家の外にある。もしそれが国家の外にあるならば、その対象と無関係な一つの意志は、それとの関係において、一般的では決してない。またもし、この対象が国家の内にあるならば、それは国家の部分をなしている。そのさいは、全体とその部分との間に、一つの関係が成りたち、その関係は、部分を一とし、全体からこの同じ部分を引きさったものを他とするところの、二つの分離されたものを作るのである。しかし、全体から一部分を引きさったものは、決して全体ではない。そしてこの関係がつづくかぎり、もはや全体はなく、不平等な二つの部分があるだけである。そこから、一方の意志は他との関係においても一般的では決してない、ということが出てくる。

「個別的対象については一般意志はありえない」という話は、第二編の第四章にも出てきます。この岩波文庫の訳だったら、五〇頁の終わりから五一頁にかけてです。そこで論じられているのは、個別具体的な対象が誰のものか、それをどう扱うべきかというのは、個別意志に関わる問題で、「一般意志」の管轄の範囲外ということです。理屈は分かりますね。法律は、所有に関する一般的ルールは定めますが、この土地はAさんのもの、この家はBさんのもの、Cさんが受けた損害額はXで、DさんとEさんがそれを賠償すべき……といったことを指定しません。そんなことまで規定しようとしたら、一般性のある、言い換えれば、誰にも普遍的で公平に当てはまる法を制定することなどできません。

この箇所では、どうしてそういうことになるのかを哲学的・形式的に論証しようとしているわけです。先ず、当該の対象が、国家の外に（hors）ある場合には、国家の「一般意志」の対象にはなり得ません。「一般意志」は国家の領域内にある諸事物と市民にしか関係しません。その対象が国家の内に（dans）ある場合はどうか？ ルソーは、その場合、国家が「一つの部分」と「その他」に分かれると言っていますね。前者がごく小さくて、後者が圧倒的に大きかったとしても、二つに分かれていることは間違いないので、「一般意志」は成立していないことになります。［圧倒的多数の意志≒一般意志］と考える人もいますが、先ほど、「部分社会」論で見たように、ルソーは厳密に考えます。

この理屈自体は分かると思うのですが、ここでルソーが「個別的対象＝部分」と呼んでいるものと、「全体からそれを差し引いたもの」との間の関係がどうなっているのか、言葉遣いが抽象的なのでイメージしにくいですね。ここでは、「個別的対象」が、物ではなくて、〝法〟によってある行為をするよう指示される個人だと考えると、話が分かりやすくなるでしょう。そうすると、「一部」と「それ以外」の関係というのは、「法を適用される側」と「法を適用する側」の関係と読み替えることができます。物を指しているとしても、ある具体的な物をどう処分するか決めるということは、それの所有者、あるいは、関係している人に何らかの行為をするよう強制することになるので、結局は同じことです。

例えば、「一部＝適用される側」が、Aさんという人物だとします。〝国家〟（＝人民－Aさん）がAさんに対して、ある所有物を放棄させるとか、ある場所に移住させる、ある職務に就かせるといった行為を強制するとします。それは、〝国家の意志〟ではあるかもしれませんが、一方的に他人たちの意向を押し付けられているAさんは、その〝国家の意志〟から排除されています。つまり、Aさんと、Aさん以外の人たちが二つの「部分社会」を形成していて、後者が前者に対して、〝自らの意志〟を一方的に押し付けていることになるわけです。両者の間には、「押し付けるもの」と、「押し付けられるもの」の関係しかなく、「一般意志」は成立していません。

しかし、全人民が、全人民に関する〈法の〉取りきめをするときには、人民は、人民自身のことしか考えていないのである。そして、そのさいある関係がつくられるにしても、それは、ある見地から見られた対象全体が、別の見地から見られたその全体にたいする関係であり、何ら全体の分割がおこるのではない。その場合、取りきめの対象となるものは、取りきめをする意志と等しく一般的である。わたしが法と呼ぶのは、この行為なのである。

ここも禅問答めいていますが、要は、「一般意志」が成立しているのはどのような状態かということです。「部分社会」ができてはいけないので、「人民の意志」としての「一般意志」は少なくとも、「個別的対象」に関わることはできません。ただ、そうは言っても、刑法などがそうであるように、「法」は人々に何かすることを禁止したり、逆に、するように義務付けたりします。そうでないと、「法」として意味がない。それはどう考えるのか。

ルソーは、「人民」という集合的主体が、自分自身に働きかけていると見ることで、個別性の問題を解決しようとします。一人の人間が自分自身を律するために、自分にルールを課すことができます。皆さんの中にもそういうことをやっている方もいるのではないでしょうか。食べ過ぎたら、何分間か運動するとか、次の日にはカロリーを控えるとか。お金を使いすぎたら、しばらくの間節約するとか。貯金箱にお金を入れることで、無駄遣いできないようにするとか。

第一回で触れましたが、ホメロスの『オデュッセイア』で、故郷に帰還する途中のオデュッセウスは、セイレーンの島の前を通り過ぎる時、セイレーンの声によって魅惑され、破滅しないように、部下たちに命じて、自分の体をマストに縛り付けさせます。このエピソードは、法の本質を示すものとしてよく引き合いに出されます。「法」というのは、人民が、自らが将来、危機的な状況、異常な状況に遭遇した時、バカなことをしでかさないよう、自分の行動を予め縛るものだというわけです。ある時点での冷静な「私」が、別の時点でバカなことをしそうな「私」の行動を抑止しているわけです。そういう風に考えると、「ある関係がつくられるにしても、それは、ある見地から見られた対象全体が、別の見地から見られたその全体にたいする関係」である、という謎めいたコメントも理解できると思います。私が私を縛ることがあるように、「私たち＝人民」が、「私たち＝人民」自身を縛っているわけです。

オデュッセイア

主体としての「人民」が、その特定の構成員ではなく、「人民」全体を対象として、働きかけているわけです。そうした「人民」の自己自身に対する関係が、「法」である、ということになります。「人民」は、自らの「一般意志」の現れである「法」を介して、自らに規律を課しているわけです。

一般意志の現れとしての〈法〉と「共和国 république」

法の対象は常に一般的であるとわたしがいう場合、その意味は、法は臣民たちを一体として、また行為を抽象的なものとして考えるのであって、決して人間を個人として、また行為を個別的なものとして考えるのではない、ということである。だから、法は特権の存在を取りきめることは十分できるけれども、何びとにも名ざしで特権を与えることはできない。また、法は、市民の階級を数多くつくることはできるし、それぞれの階級にはいれる資格を指定することさえもできるが、誰々は入りうると名ざすことはできない。また、法は、王政と、世襲を定めることはできても、王を選ぶことはできず、王家を指名することもできない。一ことでいえば、個別的な対象に関係する機能は、一切、立法権に属さないのである。

「行為を抽象的なものとして考える」という言い方で、結構分かりやすくなりましたね。「特権 privilège」というのは、「市民」一般にではなく、特別の人にだけ与えられる権利です。そういうものを誰かに与えることはできるけど、特定の人を最初から名指しして与えることはできません。確かに、個人の名前を条文に書き込んだうえで、その人を特別扱いする法律というのは聞いたことがないですね。また、総理大臣とか国会議員とか最高裁判事とかの特定の身分の人に特別の権限や義務を与えますが、誰がその身分に就くかは決めていません。どういう風にその身分に就く人を決めるかについての手続きを形式的に規定する法律はありますが、法律自体の中で個人が名指しされることはありません。日本の天皇でさえ、ある意味そうです。日本国憲法で、天皇の役割について規定されていますが、誰が天皇になるのかは規定していません。実際には、天皇家の相続のルールに従って決まっているのですが、国民の一般意志の最も基本的な表現である「憲法」には、誰が天皇の役割を担うのかについて特定するようなことは書かれていません。

この考えにもとづいて直ちにわかることは、法は一般意志の行為に属する以上、法をつくるのは誰の職分かと問い、君主も国家の一員である以上、君主が法を越えるものかどうかと問い、何びとも自分自身にたいして不正ということがない以上、法が不正でありうるかどうかと問い、また法がわれわれの意志を記録したものにほかならない以上、人が自由であってしかも法に従っているのはどうしてであるかと問う、というようなことはもはや不必要なことだということだ。

ここは、訳の構文が少し分かりにくいですね。「～である以上、～と問い」というパターンが四回出てきますが、これらはみな並列で、入れ子構造にはなっていません。先ず、「法が一般意志の行為に属する以上、法を作るのは誰の職分かと問う」ことは不必要です。これは分かりますね。「法」は「一般意志」を具体化したものであるので、特定の誰かが、別の誰かを支配するために作るものではありません。次に、「君主も国家の一員である以上、君主が法を越えるものかどうかと問う」ことは不必要です。というか、君主も「法」の下にあります。「法が我々の意志を記録したもの（registres）にほかならない以上、人が自由であってしかも法に従っているのはどうしてであるかと問う」ことは不必要です。市民にとって、「法」に従うことは、自分（たち）の意志に従うことだからです。自分（たち）の意志に従うこと＝自律していることこそ、今回の冒頭で見たように、ルソーの定義によれば、「道徳的自由」です。

さらに、法は意志の普遍性と、対象のそれとを一つにしている以上、誰であろうと、一人の人間が自分だけの権力で命じたことは、法ではないということがわかる。主権者ですら、個別的対象にたいして命じたことは、もはや法ではなくて、命令（デクレ）であり、主権の行為ではなくて、行政機関の行為であることがわかる。

「意志の普遍性」と「対象のそれ（普遍性）」を一つにするという言い方がまた抽象的ですが、落ち着いて考えれば、それほど難しくはありません。「意志」というのは「一般意志」のことですから、特定の誰かの意志ではなく、「公共の利益」を志向しているわけですから、「普遍的」であるのは、定義上当然です。「対象が普遍的」というのは、先ほどお話ししたように、個別的対象に関わるものではないということです。普遍的意志である「一般意志」が、普遍的対象に適用されるように、媒介するのが「法」だということです。

「法」は、個人を名指しして「何かせよ」と命ずることはありません。「法」によって委任された行政機関が、個人を名指しして命令を出したり、指導することはありますが、「法」それ自体は、個人を名指しして具体的に何かをするよう命令することはありません。因みに、日本の法学用語では行政機関が法律を補完するために制定する、政令や省令などのことを「命令」と呼びますが、これは個人を名指しするものではないので、ここでルソーが言っている「法」の一部と考えるべきでしょう。

わたしは、だから、法によって治められる国家を、その行政の形式がどんなものであろうとすべて、共和国とよぶ。なぜなら、その場所においてのみ、公けの利益が支配し、公けの事がらが軽んぜられないから。すべて合法的な政府は、共和的である。

私たちは一般的に、君主制ではなく、国民全てが基本的に対等の立場に立って統治を行っている国家形

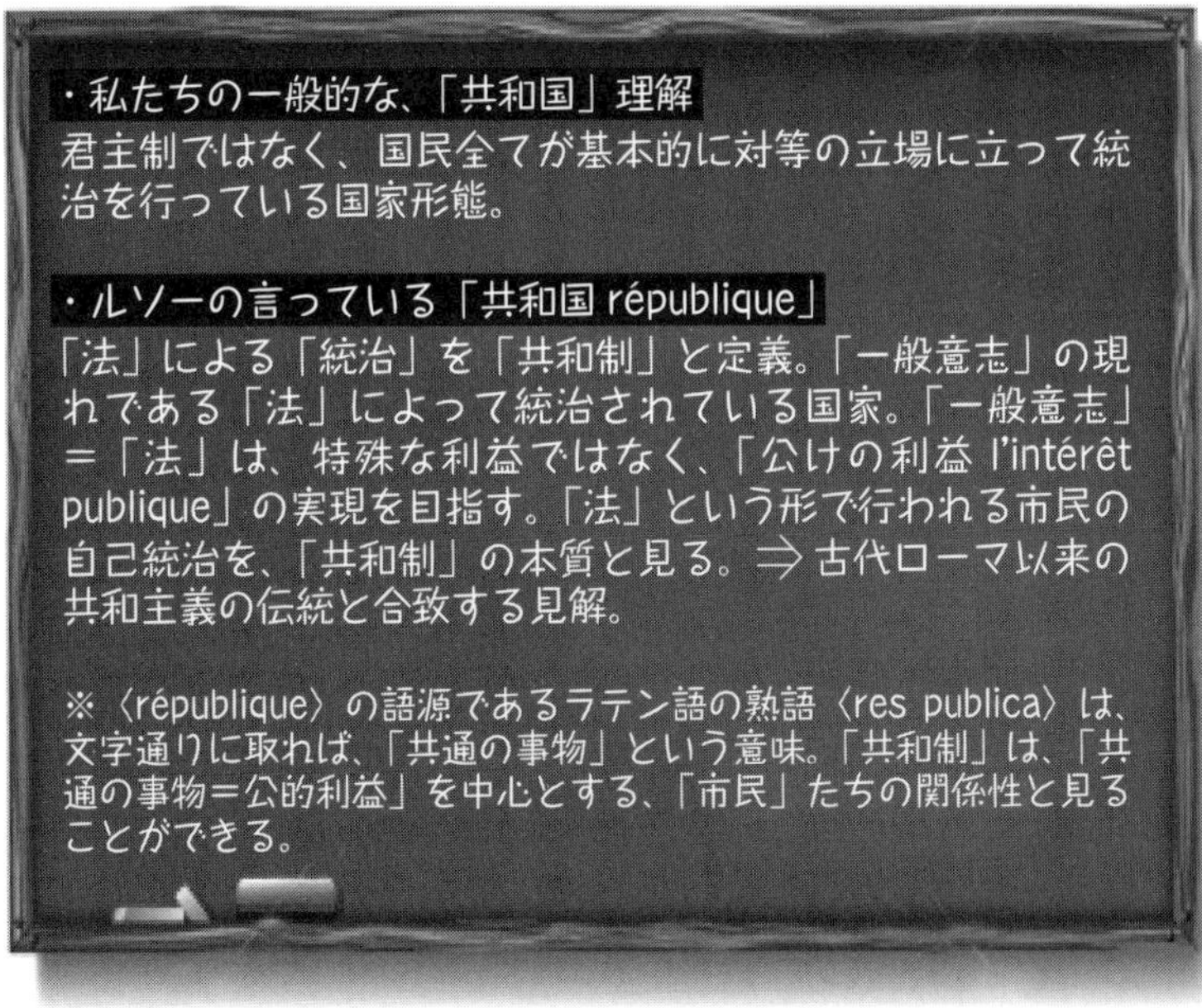
・私たちの一般的な、「共和国」理解
君主制ではなく、国民全てが基本的に対等の立場に立って統治を行っている国家形態。
・ルソーの言っている「共和国 république」
「法」による「統治」を「共和制」と定義。「一般意志」の現れである「法」によって統治されている国家。「一般意志」＝「法」は、特殊な利益ではなく、「公けの利益 l'intérêt publique」の実現を目指す。「法」という形で行われる市民の自己統治を、「共和制」の本質と見る。⇒古代ローマ以来の共和主義の伝統と合致する見解。
※〈république〉の語源であるラテン語の熟語〈res publica〉は、文字通りに取れば、「共通の事物」という意味。「共和制」は、「共通の事物＝公的利益」を中心とする、「市民」たちの関係性と見ることができる。

態を「共和国」と呼びますが、ルソーの言っている「共和国 république」は、「一般意志」の現れである「法」によって統治されている国家です。「一般意志」＝「法」は、特殊な利益ではなく、「公けの利益 l'intérêt publique」の実現を目指します。「法」という形で行われる市民の自己統治を、「共和制」の本質と見るわけです。これは、古代ローマ以来の共和主義の伝統と合致する見解です。

〈république〉の語源であるラテン語の熟語〈res publica〉は、文字通りに取れば、「共通の事物」という意味です。「共和制」は、「共通の事物＝公的利益」を中心とする、「市民」たちの関係性と見ることができます。「共和国」で、「公けの利益が支配し、公けの事がら（la chose publique）が軽んぜられない」というのは、語の本来の意味に遡っての言葉遊びです。ルソーは「法」による「統治」を「共和制」と定義しているわけですが、だとすると、「合法的 légitime」な政府形態が、

「共和的」であるというのは、同義反復なので、当然ですね。

「立法者」——はたして、私たちは「立派な法」をつくれるのか？　結局、つくるのは誰？

「第七章　立法者について」も大事な箇所です。「立法者 législateur」というのは、誤解を招きやすい表現です。「立法権者」ということではなく、法を起草する者、起草者の意味です。立法する権限を持っているのは、あくまで「人民」全体です。

もろもろの国民に適する、社会についての最上の規則を見つけるためには、すぐれた知性が必要である。その知性は、人間のすべての情熱をよく知っていて、しかもそのいずれにも動かされず、われわれの性質を知りぬいていながら、それと何らかのつながりをもたず、みずからの幸福がわれわれから独立したものでありながら、それにもかかわらずわれわれの幸福のために喜んで心をくだき、最後に、時代のかなたに光栄を用意しながらも、一つの世紀において働き、後の世紀において楽しむことができる、そういう知性でなければなるまい。人々に法を与えるには、神々が必要であろう。

ここは分かりやすいですね。「法」は、単に規則を定めるだけではなく、その下で市民たちが幸福になれるようなものでなければならないわけですが、実際に幸福になるかどうか本当のところ誰にも分かりません。現実の国家での立法に際しては、国会議員たちがいくつかシミュレーションを出し合って、最後は、そのどれがいいのか多数決で決めるわけですが、厳密に考えると、人々の心の動きをきちんとシミュレーションしたうえで起草しないと、「公けの利益」に適った「法」とは言えません。

しかし、誰がそこまでその「国民 nation」のことを分かっているのか。しかも、その立法者は、自分の利益のために〝法〟を偏ったものにしてはいけないので、いかなる意味でも利害関係者であってはいけない。しかし、利害関係を一切持たないにも関わらず、その国民の気質を知りつくして、その「法」の下で将来どうなるかまで見すえて、「法」を起草することができる人などいるのか？

　無理そうですね。だから、「人々に法を与えるには、神々が必要であろう」というわけです。初っ端から諦めている感じですね。無論、本当に「神々」の話になると、これ以上、議論することができなくなりますので、先ほどのハードルを少し緩和して、現実的な話にします。

リクルゴス

カルヴァン

　リクルゴスは、その祖国に法をあたえたとき、まず王位を捨てた。ギリシアの諸都市の大部分では、その法の制定を外国人にゆだねることが習慣であった。近代イタリアの諸共和国は、しばしばこの慣習をまねした。ジュネーヴの共和国もそうして、うまくいった。* ローマは、そのもっとも栄えた時代に、内部に専制のあらゆる犯罪が復活し、今にも亡びそうになったが、それは、同じ人々の手中に、立法の権威と主権とを集中したためであった。

＊　カルヴィンを神学者としてしか考えない人々は、彼の天分の広さをよく知らないのだ。彼が大いに力をかしたわが国〔ジュネーヴ〕の賢明な諸法令の編さんは、彼の『綱要』と同程度に、彼の名誉をなすものである。時の経過とともに、われわれの信仰にいかなる革命がもたらされようとも、祖国と自由との愛がわれわれの間から消え去らないかぎり、

この偉人の記憶は、われわれの祝福の的たることを、決してやめないであろう。

リクルゴス（前八二〇頃–七三〇頃）は、古代スパルタの伝説の立法者で、軍事中心のスパルタの国家体制の基礎を築いた人です。彼は、自らは王位に就かず、甥である王を支えながら、様々な改革に着手しました。ルソーは、スパルタの共和制に共感を抱いていたようで、『学問芸術論』（一七五〇）や『エミール』で、市民たちが共和政体に強くコミットしながら生きているスパルタを肯定的に描いています。

ご存じのようにルソーはジュネーヴ出身です。ジュネーヴは、この時代はまだスイスの中に入っておらず、独立した都市国家だったわけです。スイスの一部になるのは、ウィーン会議（一八一四）以降のことです。フランス生まれのカルヴァン（一五〇九–六四）が、ジュネーヴを布教の拠点としていたこと、この地で神権政治を指導したということは、高校の倫理や世界史で習いますね。ルソーが指摘しているのは、カルヴァンが、「神権政治」と呼ばれているものを行うに際して、恣意的に神の名で命令を出したわけではなく、きちんと法令を編纂したということです。『綱要』というのは、『キリスト教綱要 Christianae Religionis Institutio』（一五三六）のことです。

ここでのポイントは、その国と一切利害関係がない存在としての「外国人」による「立法」に期待できるかもしれないということですが、これは少なからず異論の余地がある議論ですね。その国のことをよく分かっている外国人は、大抵利害関係者である。カルヴァンがジュネーヴと一切利害関係がなかったかというと、疑問符が付きますね。布教の根拠地を確保するという利害関係があるわけですから。日本国憲法の原案を作ったとされるＧＨＱが、日本と利害関係がない、純粋に善意の外国人たちだとは、誰も思わないでしょう。

これに加えて更に、難問があります。「立法者」は、その国民から利害関係上独立でありながら、その国民の気質を神のごとく知り尽くしていないといけないわけですが、それに加えて「権威 autorité」を持っていてはいけないといいます。「権威」によって人々を強引に〝納得〟させてしまったら、それは、「一般意志」による立法とは言えません。起草するのは「立法者」でも、それが自分たちの意志の現れかどうかを確認し、採択する権利を持っているのは、「人民」です。

立法という仕事のなかには、両立しがたいように見える二つのものが、同時に見いだされる。人間の力をこえた企てと、これを遂行するための、無にひとしい権威とが、それである。

立法をするには人間を超えた神のような力を示さないといけない。そうでないと、人民は「立法者」として信用してくれない。しかし、その人物が「権威」によって、人民を否応なく従わせるようなことになったら、それは人民の「一般意志」ではなくなってしまう。ルソーは更に、もっとややこしい問題を提起します。

もう一つ、注意に値する困難がある。賢者たちが、普通人にむかって、普通人の言葉でなく彼ら自身の言葉で語ろうとすれば、彼らのいうことは理解されないだろう。ところが、人民の言葉に反訳できない観念は、沢山ある。あまりに一般的な見解、あまりにもかけ離れた対象は、ひとしく人民には手がとどかないものである。各個人は、自分の個別的利害に関係があるのでなければ、どんな政府案も好まないのだから、良法が課する永続的な不自由からえられるにちがいない利益を、容易に認めようとはしない。生まれたばかりの人民が、政治の健全な格律を好み、国是の根本規則にしたがいうるためには、結果が原因となること、制度の産物たるべき社会的精神が、その制定自体をつかさどること、そして、人々が、法の生まれる前に、彼らが法によってなるべきものになっていること、などが必要なのであろう。こうして、立法者は、力も理屈も用いることができないのだから、必然的に他の秩序に属する権威にたよる。その権威は、暴力を用いることなしに導き、理屈をぬきにして納得させうるようなものである。

どこかで聞いたような話ですね（笑）。政治家、官僚、学者などの専門家は、国民の現状を観察して、どのような仕組みを作ったら、うまく行くか理論的にシミュレーションしてみる。ちゃんとした理論に基づくシミュレーションであるほど、理屈はややこしくなります。年金とか金利、予算などの経済政策の理屈はややこしいですね。多分、そのまま説明しても、一般庶民の大半は抽象的すぎて理解できない。理解できなければ、本当の意味で、起草された法案に合意することはない。

では、日本の政府広報やマスコミや大学で推奨されているように、「普通の人にも、分かりやすい言葉」で語りかけたら、どうか。しかし、一般のヒトが〝分かった〟と思えるレベルまで話を簡単にすれば、理論の核心部分を誤魔化したことになる。誤魔化して、理解したかのように思いこませるのは、もっと悪い。では、どうしたらいいのか。

より根本的な問題として、立法者が、「公けの利益」の観点から見てすばらしい「法」を提案しても、人々にはそれがすばらしいということが理解できない。先ほど、理屈が理解できないという話をしましたが、「法」を受け入れたら、結論として、自分たちの行動がどういう風に制約されるかくらいは想像できるでしょう。それまで自分の個別利害にだけ関心を持って生きてきた人たちにとって、「公けの利益」の実現という抽象的な目的のために、自分の生活に制約を加えるというのは難しいことです。因みにここで「国是」と訳されているのは、〈raison d'État〉です。通常は、「国家理性」とか「国家理由」と訳されます。

国家の利益を追求する論理、あるいは、国家の行動理由ということです。この熟語を定着させたのは、イタリアの思想家ジョヴァンニ・ボテロ（一五四四－一六一七）ですが、元のアイデアはマキャベリだとされています。

「公けの利益」のために法的制約を受け容れることができるようになるには、「社会的精神 l'esprit social」を身に付ける必要がありますが、その精神を身に付ける〝以前〟の段階、つまり「法」というもののすばらしさを、その下で生きて経験する〝以前〟の段階にある人々がどうやって分かるのか。まだ経験もしてないのに、「立法者」が起草してくれた「法」を受け容れる気にどうしてなるのか。

これは逆説的な状況です。無論、「法」がもたらすであろう恩恵を知らないうちに、どうしてその「法」を受け容れられるのか、とまともに考え始めたら、主権者である国民の同意を得て法律が制定されているという、議会制民主主義の前提が崩れます。日本の場合、既に議会による立法を何度も経験しているので、その法律の恩恵をある程度理解している、と言えますが、諸法の基礎である憲法をこれから制定するという場面では、そういう既成事実による説明は効きません。ルソーは、その問題を指摘しているわけです。

ジョヴァンニ・ボテロ

このようなことから、あらゆる時代を通じて、建国者たちはやむなく、天の助けにたより、彼ら自身の英知を神々のものとしてほめたたえたのである。それは、人民が、自然の法則にしたがうのと同じように国家の法律にしたがい、人民の形成と国家の形成とのなかに同じ力〈がはたらくの〉をみとめ、自由な心で服従し、公共の幸福のクビキをすなおにうけるようにするためだったのである。

結局のところ、また神々が出て来るわけですが、ここで話題にしているのは、本当の「神々」ではなくて、建国者たち（les pères des nations）による〝神々〟の利用です。〝神々〟の威光を借りることで、人民が自発的に建国に賛同するように仕向けたわけです。焦点が、「法」の厳密な成立条件から、人民をいかに納得させるかという現実政治的な話へとシフトしていますね。

この崇高な理性は、普通の人々の手のとどかないところにあるが、立法者はその理性の決定を不死のもの〈神々〉の口から出たもののようにし、そうして人間の思慮によっては動かしえない人人を、神の権威によってひっぱって行ったのである。*

＊　マキャヴェルリはいう、「いかなる国民においても、神にたよらないで特別の法を公布したものはないことは、真実である。なぜなら、そうしなかったら、彼らは受けいれられなかったろうから。賢者には認められても、他の人々を納得させるほどには自明ではない多くの利点がそうした法律には存在するのである」と。（『ティトゥス・リヴィウス論』第一編、第十一章）

現実の「立法者」は、自分の考えが、〝神々〟の声であるかのような偽装していた、という身も蓋もない話です。『ティトゥス・リヴィウス論』というのは、先ほどお話しした『ローマ史論』のことです。「法」を知らない人たちに、「法」のすばらしさを本当の意味で教えることが困難なので、神々を持ち出す必要があるということは、ローマの共和制期に既に認識されていたわけですね。

このように考え始めると、そもそも、その国民にあった〝正しい法〟を与えるという話自体、〝立法者〟がそう吹聴しているだけで、本当はそれを証明することなど誰もできないのではないか、というニヒリスティックな話をしているように聞こえますが、どうもそうではないようです。

だが、神に語らせたり、自分は神の代弁者であると宣言して信じられるのは、どんな人にもできることではない。立法者のもつ偉大な魂こそ、彼の使命を証明すべき真の奇蹟である。どんな人でも、石板に文字をきざみ、神託を買収し、何らかの神的なものと秘密の交りがあるかのようによそおい、鳥を仕込んで自分の耳にささやかせ、そのほか人民をだます卑しい手段を見つけだすことはできる。いまいっただけの知恵しかないものでさえ、ひょっとしたら、一むれの愚か者を集めることはできるかも知れない。だが、彼は、決して国を建設しないだろうし、彼の無法な仕事は、彼とともにやがて亡び去るだろう、空虚な威信は、一時だけのきずなしか作らない。きずなを永続的なものとするのは、英知だけである。

神の名を騙る詐欺師的な人がいることは認めているわけですが、それだけだと、本当の意味での建国には至らず、すぐに崩壊してしまうだろうというわけです。国が続くとすれば、それは本当の叡智（sagesse）に根ざしているからだ、ということです。要は、結果が証明するということですが、これはあまり説得力がないですね。続いているのが、叡智に基づく永続的絆の証だというのであれば、強大な軍事・警察力によって持続している国も、その存在を事後的に正当化されることになってしまいます。現代だと、一党独裁などの北朝鮮とか中国も「一般意志＝法」によって統治される国家ということになるでしょう。そういう理屈を認めると、ルソーの理論的出発点である、「力による支配という事実／合意に基づく法＝権利関係」の区別が空洞化してしまいます。

この辺でルソーはかなりぶれている感じですね。この章の最後に、次のように述べています。

ウィリアム・ウォーバートン

すべて以上のべたことから、ウォーバートンとともに、政治と宗教とが、われわれの間では共通の目的をもつ、というべきではなく、むしろ、諸国民の起源においては、宗教が政治の道具として役立つ、と結論しなければならない。

ウィリアム・ウォーバートン（一六九八–一七七九）は、訳注にもあるように、ルソーより少し年長の英国の聖職者・神学者で、注にある『モーゼの神の使節』（一七三七–四一）や『教会と国家の同盟』（一七三六）など、宗教の起源に関する著述の他、文芸批評的な仕事もしています。ルソーはウォーバートンの考え方を修正して、「政治」こそがあくまでメインであって、「宗教」はそれを助ける役割を果たしているだけだと言っているわけです。ルソーの立場からすれば当然ですね。「法」は、自発的に「一つの人民」になった人々の意志、「一般意志」に根ざしているのであって、神の意志に基づくものではないからです。「宗教」がメインになるわけにはいかないのです。日本語の「まつりごと（政）」という言葉が象徴しているように、宗教と政治は元々一致しており、お互いに支え合う関係にあったわけですが、ルソーは「まつりごと」にまで回帰しようとするのではなく、「政治」を優位に立てながら、「宗教」を利用することで、「一般意志」を成立させようとしているわけです。この考え方は、この本の最後に出て来る「市民宗教」論でも繰り返されています。

ルソーが「立法者」に拘る理由をもう一度まとめ直しておきましょう。［法＝一般意志の記録］だと定義するとしても、誰かが具体的に記録しなければなりませんが、目に見えないものを記録するわけですから、その人が本当にちゃんと記録しているかどうか分からない。どうしたら、その人がちゃんとした記録

ルソーの「立法者」

国民から利害関係上独立でありながら、その国民の気質を神のごとく知り尽くしていないといけない。それに加えて「権威 autorité」を持っていてはいけない。

↓

しかし、
「権威」によって人々を強引に“納得”させてしまったら、それは、「一般意志」による立法とは言えない。起草するのは「立法者」でも、それが自分たちの意志の現れかどうかを確認し、採択する権利を持っているのは、「人民」。

↓

［法＝一般意志の記録］だと定義。誰かが具体的に記録しなければいけない。目に見えないものを記録するわけなので、その人が本当にちゃんと記録しているかどうか分からない。どうしたら、その人がちゃんとした記録者であると信用できるのか、という問題が出て来る。

※もっと言えば、「一般意志」の主体である「人民」自体が存在するのかどうかさえそもそも怪しい（第一編第五章の問題が再浮上）。「人民」を「代表＝再現前化する représenter」とはどういうことかをめぐる哲学的問題。
※日本語で「代表する」と言うと、「代表されるべきもの」が既にあるように聞こえる。

↓

が、「再現前化」（今此処に現前していないものを再現する、顕にするというニュアンス）をめぐる問題が浮上。立法者は実在する「人民」を「代表する」のか、それとも、今此処に明確な形で存在しているかどうか分からない“人民”に形を与えて可視化するのか？

者であると信用できるのか、という問題が出て来るわけです。もっと言えば、「一般意志」の主体である「人民」自体が存在するのかどうかさえそもそも怪しい。第一編第五章の問題が再浮上してくるわけです。「人民」を「代表＝再現前化する représenter」とはどういうことかをめぐる哲学的問題です。日本語で「代表する」というと、代表されるべきものが既にあるように聞こえますが、「再現前化」というと、今此処に現前していないものを再現する、顕にするというニュアンスになります。立法者は実在する「人民」を「代表する」のか、それとも、今此処に明確な形で存在しているかどうか分からない〝人民〟に形を与えて可視化するのか？

じゃあ、どんな「政府 gouvernement」が？　独裁は、気持ちいいのか？

第三編は、もっと現実的な話になります。「政府 gouvernement」にはどのような形態があり得るかが論じられています。政府の形態としては、前回お話ししたように、行政官の数に応じて君主制、貴族制、民主制があります。これらはあくまで行政府の形態であって、主権者である人民の意志としての「一般意志」が生み出されるのは、立法の場です。主権者＝人民が直接行使するのは、立法権（la puissance législative）です。

第一六章を見て下さい。「政府の設立は決して契約ではないこと」というタイトルになっていますね。人々は社会契約を結ぶことで、「一つの人民」になりますが、それと「政府」の設立は別次元の話だということです。これは、ロックと共通する議論です。ロックの場合、一つの共同体（community）を作ることが「社会契約」で、その「共同体」が統治の役割を「政府」に「信託 entrust」する、という形になります。「社会契約」を解除すれば、自然状態に逆戻りしてしまうので、基本的に解除できません。「信託」は一方的な関係なので、「政府」が信託に反する行為をすれば、「共同体」を構成する人民は、信託を解除

「政府 gouvernement」

人々は社会契約を結ぶことで、「一つの人民」になる。

↓

それと「政府」の設立は別次元（これは、ロックと共通する議論）。

※ロックとルソーの違い。

ロックの場合、一つの共同体（community）を作ることが「社会契約」で、その「共同体」が統治の役割を「政府」に「信託 entrust」する。「社会契約」を解除すれば、自然状態に逆戻りしてしまうので、基本的に解除できない。「信託」は一方的な関係なので、「政府」が信託に反する行為をすれば、「共同体」を構成する人民は、信託を解除し、政府を解体することができる、というのがロックの「抵抗権」の論理。
「政府」に立法権と執行権、外交権があるとしている。

↕

ルソーも、政府と「共同体≒国家」を分ける論法を踏襲しているが、ロックとは違い立法権を「人民」の側に残している。

> 具体的には、「立法」を行うための人民集会を開き、そこで現在の行政府をどうするかについても決定できるようにしたらいいと提案。「人民」が「政府」の役人たちをコントロールできる「政府」は、「一般意志」の指揮下にあり続ける。

・彼はローマの共和制をモデルにして、［一般意志ー法ー政府］の関係を構想していた。
【ここから、ルソーは直接民主主義を志向しており、それが現実的に可能な、ジュネーヴのような小国をモデルに考えている、と理解されるようになった】

し、政府を解体することができる、というのがロックの抵抗権の論理です。

ルソーも、政府と「共同体＝国家」を分ける論法を踏襲しているわけですが、「政府」に立法権と執行権、外交権があるとしているロックとは違って、立法権を「人民」の側に残しています。具体的には、「立法」を行うための人民集会を開き、そこで現在の行政府をどうするかについても決定できるようにしたらいいと提案しています――ここから、ルソーは直接民主主義を志向しており、それが現実的に可能な、ジュネーヴのような小国をモデルに考えている、と理解されるようになりました。「人民」が「政府」の役人たちをコントロールできるようにしているわけです。「政府」は、「一般意志」の指揮下にあり続けます。

第四編では、国家を健全な状態で維持していくための様々な仕組みについて、古今の実例に則して論じられています。第四章では、「ローマの民会について」記述しています。この章で、ルソーは、共和制期のローマで民会を中心とする立法の仕組みが出来上がった歴史的経緯や、護民官制度や元老院との関係についてかなり紙幅を取って、詳しく論じています。彼がローマの共和制をモデルにして、「一般意志－法－政府」の関係を構想していたことがよく分かります。

第六章のタイトルは、「独裁について」です。「独裁」については、マキャベリも『ローマ史論』で詳しく論じています。カール・シュミット（一八八八－一九八五）も論文『独裁』（一九二一）で「独裁」という制度について詳しく研究しています。注意する必要があるのは、我々は、専制や僭主政治と同じような適当な意味で〝独裁〟と言いがちですが、マキャベリ＝ルソー＝シュミットが問題にしているのは、古代ローマ以来の「独裁」という制度だということです。「暴君がやりたい放題やる」、という話ではありません。

法の非柔軟性は、事が起ったさい、法がこれに適応するのを妨げ、ある場合には、法律を有害なものとし、危機にある国家をそれによって破滅させることにもなりうる。形式の〈要求する〉秩序と緩慢さとは、一定の時間を必要とするが、事情は時としてこれを許さない。立法者が少しも考えておかなかった場合が無数に起りうるから、人はすべてを先見することはできない、ということに気づくことが、きわめて必要な先見なのである。

だから、政治制度を強固にしようと欲するのあまり、そのはたらきを停止する力まで失ってはならない。スパルタでさえ、自分の法律をやすませたことがある。

ここから分かるように、「独裁」は、通常の法的手続きでは、時間がかかり過ぎて対応できないような緊急状態、シュミットの用語で言えば、「例外状態 Ausnahmezustand」で利用される仕組みです。きっちり法的手続きを守っていて、法的秩序が崩壊してしまったら元も子もないので、そういう事態に柔軟に対応できる仕組みを立法者は予め考えておくべきだ、というわけです。

具体的には、政治制度を停止（suspendre）したり、法を休止させる（laisser dormir）わけです。「法」を廃止するのではなく、「法」を守り抜くために一時的に機能停止させるわけですね。〈suspendre〉は、現代思想でよく「宙吊り」と訳される言葉です。

けれども、公けの秩序を変えるような危険をおかしてよいのは、最大の危険の場合だけであり、祖国の安全にかかわる時以外には、法律の神聖な力を決して止めてはならない。このような、まれではっきりした場合には、公安をはかることは、一番ふさわしい人にその任務を託するという特別行為によってなされるのである。この委託は、危険の種類によって、二つの仕方で行うことができる。

危険に対処するためには政府の活動力を増しさえすればよい場合には、その成員の一人あるいは二人に、政府〈の権力〉を集中する。そうすれば、変えられるのは、法の権威ではなくして、その執行の形式だけである。法という道具立てが、危険を防ぐ障害となるような場合には、すべての法律を沈黙させ、主権を一時停止するような最高の首長を一人任命する。このような場合にも、一般意志は疑いをいれず、人民の第一の意向が、国家を亡ぼさないことにあるのは明らかだ。このようにして、立法権の停止は決してその廃止ではない。この行政官はそれを沈黙させたのだから、それに語らせることはできない。彼は、それを支配はするが、それを代表することはできない。彼はなんでもできるが、法をつくることはできない。

ルソーは、「法」を守るために「法」を停止させるという行為自体が極めて危険で、かえって「法」を破壊する危険があることを認識しているわけですね。滅多にできることではない。だから、祖国の危機に限定する。

ここで二つの方法と言っているのは、①一人か二人の人に権限を集中させることで、政府をより機動的にすることと、②法を沈黙させて、一般意志に代わって主権的決定を行う最高の首長（chef suprême）を立てること――の二つです。①の場合は、立法権はそのままで、行政権を集約するだけですから、第三編での議論に従って、「法＝一般意志」の地位は揺るがないと言えます。

②の場合、法を黙らせてしまうわけですから、当然、ミイラ取りがミイラになってしまう危険がより大きいと考えられますが、ルソーは、それをあくまで「立法権」の廃止ではなく、「停止 suspension」であると位置付ければ、この危険を少なくとも論理的には回避できると見ているようです。この行政官は、「法」を停止して、自らが統治しているけれど、自らの意志で「法」を作ることだけはできない。「法」を作るには、今一度、「一般意志」に基づく「立法」を〝再起動〟する必要があります。この「法」を作る

「独裁」

マキャベリ＝ルソー＝シュミットが問題にしているのは、古代ローマ以来の「独裁」という制度。
×「暴君がやりたい放題やる」、という話では、ない。

※「独裁」は、通常の法的手続きでは、時間がかかり過ぎて対応できないような緊急状態、シュミットの用語で言えば、「例外状態 Ausnahmezustand」で利用される仕組み。

きっちり法的手続きを守っていて、法的秩序が崩壊してしまったら元も子もないので、そういう事態に柔軟に対応できる仕組みを立法者は予め考えておくべきだ。
⇒具体的には、政治制度を停止（suspendre）したり、法を休止させる（laisser dormir）。「法」を廃止するのではなく、「法」を守り抜くために一時的に機能停止させる。

※〈suspendre〉は、現代思想でよく「宙吊り」と訳される言葉。
ルソーは、「法」を守るために「法」を停止させるという行為自体が極めて危険で、かえって「法」を破壊する危険があることを認識。滅多にできることではない。だから、祖国の危機に限定する。

⬇【２つの方法】

❶１人か２人の人に権限を集中させることで、政府をより機動的にする
❷法を沈黙させて、一般意志に代わって主権的決定を行う最高の首長（chef suprême）を立てる

❶の場合は、立法権はそのままで、行政権を集約するだけなので、「法＝一般意志」の地位は揺るがないと言える。
❷の場合、法を黙らせてしまうわけなので、当然、ミイラ取りがミイラになってしまう危険がより大きいと考えられる。ルソーは、それをあくまで「立法権」の廃止ではなく、「停止 suspension」であると位置付ければ、この危険を少なくとも論理的には回避できると見ていた。この行政官は、「法」を停止して、自らが統治しているけれど、自らの意志で「法」を作ることだけはできない。

※「法」を作るには、今一度、「一般意志」に基づく「立法」を“再起動”する必要がある。この「法」を作ることはできないという論点は、マキャベリやシュミットも強調。

ことはできないという論点は、マキャベリやシュミットも強調しています。

第一の方法は、ローマの元老院が、神聖な礼式によって、執政官たちに共和国の安全をはかることを命じた場合に用いられた。第二の方法が行われたのは、二人の執政官のうちの一人が独裁官を任命したときである。この慣習は、アルバがローマに先例を示したものである。

元老院（sénat）は、行政府を監督し、通貨政策や外交政策についての決定権を持つ共和制期のローマの統治機関です。執政官（consul）が通常は行政上の最高の官職ですが、緊急事態には、執政官の一人が、一定の期限付きで独裁官（dictateur）を任命することがありました。独裁官は、行政のトップであると同時に軍の最高司令官で、元老院の承認を得ることなく、命令によって統治することができました。アルバというのは、訳注にも出ているように、古代イタリアの中央部ラティウムにあった都市で、ローマとライバル関係にありましたが、最終的にローマに敗れて支配下に入りました。

共和国の初期には、きわめてしばしば独裁に助けが求められた。なんとなれば、国家はまだ、その憲法の力だけによって自立しうるほど、しっかりした基盤をもっていなかったからである。当時は習俗〔の立派さ〕が、ほかの時代なら必要としたであろうような多くの用心を無用としたので、独裁官が自分の権威を乱用するとか、期限以上にそれを保持しようと願うとかの恐れはなかったのである。それとは反対に、こんなに大きな権力は、授かった人には重荷となったらしく、それからまぬがれることを急いだほどである。あたかも、法の代りとなることは、あまりにも苦痛で危険なつとめであるかのように。

「独裁 dictature」という制度は、共和制の基盤がしっかりしていなかった時期にしばしば必要とされていたけど、任命された「独裁官」たちが、その当時のローマの習俗（mœurs）に従って、分を弁えた振る舞いをしたおかげで、後の時代の人たちが想像するほどひどいことにはなっていなかったということです。彼らは、人間が「法」の代わりになるのが大変であることを理解していたので、その地位に居座ろうとはしなかったわけですね。本当にそうだとすれば、ローマ人たちは、「法の支配」の重要性を身をもって理解していたことになりますね。

なお、この重要な任務がいかなる仕方で与えられるにせよ、任期をきわめて短い期限にかぎり、決してそれを延長できないようにすることが大切である。この任務を設けさせるような危機においては、国家はまもなく亡びるか救われるかである。そして、差しせまった必要が過ぎさったなら、独裁は専制となるか空虚となるかである。ローマにおいては、独裁官たちがその任にあったのは六ヵ月にすぎない、大部分はその満期前に退いている。期限がもっと長かったら、それをもっと延ばそうという気になったろう、ちょうど十人官たちが一年の任期についてやったように。独裁の期間は、独裁者の選ばれた必要に応ずる間だけであった。彼は他に画策したりする時日をもたなかったのである。

この元々期限が決められていたという点が重要です。「独裁官」は短期間に問題を片づけて、「法の支配」を回復するよう予め指定されていたわけです。期間が過ぎれば、「独裁」の権限は自動的に失われるわけです。後にカエサル（前一〇〇－四四）がこの地位に就いた時は、そうした制約が取っ払われて、私たちが知っているような〝独裁〟へと変質したわけですが、共和制の初期とかポエニ（対カルタゴ）戦争の時にはその本来の役割を果たしていたようです。
カール・シュミットは、そうした制約の下で共和国の法体系を守る役割を果たした「独裁制」を高く評価し、この制度が近代においても形を変えて継承されていることを歴史的に検証していますし、その上で、ワイマール憲法で規定されている大統領の非常大権も「独裁」の文脈で理解し、正当化することを試みています。

市民宗教──〝困った人たちには出て行ってもらうことで、社会を安定させる〟

では、この著作の実質的な最終章である「第八章　市民の宗教について」を見ていきましょう。第二編第七章で言及されていた、政治に宗教を奉仕させるための具体的な方法論です。「独裁」は、一人の人に権限を集中させることで共和制と法を守るための仕組みですが、こちらは市民一人ひとりの内面を、共和制に順応させるための仕組みです。先ほど出てきた、「習俗」を人為的に培う仕組みと言ってもいいかもしれません。

人間は、はじめ神以外の国王をもたず、神政以外の政治をもたなかった。彼らはカリグラの推理をなした。そして当時は彼らの推理が正しかったのである。

先ほどお話ししたように、原初には宗教と政治が一体化して、「神政 le théocratique」が行われていたということですね。元々一体だったので、「政治」が「宗教」を利用するのは、不可避なのかもしれません。「カリグラの推理」というのは、第一編第二章、岩波文庫の一七頁に出てくる話です。

牧人が彼の家畜よりもすぐれた本性をもっているように、人間の主人である、人間の牧人もまた、その人民よりもすぐれた本性をもっている。こんなふうに理屈をつけて、皇帝カリグラはこの類推から、国王が神であるか、それとも人民がけだものであるか、だという、うまい結論をひきだした、とフィロンが伝えている。

最初ルソーはこの「推理 raisonnement」を否定していたわけですが、最後になって、捻った角度からですが、再評価しているわけです。カリグラ（一二－四一）は、ローマの第三代皇帝で最初は善政を行っていたけれど、深刻な病にかかった後、人が変わって、身内や側近を疑って殺したり、浪費してローマを財政危機に陥らせたりしました。宗教政策に関しては、王を神聖視する東方諸国の慣習を参考にして、自分を生きた神として崇めさせました。フィロン（前二〇頃－後五〇頃）は、ローマ帝国の支配下にあったアレクサンドリアに生きた、ギリシア哲学の素養のあるユダヤ人哲学者です。ストア派の哲学とユダヤ教の理念を融合した人として知られています。アレクサンドリアでのギリシア人とユダヤ人の間の対立や、カリグラが自分の像をシナゴーグに設置させようとしていることに対するユダヤ人の不満などについて訴えるために、ローマに赴き、その間の事情を書き残しています。

ここから一八一頁くらいにかけて、古代の社会における宗教と政治の一体性について論じています。キリスト教において、事情が変化したということですね。つまり、国王の権力と教会の権力が分立し、二重権力が生じたわけです。ルソーはそれを問題視します。そのことを見抜いていた点で、

ロベルト・ベラルミーノ

カリグラ

彼はホッブズを評価します。

すべてのキリスト教徒の著者のうちで、哲学者のホッブズのみが、この悪とその療法とを十分に認識した唯一の人であって、彼はワシの双頭を再び一つにすること、またすべてを政治的統一へつれ戻すことをあえてとなえたのであった。この統一がないかぎり、国家も政府も決して良く組織されることはないであろう。しかし、キリスト教の支配的な精神は、彼の体系と相いれないこと、また僧侶の利害感は、国家の利害感よりも常に強いものであろうことに、ホッブズは気づくべきであった。彼の政治論がいとわしいものとされたのは、そこに含まれた恐るべき点、あやまった点のためよりも、むしろ、そこに含まれた正しい点、真なる点のためである。*

『リヴァイアサン』は四部構成ですが、第三部と第四部は政治と宗教の関係についての論述に当てられています。政治思想史の本で解説されるのは、自然状態や自然権、自然法、国家の成り立ちと主権者の役割について論じられている第一部と第二部で、後半はあまり注目されません。その後半部では、キリスト教会の支配は信徒の内面にしか及ばず、現実社会においては、平和維持に責任を持つ国家権力（civil power）に従わねばならない、と「聖書」の記述を踏まえて主張されています。地上の事柄に関する教皇権力の至上性を説くロベルト・ベラルミーノ枢機卿（一五四二―一六二一）の議論を論駁しています。

ルソーはこのホッブズの論は評価しているわけですが、論駁された教会権力の方は、面白くないわけです。そのせいでホッブズの議論が、いとわしいもの扱いされた、というわけですね。もっとも、自分の本に、旧約聖書の悪の象徴の怪物である「リヴァイアサン」なんていう名前を付けているんだから、かなり確信犯的にやっているという気もしますね。

これには注釈が付いていますね。

＊　なかでも、一六四三年四月十一日附で、グロチウスがその兄弟に宛てた手紙のなかで、この学者が〈ホッブズの〉『市民について』という書物のうち、なにを称讃し、なにを非難しているかを見られたい。グロチウスは寛大な気持になって、この著者に対して〈ルソーから見て〉悪いところ〈絶対主義〉を認めるために、よいところ〈国家宗教〉を許してやっているように見えることは確かである。しかし、世人はすべてそんなふうに寛大なのではない。

〔　〕内は訳者による補足です。グロチウスのホッブズ評価をルソーなりに解釈しているのでややこしいですが、ルソーの目から見て、グロチウスは、ホッブズの絶対主義、つまり絶対王権を擁護する議論を評価しているので、それと連動する国家宗教論、つまり国家が定めた宗教を臣民たちは信奉する義務があるという議論も――本当はあまり評価したくないのだけど――不承不承容認しているわけです。ルソーにとっては、積極的に評価すべき所と、おまけが逆だということです。

『市民について De Cive』（一六四二）は、『リヴァイアサン』の前身とも言うべき著作です。京都大学学術出版会から『市民論』というタイトルで訳書が刊行されています。この著作でも、聖書の記述に基づいて、国家と宗教の関係についてかなり詳しい議論が展開されています。

宗教は、社会との関係において（…）二つの種類に区別されうる。すなわち、人間の宗教と市民の宗教である。前者は、神殿もなく、祭壇もなく、儀式もなく、至高なる神の純粋に内的な礼拝と、道徳の永遠の義務とに限られているのであって、純粋にして単純な福音の宗教であり、真の有神論、人々が自然的な神のおきてと呼びうるものである。後者は、ある特定の一国で定められ、その国にその神々、すなわちそれぞれ固有の守護神を与える。この宗教は、その教義、儀式、法によって規定された外的な礼拝をもっている。これを信奉している唯一の国民を除けば、すべての者が、この宗教にとっては、不信の徒、異邦人、野蛮人である。この宗教は、人間の義務と権利とを、その祭壇〈の支配〉の範囲にしかひろげない。原始の諸民族の宗教は、すべてこのようなものであった。これらの宗教には、市民的ないしは実定的な神のおきてとよぶことができよう。

「人間の宗教 religion de l'homme」と「市民の宗教 religion du citoyen」の区別がここでのポイントです。前者は、全ての人間を対象とする普遍的な宗教だけど、その分純粋に内面的なものです。後者は、特定の国家形態と結び付いていて、その市民だけを対象とする局地的な宗教形態ですが、外的な礼拝形式を持っており、それと連動して市民の義務と権利を具体的に規定します。最後の「実定的な神のおきて」という箇所の「おきて」の原語は、〈droit（法=権利）〉です。

この二つを比べてどのような宗教が望ましいか検討するわけですが、その前に第三の形態について寄り道的に言及しています。

もっと奇妙な第三の種類の宗教がある。それは、人間に、二つの立法、二つのかしら、二つの祖国を与えて、人間を矛盾した義務に服従させ、彼らが、信心をしながら同時に市民ではありえないようにする。ラマ教とはこんなものであり、日本の宗教も同様であり、ローマのキリスト教もそうであった。人々はこのローマの宗教を僧侶《そうりょ》の宗教と呼ぶことができる。（…）

これら三種の宗教を政治的に考察すると、それらは、すべてそれぞれ欠点をもっている。第三の宗教は、あまりにも明らかに悪いものだから、それを論証してよろこぶのは、時間の浪費というものだ。社会的統一を破るものは、すべて何の価値もない。人間を人間自身と矛盾させる制度はすべて無価値である。

「日本の宗教」ということで具体的に何を念頭に置いているのか分かりませんが、文脈からすると、恐らく、仏教を念頭に置いているのでしょう。仏教の僧侶たちの権威と、世俗の君主たちの権力が併存しているのが好ましくないということなのでしょう。天皇制とか、神道と仏教の繋がりとかについてある程度歴史的経緯を知っている私たちとしては、承伏しにくいですが、ルソーが日本の宗教事情についてよく知らないのは仕方ないことでしょう。ポイントは、宗教が、世俗の権力から独立した、別の権力を形成して、対抗関係に立つのはよくない、ということです。ローマのキリスト教というのは、皇帝の権威を否定する教団と見なされ、帝国から迫害されていた時代のキリスト教を指しているわけです。

第二の宗教は、それが神の礼拝と法への愛とを結びつけ、また祖国を市民たちの熱愛の対象として、国家に奉仕することが、とりも直さず守護神に奉仕することだと教えている点で、よい宗教である。それは一種の神政であって、そこでは統治者のほかには教主を決してもつことを許さず、行政官以外には僧侶をもつことを許さない。そうなれば、祖国のために死ぬことは殉教におもむくこととなり、法をやぶることは不敬である。また罪人を公共の非難の対象とすることは、その人を神の怒りにささげることである。（…）

しかし、この第二の宗教は、あやまりといつわりの上に基礎づけられているので、それが人々をあざむき、彼らを軽信的、迷信的にし、また神の真の礼拝を空しい儀式の中におぼらせる点で、悪い宗教である。それは、排他的、圧政的になって、人民を残忍かつ不寛容にする時もまた、悪いものとなる。(…)

そこで人間の宗教すなわち、キリスト教が残る。

「立法者」論との繋がりを考えると、ルソーは、「市民宗教」を評価しそうですが、意外にも、それが人々を迷信に縛り付け、圧制的になる傾向があることを指摘し、「悪い宗教」だと断じているわけです。[祖国を守ること=守護神に奉仕すること]だとすれば、何が何でも現政府を正当化することになりがちだからです。それで「人間の宗教」であるキリスト教だけが残るわけですが、一八七頁では、「キリスト教は、まったく精神的な、天国のことのみにひたすら専心する宗教である」と述べています。そのため、外的からの攻撃に対して、国家の安全や市民としての自由を守るということに関してはあまり役に立たない。では、どういう「宗教」ならいいのか。

ところで、それぞれの市民をして、自分の義務を愛さしめるような宗教を市民がもつということは、国家にとって、じつに重大なことである。しかし、この宗教〔キリスト教〕の教理は、その宗教を信じている市民が、他人にたいしてはたすべき道徳と義務に、この教理が関係するかぎりにおいてしか、国家ならびにその構成員の関心をひかない。その上、めいめいは、このむままの意見をもってよいのであり、それは主権者の関知すべきところではない。なぜならば、主権者は彼岸の世界についてはなんの権限ももたぬため、臣民がこの世においてよき市民であるならば、来世においていかなるめぐりあわせに会おうとも、それは主権者のあずかり知らぬことなのである。

この箇所からルソーは、市民が国家に対する自らの義務を意識させるよう働きかけることが重要だと考えていることが分かります。しかしキリスト教は、信徒がどのような義務感を抱くかには基本的に関知しない。基本的に彼岸における救いについて教えるだけです。それは国家にとってはどうでもいいことです。だから、その信徒に、市民としての義務を内面において意識させる「市民宗教」が必要だとルソーは考えるわけです。

無論、既存の「市民の宗教」のように、ローカルな儀礼によって、信徒＝市民を非合理的な支配に従わせるようなものではいけない。市民の義務について理性的に考え、理解させるよう仕向ける宗教でないといけない。言わば、「市民の宗教」を、理性的思考へと開かれたものにすることが必要になるわけです。ルソーはそれを、「主権者がその項目をきめるべき、純粋に市民的な信仰告白（une profession de foi purement civil）」と呼んでいます。「純粋に市民的」というのはこの場合、社会契約にきちんと基づいている、ということでしょう。その信仰告白というのは、厳密な意味での宗教の教理に対する誓約ではなく、「良き市民 bon citoyen」であろうとする心情、社交性の感情（sentiment de sociabilité）の表明だということです。主権者は、この教理に反するものを、「法と正義を誠実に愛する」ことができない者として追放できるとしています。

この市民的宗教の教理は、単純で〈項目の〉数が少なく、説明や注釈なしできちんと言いあらわせるものでなければならない。つよく、かしこく、親切で、先見の明あり、めぐみ深い神の存在、死後の生、正しいものにあたえられる幸福、悪人にくわえられる刑罰、社会契約および法の神聖さ。これらが、この宗教の肯定的教理である。否定的教理に関しては、ただひとつだけにとどめる。それは不寛容である。不寛容は、わたしたちが否定した諸宗派に属するものだ。

実にシンプルですね。社会や法の神聖さを教えてくれる、宗教が必要だと言っているわけです。政教分離の原則にいつのまにか慣れてしまっている私たちにとっても、それほど受け容れがたい内容ではありませんね――先ほどの追放の話は、引っかかりますが、教理の内容自体とは関係ありません。

ただ、気になるのは、ルソーが「市民宗教」の教理に含めようとしている「不寛容禁止」の問題です。他の宗教の存在を認めず、できたら強制的に改宗させようとする不寛容な宗教をどうするのか、というのは、自由民主主義を前提とする政治哲学にとって深刻な問題です。不寛容に対する不寛容は許されるのか、という問題です。もっと一般化すると、非自由主義勢力の自由を認めるのか、という問題です。不寛容な宗派が小さければなんとか押さえ込めそうですが、それなりに大きくて、社会的に圧力をかけることができるような場合、どうするのか。

ルソーは、それは社会契約に反するので許されないと明言しているわけです。ルソーの議論を参照しながら、現代に社会契約論を復活させたロールズ（一九二一－二〇〇二）はこの点でルソーとは違う考え方をしています。他の市民たちは、自分たちの自由を具体的に侵害される、差し迫った恐れがない限り、不寛容な宗派の自由を制限することはできない、というわけです。ルソーは、困った人たちには出て行ってもらうことで、社会を安定させようとしたわけです。

こうしたルソーの「市民宗教」の構想と似たようなことを、フランス革命の際にジャコバン派が採用しようとしました。キリスト教の神に代えて、人間の理性を信仰する宗教を実現しようとしました。ロベスピエールは最高存在の祭典を行いました。

「一般意志」に基づいて国家を作ろうとする際、第二編第七章でルソーが指摘しているように、人々はまだ［一般意志＝法］による統治に慣れていない。そのため、進んで「立法」に参与し、支持しようとしない。そこで、彼らを「社会契約」に惹きつけるべく、内面を統制する宗教的権威が必要になる。そのため、「市民宗教」が登場するのだけど、「市民宗教」によって内面統制された人々の〝合意〟の帰結を、「一般意志」と呼べるのか。『社会契約論』というテクストには、様々な逆説が浮上しているわけですが、「市民宗教」論にその逆説が集約しているのではないか、と思います。

最高存在の祭典

ロベスピエール

Q　ルソーが描く市民社会は、道徳的に自律した人間たちの「一般意志」によって運営されているけれど、人間は誤りやすいので熟議を続けなさいというのが先生のご意見だと思いますが、その後の歴史を見る限り、そういう社会は実現しなかった。私たちはそのことを知っています。J・S・ミルの『自由論』でも、道徳的に自律した市民の育成が説かれていますが、この時代の市民社会論は楽観的な感じがします。私は、自律した人間なんてほとんどいるわけないだろう、と思っています。現代でも、大衆の支持を受けて存続する独裁国家——今日のお話からすると、むしろ「専制」ですね——があります。ルソーを読んでいても、いわゆる市民社会論の中に大衆独裁国家の萌芽を非常に感じました。その辺りについて詳しく教えて下さい。

もう一点は、社会契約論そのものの話なのですが、ロック以来、社会契約論が主流になっていたわけですが、ヒュームが社会契約などは歴史の上ではありっこなかったと言ってから、社会契約論は主流にならなくなりました。ロールズあたりがそれを復活させたと聞きますが、先生のお考えで社会契約論が成り立つかどうかお聞かせてください。

A　ルソーが、自律した人間の存在を信じるオプティミストかどうかと言うと、市民宗教の必要性を論じていること自体が示しているように、実際には、あまり信じていないわけです。道徳的に自律した市民などいないからこそ、立法者とか市民宗教が教育し、導かなければならない。

ルソーの思考の流れを把握しておく必要があります。彼は先ず、社会契約が成立するとすればどのような状態なのかを純理論的に明らかにします。その後で、それを実現するには、どのような条件を整える必

[講義] 第二回　とっても便利な「一般意志」！──秩序と自由は両立可能か？

要があるのか明らかにしていきます。そうやって、現実に存在する人間を、理念的な世界に置いた時の矛盾を明らかにしていきます。

ルソーは基本的に「理論」の人ですが、フランス革命の影響下で、ルソーが、『社会契約論』の理念モデルを、本気で実現しようとしているかのように受け取られるようになったのだと思います。ロベスピエールたちは、現実に自分たちの目の前にいる市民たちに理性への信仰心を植え付けようとしたわけです。そうやって強引に"社会契約"の成立条件を整えることは、必ずしもルソーの目指すところではなかったと思います。

それから、ミルとルソーの関係についてですが、両者の思想には、間接的ですが、かなり重要な繋がりがあると思います。フランス革命やナポレオン戦争で"民主主義"の暴走を経験した、ウィーン体制以降のフランスでは、多数決によっても奪えない自由権的基本権を憲法で定めておくべきだ、という立憲主義の考えが生まれてきました。その中心が、サンデル（一九五三─　）の本など、いろんな所で最近名前を見かけるバンジャマン・コンスタンです。コンスタンは、古代の都市国家のように、集団的自己統治を自由の本質と見ることは近代では難しく、他人から干渉を排除する個人の自由をより重視すべきである、という立場を取ります。コンスタンは、ルソーの社会契約モデルを、近代人の現実に合わせて緩和したわけです。

その後、やはり自由主義的な立場を取る、フランスの歴史家で政治家でもあるトクヴィル（一八〇五─五九）は、アメリカの民主主義を観察して、その草の根的な強さを実感すると共に、民主的すぎるがゆえの「多数派の暴政」の危険を指摘しました。ミルはその影響を受けて、『自由論』（一八五九）で、「他者危害原則」によって民主主義と自由主義を切り分ける構想に到達しました。ただし、「自由」の領域を保護しても、各人が「自由」をうまく使いこなして、活発な討論を通して民主主義を生かすことができるようになる、とは限らない。そこで『代議制統治論』（一八六一）では、卓越した政治家が民衆を教育する必要があるという議論を展開します。ミルも、誰かすぐれた人が、あまり自律していない民衆を教育してやらないといけないという発想をしているわけです。

社会契約論についてですが、ヒュームが社会契約論を虚構だと言って批判したのは確かですが、彼が社会契約論批判を展開したのは、ルソーが『社会契約論』を出す前のことです。フランス革命の指導者たちはルソーの影響を強く受けていたわけですから、ヒュームの批判がすぐに威力を発揮したとは言えません。ルソーやヒュームより若いカントも、晩年の著作『人倫の形而上学』で、社会契約論的な法・道徳論を体系化することを試みています。社会契約論が一旦廃れたのは、ヒュームに論破されたからではなく、国家の存在の正当性を証明する必要がなくなったからでしょう。一九世紀の国民国家の時代には、ネーションごとに国家を持っていることが極めて自然であると考えられるようになりました。

二〇世紀の後半にロールズによって社会契約論が復活されたわけですが、ロールズの狙いは、国家の正当化ではなく、「正義」の基本的原理を定めることです。具体的には、配分的正義についてどのような考え方をするのが妥当なのか、人民全体で議論するための土俵を作ることをロールズは目指しました。そのために、社会契約論という枠組みを再利用したわけです。価値観が多様化している現代社会で、配分的正義や、自由と平等の相関関係について考えるうえで、社会契約論は有用な道具だと思います。

第Ⅱ部　罪と罰、そして刑法の根本を知る

――ベッカリーア『犯罪と刑罰』を読む

社会の利益はすべての成員に平等にわかたれなければならないはずだ。

それなのに、じっさいの人間の社会においては、あらゆる権力と幸福は特権的な少数者の上に、あらゆる弱さとみじめさを残る大多数の者の上に、集める傾向がつねにある。

このような傾向は、すぐれた法律によってだけおさえることができる。だのに人間はふつう、もっとも大切なことがらを規定するほねおりをおしんで、これをいいかげんに時の解決にゆだね、あるいは最良の法律にそむこくことに利益をもつような一部の人の思いのままにさせている。


各人にその自由の割り前をさし出させるように強制するものは、ただ一つその必要性だけである。こうして各人はできるだけすくない割り前だけを公けの供託にまかせようとする。いいかえればじぶんが残った部分を勝手に処理することを他の人々に許容してもらうのに必要なだけの最小限度をさしだすのである。

この自由の小さな割り前の総和が刑罰権の基礎である。この基礎を逸脱する刑罰権の行使は、すべて濫用であり、不正である。それは事実上の権力ではあっても、法にもとづいた権利ではない。


「刑罰が国民の一人に対する暴力行為にならないためには、それは本質的に公然、じん速、かつ必要なものでなければならず、与えられた一定の事情のもとで適用することができる刑罰のうちでもっとも軽くなければならず、また犯罪に比例した、法律によってはっきり規定されているものでなければならない。」

ベッカリーア『犯罪と刑罰』より

［講義］第三回　社会契約から刑法へ

ルソーからベッカリーアへ──「一般意志」を刑法に応用する

ベッカリーア（一七三八－九四）の『犯罪と刑罰』（一七六四）は、ルソーが『社会契約論』で提示した［一般意志＝法］の理念を、個別の人間を罰する刑法に応用することを試みた著作と言われています。実際、ベッカリーアはこの著作の中でルソーに言及しています。前回のルソーの「法」の定義を復習しておきましょう。

ルソーは、「法」とは、「人民」の意志たる「一般意志」を記録したものであり、「意志の一般性」と「対象の一般性」を結合したものであるとしていました。「意志の一般性」というのは、「一般意志」が、一部の人たちだけの特殊利益や党派性を含まず、「人民」にとっての「公共の利益」のみを志向しているということです。「対象における一般性」とは、特定の誰かを名指ししてその行為を制約するのではなく、ある類型の行為をした人、ある立場にある人一般を対象にするということです。ある人を名指しして何かやらせるのは、「法」ではなく、「命令」です。

『社会契約論』自体では、「意志の一般性」に焦点が当てられていたわけですが、『犯罪と刑罰』は、「対象の一般性」の方に焦点を当てています。刑法は、ある行為類型をした人を誰であるかに関わりなく一律に罰することによって、公共の秩序を保ちます。

［一般意志＝法］であるという言い方をすると、「刑法」はそれと矛盾しているような感じがしますね。刑法で処罰の対象になる人は、「一般意志」に反して行動し、それを理由として、「本人の意志」に反して罰せられるからです。この点については、次のように説明できるでしょう。自分たちが構成する「政治体」の一般意志として、「〇〇すべからず」ということを定め、各人がそれに同意したとしても、ある状況においては、それに反する行為をしたくなる欲求が生じるかもしれない。自分で決めたルールに自発的に従う「道徳的自由＝自律」を各人が目指しているとしても、物質的欲求のために、その自律状態から逸脱する可能性はあるわけです。

そこで、各人が一般意志に従うようにタガをはめる必要があります。そのタガが「法」だと見てもいいでしょう。従わなかった時に物理的にペナルティを科して、従わざるを得ないよう強制するわけです。そういう形で公共の秩序を守ることに、各人が社会契約の一部として事前に合意していれば、一方的な押し付けにはならないわけです。

この本が書かれた思想的・社会的背景について少し見ておきましょう。『犯罪と刑罰』（岩波文庫）の二〇〇頁の「邦訳への覚書　二　拙訳台本について」を見ると、「初版はDei delitri e delle pene. MDCCLXIVとあるだけで、著者名も印刷所、発行所等も一切存在しない。中を開けば、目録もなければ章節もなく、序説も本文ものべつ幕なしで百四頁が一気に書き下されている」と書かれています。MDCCLXIVとは西暦一七六四年です。『社会契約論』が書かれたのが、二年前の一七六二年ですね。『社会契約論』が極めて強いインパクトをヨーロッパ諸国に与えていた時期に、匿名で書かれた本だということになります。この岩波文庫の訳は、翻訳者がたくさん註釈を付けてくれていて、便利です。

本文の二〇頁で、ベッカリーアが影響を受けた思想家について、「だから人目にかくれ、うちすてられ

ルソーの「法」とは？

「人民」の意志たる「一般意志」を記録したもの＝「意志の一般性」＋「対象の一般性」。
※「意志の一般性」＝「一般意志」が、一部の人たちだけの特殊利益や党派性を含まず、「人民」にとっての「公共の利益」のみを志向している。
※「対象における一般性」＝特定の誰かを名指ししてその行為を制約するのではなく、ある類型の行為をした人、ある立場にある人一般を対象にする（ある人を名指しして何かやらせるのは、「法」ではなく、「命令」）。

『社会契約論』⇒「意志の一般性」に焦点

『犯罪と刑罰』⇒「対象の一般性」に焦点

刑法は、ある行為類型をした人を誰であるかに関わりなく一律に罰することによって、公共の秩序を保つ。
しかし、「刑法で処罰の対象になる人」は、「一般意志」に反して行動し、それを理由として、「本人の意志」に反して罰せられる。

［一般意志＝法］は、「刑法」と矛盾？

自分たちが構成する「政治体」の一般意志として、「○○すべからず」ということを定め、各人がそれに同意したとしても、ある状況においては、それに反する行為をしたくなる欲求が生じるかもしれない。自分で決めたルールに自発的に従う「道徳的自由＝自律」を各人が目指しているとしても、物質的欲求のために、その自律状態から逸脱する可能性はある。

↓

そこで、各人が一般意志に従うようにタガをはめる必要がある。そのタガが、「法」＝従わなかった時に物理的にペナルティを科して、従わざるを得ないよう強制。そういう形で公共の秩序を守ることに、各人が社会契約の一部として事前に合意していれば、一方的な押し付けにはならない。

た書斎のすみから、実をむすぶまでに永い時間がかかる有用な真理の種を民衆のあいだにまく勇気のあった哲学者――人類はどれほど彼に感謝しても、したりたということはないだろう」と、述べています。これには訳注が付いていますね。見ておきましょう。

（1）本書に対して一修道士の発表した覚書の第十七条は「この哲学者はジャン・ジャック・ルソーをさす。これ以上の不敬けんな瀆神罪がほかにあろうか？」という非難をのせている。これに対してベッカリーアは「私はルソー氏がこの哲学者であると言ったおぼえは決してない。だが私は信ずる。人類に向って有用な真理を教える哲学者たちは人類の感謝にあたいするといっても、不敬けんにも瀆神にもならないことを」と弁明している。しかし、エッセルボンのドイツ語訳にはこの哲学者に註をつけてルソーとしている。当時ルソーの名をあげることは革命的とみられ、権力の弾圧の対象になった。

「修道士」というのは、当然、カトリックの修道士です。ルソーがカトリックから危険視されているというのはありそうな話ですね。「エッセルボン」という名前が出ていますが、この訳者の名前の綴りは、Karl Esselbornなので、「エッセルボルン」という表記が正しいでしょう。二〇五頁にその訳書が出ていて、こちらではちゃんと「エッセルボルン」と表記されています。一九〇五年の訳となっていますね。本当にこれがルソーを指すかどうかについては、議論の余地があるようですが、ここではルソーだということで話を進めることにしましょう。この本全体を通してルソーの影響を受けたと思われるところが多いのは間違いないので、ここで具体的に名指しされているのが、彼でなくても大きな問題ではないでしょう。

ルソーが危険視されているというのは具体的には、『社会契約論』と同じ年に出版された『エミール』

がソルボンヌ大学神学部やパリの大司教から断罪され、フランスの高等法院から禁書に指定されたことです。ルソー自身にも逮捕状が出たため、彼はスイスに亡命します。『エミール』の中に作中作的に挿入されている「サヴォワ人助任司祭の信仰告白」が、神の啓示や原罪を否定し、諸宗教の平等を示唆する、自然宗教的な内容になっていて、キリスト教の教義に反していることが問題になったわけです。

そのわずか二年後なので、ベッカリーアは、ルソーの考え方を刑法に応用するような議論をしたら危ないと見て、ルソーという名を隠したのでしょう。ただ、『犯罪と刑罰』自体もカトリック教会から睨まれ、法王庁の禁書目録に入れられてしまいます。

細かいことを先に話しておきます。この本にはいくつかの異なった版があります。訳者解説を見ておきましょう。「目録もなければ章節もなく、序説も本文ものべつ幕なしで百四頁」の版が最初に出版されたと出ていますね。これが一七六四年のことです。一七六五年の第三版（ローザンヌ版）は四五章に分かれていて、著者の増補訂正のほかに、ある有名教授の批評にたいする回答文がのっている、ということですね。そして一七六六年のハルレム版で四七章になる。同じ年に、さらに訂正増補されたが、これも四七章に分かれているとありますね。評判を呼んだので、版を重ねるうちに書き直されているわけです。その間に章が分けられ、その構成も変化しているわけですね。

この訳書は四二章立てですね。先ほどの版とは異なるわけです。この四二章立てのヴァージョンについての説明も出ています。「その後注目すべきものは一七七四年ロンドン版（じつはヴェネチア版）である。（…）これはモレルレの仏訳の分類法に従い、四十二章に分れている。これは、ベッカリーア自身によっても承認されたところであって、以後、四十二章の分類がもっともよく採用されてきた。私の旧訳も改訳もこの分類法に従った」（二〇一頁）。アンドレ・モルレ（一七二七―一八一九）の章立てに基づく版から訳されているわけです。モルレは、『百科全書』にも寄稿しているフランスの哲学者で、『犯罪と刑罰』以外にも、イタリア語や英語からの翻訳の仕事を多く残しています。彼がイタリア語の第三版を仏語訳した際（一七六五）、独自の判断で四二章立てにしたところ、ベッカリーア本人もそれがいいと言ったので、その形式がイタリア語版に逆輸入され、四二章立てのものが出るようになったということですね。それが、「ロンドン版（じつはヴェネチア版）」です。ロンドン版が実はヴェネチア版だというのは紛らわしいですが、これは、禁書処分にされたせいで、発行場所を隠す必要があったためのようです。

二〇一一年に御茶の水女子大学の小谷眞男さん（一九六三－　）による新訳が東京大学出版会から出版されたのですが、これは四七章立てで、先ほど岩波文庫の訳者解説で、一七六六年のハルレム版（第五版）――実際には、オランダのハルレムではなく、イタリアのリヴォルノで刊行されています――とされているものからの訳です。こうした様々の版の違いをめぐるややこしい事情については、小谷さんの「訳者解説」で詳しく説明されています。ついでに言っておくと、イタリア語の原文がwikisourceで読めるようになっていますが、これは四七章立てです。つまり、小谷さんの訳と同じく第五版の系統です。

ベッカリーアとはそもそもどういう人？

ベッカリーアという人物について少しだけ説明しておきます。名前からして分かるようにイタリア人で、一七三八年にミラノで生まれ、フランス革命で国王が死刑になりジャコバン派の憲法が施行された一年後（一七九四）に没しています。ですからこの本を執筆したのはかなり若い頃です。ルソーは一七一二年生まれなので、一世代違うことになります。

イタリアは一八六一年に統一されるまで、ミラノ、フィレンツェ、ヴェネチア、ナポリ、ローマ教皇領など様々な国に分かれていました。それが、マキャベリが『君主論』や『ローマ史論』を執筆する動機にもなったとされています。ミラノはその当時、オーストリアのハプスブルク家の支配下にありました。この辺りの政治の情勢はかなり複雑なのですが、一八世紀初頭のスペイン継承戦争の結果、ハプスブルク朝がミラノを中心としたイタリア北部を勢力下に入れます。ハプスブルク家は、一八〇六年に神聖ローマ帝国が解体するまでは皇帝であり、その意味でローマ教皇庁とも深い繋がりを持っていました。

ベッカリーアは、そのミラノで貴族階級に生まれ、パヴィア大学で法学を学んで、博士号を取得し、友人と一緒に雑誌を編集したり、啓蒙主義的知識人の集いを組織したりしていましたが、二六歳の時に匿名で『犯罪と刑罰』を著すわけです。この著作は様々なところに影響を与えました。例えばヴォルテールやディドロ（一七一三―八四）なども『犯罪と刑罰』を読んで感銘を受けています。ヴォルテールやディドロはルソーと不仲になっていましたが、ルソーを擁して書かれたらしい『犯罪と刑罰』に対しては好意的で、この著作を書いた後にパリを訪れたベッカリーアは、フランスの啓蒙知識人たちと交流しています。ご承知のように、イタリアとフランスは地理的に近い関係にありましたし、言葉も近いのでお互いに密に影響を与え合ってきました。ミラノの大学で経済学と法学を教えるようになります。経済最高評議会や法改革委員会のメンバーにも任命されています。

ディドロ

ベッカリーアは、法学に関してはルソーの『社会契約論』、そして本文中でも言及されているモンテスキュー（一六八九―一七五五）の『法の精神』（一七四八）にも影響を受けています。モンテスキューとルソーは高校の教科書や政治思想の教科書では並列に取り上げられていることが多いですが、方法論において対照的です。

ルソー＋モンテスキュー＝ベッカリーア？

前々回、前回で見たように、ルソーの『社会契約論』では、それまで

「自然状態」にあった人々が「一つの人民」になることに合意し、その合意に基づいて、「一般意志」＝「法」に基づく統治が行われるようになる、という前提で議論が進んでいきます。人々が自発的に参加する「契約」によって、社会の基本的な構成が決まる、と考えるわけです。それに対してモンテスキューは、「法」はその国の風土、宗教、商業、習俗、生活様式などを反映する形で形成されているものなので、正しく法を運用するには、その国に合った法のあり方を経験的に探求しなければならないという立場を取りました。

法の捉え方として、社会契約論のように最初にゼロ点のようなものがあり、それまでのことを一切抜きにして理性的に合意した時点で法の効力が発生するという考え方と、慣習の中で形成されてくるという考え方があります。近代においては神から法が由来するという見方が通用しなくなり、この二つが法の起源を論じる際の対照的な見解になりました。つまりルソーとモンテスキューは対照的なのですが、ベッカリーアは双方から影響を受けています。「社会契約論」対「慣習に基づく法」という対照的な見解は、法についてだけではなく政治の制度に関してもあります。モンテスキューや、スコットランド啓蒙主義のヒュームや保守主義の元祖であるバーク（一七二九－九七）などが、法や政治は慣習に基づいて出来上がっているという見解の代表だと見ることができます。

また、モンテスキューとルソーの相違として「三権分立」も挙げることができます。モンテスキューは、三権分立の基礎を築いたとされています——現代の三権分立論に比べて、司法の役割が消極的なので、彼を三権分立論の元祖というのは問題であるという議論がありますが、ここでは拘る必要はないでしょう。ルソーは権力分立論を否定しています。行政を担う政府機関に様々な部門があるのはいいけど、最高権力は立法権であり、それを持つのは「人民」であるという考え方です。行政や司法がそれと対等の立場にあるのはおかしいという立場を取ります。ベッカリーアは、社会契約論的な枠組みはルソーから、三権分立はモンテスキューからいいとこどりで継承しています。

“いろいろ気を使う必要があった時代”に、「公共の福祉（幸福）la publica felicità」に適う新しい刑法

この岩波文庫の訳は、奥付に「1938年11月1日　第1刷発行」とあるように、戦前に訳されたものです。訳者の風早八十二さん（一八九九－一九八九）は、刑法学者・弁護士で、後に衆議院議員にもなっています。最初の訳は一九二九年で刀江書院というところから出ていて、それが岩波文庫に入ったわけですが、その時は単独訳で、戦後、一九五九年の改訳に際して、娘である五十嵐二葉（一九三二－　）さんとの共訳になっています。五十嵐さんは、やはり法学者・弁護士です。

風早さんは、新派刑法学の大物である牧野英一（一八七八－一九七〇）の弟子で、助手を務めていましたが、先生の立場から次第に離れて、マルクス主義法学の先駆者になった人です。新派があるからには、当然、旧派（古典派）があります。旧派というのは、社会契約論や個人の理性的自律を前提とするカントの理論に基づく刑法学で、ベッカリーアの立場がそうであるように、人民が自らを理性的に規律するために制定した法に基づいて刑罰が行われるべき、という立場です。旧派の中にも、新・旧がありますが、それはここでは細かく拘らなくていいでしょう。それに対して新派というのは、精神医学や犯罪人類学等の知見に基づいて、犯罪者的な資質の人がいるという前提で、そういう人から社会防衛をするために刑法があるという考えで、一九世紀半ばにイタリアの精神科医であるロンブローゾ（一八三五－一九〇九）の生来的犯罪人がいるという説等に触発される形で、欧米諸国で台頭し、それが日本にも伝わってくるわけです。

精神医学と結び付いた（新派）刑法学が異常者から社会を防衛するという発想を強めていったことにつ

いては、フーコー（一九二六―八四）が詳しく論じていますし、日本における展開に関しては、社会学の芹沢一也さん（一九六八―　）が、『〈法〉から解放される権力』（二〇〇一）で詳しく論じています。

風早さんの翻訳は、社会契約説に基づく罪刑法定主義に立ち返るべきという立場の現れだったわけです。ただ、共産党のシンパと見なされて、大学を追放され、治安維持法違反で検挙され、釈放後は、（共産党系の）講座派の学者として活動します。

二〇六頁に、わが国のベッカリーア受容に関連して、ベッカリーアに対する深い造詣と親しみを示した学者として牧野英一の他に、京都大学の思想弾圧事件として知られる瀧川事件の渦中の人になった瀧川幸辰（一八九一―一九六二）が挙げられていますね。瀧川は旧派です。当たり前のことですが、新・旧に関わらず、重視されていたわけですね。

では本文を見ていきましょう。冒頭の「ベッカリーアの前言」の冒頭に、訳者による註釈が付いています。これは、戦前の刀江書院の訳にも岩波文庫の初版にもなく、戦後の改訳に際して付け足されたものです。

（1）ベッカリーアがこの「犯罪と刑罰」を書いたころは、キリスト教の世俗的勢力、王侯貴族等の封建勢力がともにどれほど暴威をふるっていたかは現代の読者の想像をこえる。その状勢のもとで、あきらかにこれらの権威を否定する結果になる自由と人権、罪刑法定主義の主張をすることは、そのまま文字通り生命の危険を意味した。読者は本文を読まれるにしたがって気づかれると思うが、ベッカリーアは身の危険をさけ、また本書に日の目を見せるために、ありとあらゆる文章表現上の苦労をしている。

「自由」「人権」「罪刑法定主義」というのは近代法の常識のようになっていますが、一八世紀半ば、フランス革命前の時代には、君主や教会の支配の正当性を疑問に付し、封建的な身分秩序を脅かす危険な考え方だったわけです。先ほどのルソーの話のように、ぼかし表現が結構出てくるのは、そのためだというわけです。わざわざそれを強調しているのは、訳者が戦前の日本の思想弾圧を経験したからかもしれません。では、本当にベッカリーア自身の本文に入りましょう。

ユスティニアヌス帝

古代のある征服民族の立法のざんがいが、十二世紀前コンスタンチノープルに君りんした一人の君主の命令でへんさんされた。ついでそれはロンバルディの慣習法とまぜ合わされ、あいまいな註釈のざつ然としたよせあつめの中にうもれ、古びた思想のかたまりとなった。これがヨーロッパのおおくの国で「法律」と呼ばれているものである。

そして今日でさえまだ、このいまわしく、また広くゆきわたった慣習法が先入見となっているため、カルプツォウの考えや、クラロによってしめされた慣習法や、ファリナッチオがやばんなよろこびをもって考え出した科刑が法規となっている。

やばんきわまるこれらの世紀の奇かいな生産物にほかならないこの粗雑な法典——これがこの著作の中で私が検討しようとするものである。もっとも、私は、刑法体系に関する限度でだけ論及するつもりだ。公共の福祉を保護する責任をおった人々に、刑法体系の欠陥を指摘してみせるのが私の意図だから、がまんする力のない通俗な読者をひきつけようと気をつかうことはあまりしまいと思う。

一八世紀から見ての「十二世紀前」は六世紀、西暦五百年代ですから、世界史の教科書にも出て来るユスティニアヌス帝（四八三–五六五）による「編纂」のことを言っているのだと分かりますね。彼は東ローマの皇帝で、それまでの法律、勅令、判例、学説などを体系的に記述する「ローマ法大全 Corpus Iuris Civilis」を編纂させたことで知られています。ということは、日本の「法」の基礎でもあるわけです。法哲学や法制史の教科書では、それが今のヨーロッパの「法」の基礎になったと記されています。というのは、「民法」の様式や基本概念の多くは、これに由来するとされています。ロンバルディアの慣習法と混ぜ合わされたというのは、ユスティニアヌス帝が一時期イタリアを東ゴート族から奪い返して、「ローマ法大全」を導入したことと関連しています。その後、イタリアはランゴバルド（ロンバルド）族に奪われ、ローマ法の効力は停止しますが、一一世紀から一三世紀にかけて、ボローニャを中心に活動した注釈学派と呼ばれる人たちが、「ローマ法大全」を再発見・解釈しました。それが次第に、西欧諸国に、「（中世）ローマ法」として伝播していったわけです。その過程で、一三世紀頃までイタリアで通用していたランゴバルド族の慣習に由来する封建法が混じったということです。

現代日本の法学者の多くは、「民法」の先祖である「ローマ法大全」を持ちあげる傾向がありますが、この書きっぷりから分かるように、ベッカリーアはこれを古い時代に出来た、寄せ集めで筋が通ってない〝体系〟としか見ていないわけです。

ここに出て来る人名については、訳者注がありますが、少し補足しておきましょう。ベネディクト・カルプツォフ（一五九五–一六六六）は、ホッブズやデカルトと同時代のドイツのルター派の教会法学者・刑法学者で、ライプツィッヒ大学で法学を教えています。三十年戦争（一六一八–四八）の時代の人と考えて下さい。「ドイツ刑法学の父」と呼ばれています。キリスト教の「罪」概念と犯罪を結び付けて理解していた彼は、犯罪を神に対する侮辱、反逆として捉えていました。拷問はなるべく限定しようとしていましたが、魔女の実在は信じていて、魔女裁判で多くの死刑判決を出したとされています。ジュリオ・クラーロ（一五二五–七五）は、パヴィア大学で学んだ後、ミラノの元老院議員など要職を歴任したイタリアの法律家で、啓蒙主義時代に入って激しく批判を受けるようになるまで、彼の刑法理論が、西欧の刑法の標準になっていました。プロスペロ・ファリナッチ（一五五四–一六一八）も、イタリアの法律家で、やはり刑法の専門家です。厳しい判決を出すことで知られていました。男色に対して厳しい態度を取っていましたが、自身も男色の嫌疑をかけられたことがあるようです。

ベッカリーアはそうした古い時代に出来た刑法を、粗雑で野蛮と見なして根本から否定したうえで、自らの手で「公共の福祉（幸福）la pubblica felicità」に適う新しい刑法を作り出すことを宣言しているわけです。

この本を書くにあたって、思いのままに真理を追求し、ひろく世論の上に立つことができたとしたら、それは寛容な、啓蒙された現政府の下に生きているおかげだ。世に知られない哲学者が、そのかくれ家の奥から勇気——狂熱ではない真の勇気——をふるって、理性の武器で暴力やわるだくみとたたかうことにあまんじるとき、彼のしめす真理は、人民の福祉をねがう大王侯から友として愛されてよいはずだ。

「ひろく世論の上に立つこと」というのが、少し意味がとりづらいですが、原文では、この部分は、〈quella indipendenza delle opinion volgari〉となっています。「俗世間の意見からの（この）独立」ということです。俗世の意見に囚われないで、思いのままに自らの理性で、真理探究できる状態ということですね。現在の君主は、そういう環境を整えてくれる寛容で啓蒙された君主、つまり「啓蒙専制君主」だというわけですね。
当時のハプスブルク家の当主は、マリア・テレジア（一七一七－八〇）です。マリア・テレジアの娘であるマリー・アントワネット（一七五五－九三）がフランス革命で処刑されていることは有名ですね。マリア・テレジアは、プロイセンのフリードリヒ二世（一七一二－八六）とライバル関係にありました。マリア・テレジアが女性だったため、継承権がないではないかということで、プロイセンやフランス等諸外国が干渉してきて、世界史の教科書に出て来るオーストリア継承戦争（一七四〇－四八）が起こります。フリードリヒ二世も啓蒙専制君主として有名ですね。カントは、次の次の回に読む予定の論文『啓蒙とは何か』（一七八四）で、フリードリヒ大王の寛容さに訴えかけながら、言論の自由の重要さを説いています。この時代に新しい法の在り方について語ろうとすれば、いろいろ気を使う必要があったわけです。

みんなのための、社会の取り決め

一四頁を見て下さい。

人類を規制する道徳と政治の原理はあまねく三つのみなもとから発している。啓示、自然法、社会契約がこれである。もとより第一のものとあとの二つとは、その最高目的という関係では比較することができない。しかし三つとも、この世において人間の幸福をはかるという点では同じものである。社会契約の諸関係を論じることは、啓示や自然法の中にみいだされるべき諸関係をおかすことではないのである。

ここもかなり気を使った表現ですね。ベッカリーアは「社会契約」に基づく「法」について語りたいんだけど、聖書の中に示されている「啓示 rivelazione」や、神によって創造された「自然」の中に働いている「自然法 la legge naturale」の価値を否定する形で、人間が作った「社会契約」を政治や道徳の唯一の源泉として持ちあげるような議論をしたら、キリスト教的価値観と真っ向から対立することになります。そこで、三者は、人間の「幸福 felicità」という目的を共有しているとして、「社会契約」について論じることを正当化しようとしているわけです。

細かい訳語の問題を言っておきますと、「社会契約」の原語は、〈le convenzioni fattizie della società〉です。〈convenzioni〉は、「取り決め」とか「規約」「慣習」という意味の〈convenzione〉の複数形です。〈fattizie〉というのは、「人為的」とか「不自然」という意味の形容詞〈fattizio〉が複数形を修飾する時の形です。文字通りに訳すと、「社会の人為的な取り決め」です。「契約」に当たるイタリア語は〈contratto〉です。英語の〈contract〉と同じ系統の言葉です。字義通りに取ると、ここでベッカリーアは、ロックやルソーが言っている「社会契約」よりも広い意味での〝社会契約〟、「法」の基礎となる人間社会の諸々の取り決め一般を念頭に置いていることになりそうですね。文脈からして、その方が筋が通りますね。

この神から出た原理である啓示は普遍のものであるが、あるいはあやまった宗教や、またあるいは人間が勝手にきめた徳と悪徳の観念から生れた人間のあやまちにより、人々の腐敗した精神の中でさまざまなようすに変質されてしまっている。だから宗教や道徳の考察とはきりはなして、たんじゅんに社会契約――それが現実に作られているものであろうと、また万人の利益のために想定されたものであろうと――の結果だけを検討する必要があるように思われる。あらゆる宗派、あらゆる道徳体系もこの社会契約という側面で統一されるべきだ。もっともがんこな者やこの上なく不信仰な者をも人類社会共存の原理に適応させようとするこのとうとい努力は、いくらほめてもほめすぎることはないであろう。

これは、間接的な「啓示」批判ですね。「啓示」そのものは、神から直接発しており、普遍的な――「普遍的」の原語は、〈immutabili〉なので、正確に訳せば、「不変」です――妥当性を持っているけど、実際には人間が歪めてしまっているところもあるので、「社会契約」に絞って考察した方がいいのではないか、というわけですね――ここも、原語では、「取り決め」という言葉が使われています。「啓示」が人間によって歪められているとしたら、「自然法」にもその可能性があると考えられますね。

では、何故、「社会的取り決め」だったらいいのか？　ベッカリーアはちゃんと説明していませんが、恐らく、「社会的取り決め」の場合、人間がある目的のために作ったこと、どういう内容の取り決めであるのかがはっきりしているので、みんなに分かるように、吟味しやすいということなのでしょう。通常は、「万人の利益」――原語は、〈utilità comune〉なので、正確には「共通（共同体）の効用」と訳すべきでしょう――のための取り決めとして想定されているので、実際にそうなっているかどうか吟味しやすいわけです。

無論、神による「啓示」の目的と、「社会的取り決め」の目的が違う可能性はあるわけですが、ベッカリーアは、「啓示」の目的も、「自然法」の目的も、人類にとっての「共通の利益」を実現することにあるということを前提にしているようですね。「啓示」や「自然法」はより高次のものではあるけれど、本当の形が分からず、ねじ曲げられやすいので、「社会的取り決め」に即して考えようと提案しているわけです。それによって、自分の考えに固執する頑固者や、「啓示」を信じない不信心者たちも含めて、みんなで一緒に、「人類社会共存の原理 i prinicipii che spingono gli uomini a vivere in società」――正確には、「人々が社会で生きられるようにする原理」――について考えることが可能になるというわけです。「啓示」の価値を否定しないで、実質的に「社会的取り決め」を基準に議論を進めていくことを可能にする、逆転の論法をとっているわけです。

だからまた、社会契約とその結果について語る者が自然法や啓示について語らないといって、彼が自然法や啓示に反する原理を指示するものとしてせめてよいものだろうか？　また彼が、戦争状態が人間の社会状態に先立つといったとしても、それだけで彼をホッブズのように、何の義務も拘束もない孤立した人間を仮定する者とみなさねばいけないのだろうか？　反たいに、彼のいうことは、人間性の腐敗と成文法のなかったことの結果にほかならない一つの事実であるとみなすことはできないのだろうか？

ホッブズが、「自然状態」は「戦争状態」だと言ったことは有名ですね。ここでホッブズの名前を出しているのは、「社会契約」論的な議論をすると、どうしても、「自然状態」を想定し、そこでの〝人間本性〟を描くことが必要になるからです。それは、無神論に繋がるような、動物的・非道徳的な人間像かもしれない。前回お話ししたように、ホッブズは、法王の権力の至上性に関する教会の見解を否定し、世俗権力の優位を説いたせいで、カトリック教会から危険視されましたし、先ほどお話ししたようにルソーも危険視されていました。ベッカリーアは、そういう嫌疑をかけられたくないわけです。戦争状態のような非道徳的な自然状態を想定しながら議論を進めるのは、決して、啓示や自然法を否定するためではないことを畳みかけるように強調しているわけです。

「正義」は一義的には決まらない、社会にとって利益か損失であるか？

神性の正義と自然の正義とは、その本質上、不変であり、永久のものである。なぜなら同じ性質の二つのもののあいだに存在する関係は決してかわろうはずがないから。しかし人間的正義、あるいはそういってよければ政治的（社会的）正義――は、ある行為と社会の可変的な状態との間に適応する一つの関係でしかないのだから、その行為が社会にとって利益になり、必要になる度合にしたがって、また変化してよい性質のものである。したがってこの政治的正義の性質は、人間を支配する複雑な、不確定的な諸関係を注意ぶかく検討しながらでなければ、決定できないものなのである。

ここでのポイントは、「人間的正義 la giustitia umana」あるいは「政治的正義 la giustitia politica」は可変的なものであり、その社会の状態やその行為が行われた状況を考えなければ、それが社会にとって「利益になる（有用）utile」かどうかによって異なるということです。最初の取り決めに従って「正義」が一義的に決まってくるとは考えていないようです。このように「正義」の状況依存性を強調するのは、ルソーというよりは、モンテスキュー的な発想ですね。

行為の内心の善悪にしたがって、正と不正の分かれ目をつけるのは神学者の仕事である。この区分を、社会的に、つまりその行為が社会に与える利害によって定めるのは社会科学者の仕事である。

「社会科学者」と訳されていますが、原語は〈pubblicista〉です。今のイタリア語だと、定期刊行物に執筆する「著述家」を指すことが多いけれど、「公法 diritto publico」を研究する人、「公法学者」を意味することもあります。この場合は、後者でしょう。法学者である風早さんは、「公法」という言葉を使うと、法学の世界では、憲法、行政法、刑法などの、国家組織、あるいは国家と個人の関係を規律する法という狭い意味で取られる可能性があるので、「政治的正義」という言葉と文脈から、「社会科学者」と訳されたのかもしれません。意味的には、この方が近そうですが、社会学がまだ生まれておらず、経済学や政治学もまだそれほど体系化されていない一八世紀半ばに書かれたテクストに、「社会科学」という訳語を使うのは、結構違和感がありますね。小谷訳では「公共の問題を研究する者」となっています。これが、一番しっくりきそうな気がします。

ここでのポイントは、「内心の善悪」を問う神学に対して、政治や法に関する学問は、「社会に与える利害」を問うので、基準が異なるということです。これによって、神学とは、異なる判断基準、方法論を取ることを正当化しているわけです。別の言い方をすれば、内面の善悪は神学に任せて、自分のやろうとしている法関係の学問は、社会にとって利益か損失であるか、外的に評価することに徹する、ということです。

法は、少数の権力者の「欲望の道具」なのか？

では、第一章の「序論」に入りましょう。

社会の利益はすべての成員に平等にわかたれなければならないはずだ。
それなのに、じっさいの人間の社会においては、あらゆる権力と幸福は特権的な少数者の上に、あらゆる弱さとみじめさを残る大多数の者の上に、集める傾向がつねにある。
このような傾向は、すぐれた法律によってだけおさえることができる。だのに人間はふつう、もっとも大切なことがらを規定するほねおりをおしんで、これをいいかげんに時の解決にゆだね、あるいは最良の法律にそむくことに利益をもつような一部の人の思いのままにさせている。

最初に翻訳技術上の細かいことを言っておきますと、原文では、今読みあげたところ全体が一つの長い文になっています。長すぎて分かりにくいので、いくつかの文に分けたうえで、段落も分けて訳したようです。分かりやすくなった分だけ、少し不正確になっている点もあります。訳文の第一文になっている、「社会の利益はすべての成員に平等にわかたれなければならないはずだ」は、原文では、関係文〈〈che per natura rendono universali i vantaggi〉〉になっていて「すぐれた法律」もしくは「最良の法律」にかかっています。「すぐれた法律」と「最良の法律」は、原文では、〈le più provide leggi〉です。実際には、この表現が一回使われているだけなのですが、訳し分けるに際して、言い換えているわけです。「最良の法律」の方が、より忠実です。

整理すると、「じっさいの人間社会においては、あらゆる権力と幸福は特権的な少数者の上に、あらゆる弱さとみじめさを残る大多数の者の上に、集める傾向がつねに」あって、その傾向を抑えることができるのは、「最良の法律」であり、その「最良の法律」は、「その本性からして（per natura）、社会の利益を普遍的に分かち合われるもの」にするような性質も持っているわけです。しかし、そうした「最良の法律」に抵抗することが自らの利益になるような、一部の人たちが存在している。他の人たちは、努力を怠って、その一部の連中にやりたい放題にさせているわけです。

ここでの内容上のポイントは、「最良の法律」と「権力 il potere」の関係です。「権力」を持っているごく一部の人は、社会の「社会の便益」を独占しようとする。「最良の法律」はそうした権力者を縛って、みんなに便益が回るようにする性質を持っているわけですが、多くの人はそういう「最良の法律」を規定するための骨折りをあまりしていないので、権力者は、野放しになっているわけです。ベッカリーアは、ロックやモンテスキューと同様に、「法」を、権力者を縛る道具と見ているわけです。

> 歴史を開いてみよう。自由人どうしの間の自由な契約であるはずの法律というものが、じっさいはほとんどつねに少数者の欲望の道具であるか、あるいは気まぐれな一時的必要から生れた産物でしかなく、人間性の賢明な観察者――多数の人間の活動を「最大多数の最大幸福」という唯一最高の目的に導くことを知っている者――によってつくられたものではないことがわかる。

ここでの「契約」の原語は、〈patti〉です。〈patti〉は、英語の〈pact〉に対応する〈patto〉の複数形です。「約束」「契約」「条約」といった意味を持っている言葉です。「法＝自由人同士の間の自由な契約(patti di uomini libri)」というのは、ロックやルソーの社会契約論の発想ですね。それが本来の「法」だけど、現実の〝法〟は、少数の権力者の「欲望の道具 lo strumento delle passioni」になっている。本来の「法」と、現実の〝法〟を対比する発想もルソー的ですね。ルソーは、『人間不平等起源論』では、強い者たちが、自分たちの「所有」を正当化するために、〝正義〟や〝法〟という概念を作りだしたことを示唆しています。

ベンサム

「人間性の賢明な観察者 un freddo esaminatore della natura umana」とは、この場合は神、あるいは神のような超越した視点を持つ人を指していると思います。〈freddo〉という形容詞は、もともと「冷たい」という意味なので、「冷徹な」と訳した方がいいかもしれません。

気になるのは、「最大多数の最大幸福」という表現ですね。原文は、〈la

massima felicità divisa rel maggior numero〉で、直訳すると、「最大多数に共有される最大の幸福」です。功利主義の元祖のベンサム（一七四八－一八三二）の有名な定式は、〈the greatest happiness of the greatest number〉です。〈divisa（共有されている）〉という過去分詞が入っているところが異なるだけで、ほぼ同じ言い方です。

ベッカリーアと、ベンサムは一〇歳しか離れていないわけですね。ベンサムが功利主義の立場を最初に定式化した『統治論断片』を出したのが、アメリカ独立戦争のあった一七七六年、主著とされる『道徳および立法の諸原理序説』を出したのが、フランス革命が起こったのと同じ一七八九年、『犯罪と刑罰』の一一年、二五年後です。『統治論断片』に、「最大多数の最大幸福」という表現が出てきます。

「最大多数の最大幸福」に関して、ベンサムはベッカリーアの影響を受けているわけですね。そこには、法思想史的に興味深い繋がりがあります。日本の高校や大学の倫理学の授業では、ベンサムは哲学者として紹介されることが多いですが、彼は基本的に法学者です。その当時の英国のコモン・ロー（慣習法）がいいかげんだったことに憤り、「立法」という形で合理的な法体系を構築しようとしました。『道徳および立法の諸原理序説』というタイトルに「立法」が入っていますね。「立法」に際しての基本原理が、「最大多数の最大幸福＝功利性原理」です。

現代思想にある程度親しんでいる人だと、フーコーによって批判的に取り上げられた「パノプティコン Panopticon（一望監視装置）」のことをご存知ですね。吹き抜けの筒のような形の刑務所を作り、各階の中央に看守室、周囲の壁に独房を配置し、外から光の入って来る角度を調整することで、看守からはよく見えるけど、囚人の側からは見られているかどうか分からないようにするわけです。それによって、囚人は、いつ見られているか分からないという意識を常に抱くようになる。社会を代表する他者の視線を内面化するわけです。それによって、囚人の更生を促進すると共に、刑務所の費用を安く抑えるわけです。それと

プリーストリー

エルヴェシウス

フランシス・ハチスン

同じような構造物を学校、病院、工場などに設置することで、社会全体の安全保障を高めることをベンサムは目指しました。
　フーコーは、それを近代の刑事法制のグロテスクさを代表する例として引き合いに出しているわけですが、ベンサムはそれが「最大多数の最大幸福」に適うと思っていたわけです。ベッカリーアとベンサムは、「刑法」の合理化を通して、「最大多数の最大幸福」を実現するという思想で繋がっています。
　ベンサムの「最大多数の最大幸福」の理論に影響を与えた思想家には、ベッカリーアの他に、何人かいるようです。具体的には、スコットランド啓蒙主義の哲学者で、「道徳感情」を重視したフランシス・ハチスン（一六九四－一七四六）が、『美と徳の概念の起源』（一七二五）で、「最大多数の最大幸福をもたらす行為が最善であり、惨めさをもたらすものが最悪である Action is best, which procures the greatest Happiness for the greatest numbers; and that, worst, which, in like manner, occasions Misery」と言ったのが、どうも最初のようです。また、フランス啓蒙主義の哲学者で、唯物論者として知られるエルヴェシウス（一七一五－七一）は、一七五八年刊行の『精神について』の第二部一七章で、「法」が依拠すべき単純な原理があり、それは、「公共にとっての効用、すなわち、同じ統治形態の下にある最大多数にとっての効用である celui de l'utilité du public, c'est-à-dire, du plus grand nombre d'hommes soumis à la même forme de gouvernement」

と述べています。

ベンサムは、「最大多数の最大幸福」という定式に関して、自分に直接影響を与えた人として、英国の化学者で政治思想家でもあるプリーストリー（一七三三―一八〇四）を挙げています。酸素の発見とかで有名な人です。彼は、『政府の第一原理と政治的・市民的・宗教的自由の本性』（一七六八）で、「構成員の善と幸福、すなわち国家の構成員の多数派の善と幸福こそが、その国家に関するあらゆる事柄が最終的に決定されるべき、大いなる基準である the good and happiness of the members, that is the majority of the members of any state, is the great standard by which every thing relating to that state must finally be determined」と述べています。

ベッカリーアにはまだ、ベンサムのような明確な形での功利主義理論はなかったと思いますが、「法」の目的は、「最大多数の最大幸福」であるという考え方は持っていたわけです。ベンサムは、社会契約論を虚構と見なして否定しましたが、ベッカリーアは、自由な契約が「法」の源泉であるとする社会契約論的な見方と、功利主義的な法理解の中間に位置していると見ることができるでしょう。

人間関係のさまざまな組合せや変化をのろのろとつづけて行けば、やがてありあまる悪で幸福への道ができるなどと期待しない国々、賢明な法律で悪から幸福への過程をはやめようとする国々、そんな国々がもしあるならそれはなんと幸福な国々だろう。だから人目にかくれ、うちすてられた書斎のすみから、実をむすぶまでに永い時間がかかる有用な真理の種を民衆のあいだにまく勇気のあった哲学者——人類はどれほど彼に感謝しても、したりたということはないだろう。

これは最初に見た、ルソーを暗示しているらしい箇所ですね。ベッカリーアは、「社会契約」に基づく法制度を採用することによって、「最大多数の最大幸福」を実現できる社会へと移行すべきである、と積極的に提言しているわけですね。ルソー自身は、本来の「社会契約」が成立する条件を探究しましたが、実際に、それに基づく国家を建設しなければならないとか、それによって人々が実際に幸福になれるとまでは言っていないので、ベッカリーアの方が一歩踏み出している感じです。

二一頁では、従来のヨーロッパの刑事手続き（procedure criminali）がいい加減で、権力者が恣意的に利用しており、残酷な刑罰が行われていると述べられていますね。英国では、マグナ・カルタ（一二一五）や人身保護法（Habeas Corpus Act）（一六七九）等によって、君主による不当な逮捕を禁止する法体制が構築されていましたが、他の国ではそういう仕組みが十分に発達していませんでした。二二頁では、モンテスキューを参考にしたいのだけど、彼でさえ、そうした刑事関係の問題については駆け足で述べているにすぎないと述べています。刑罰についてきちんと理論的考察をする必要があるので、この本を書いた、ということですね。

だが、刑罰の起源はなにか？　刑罰権の基礎は何に求められるのだろうか？　それぞれことなった犯罪に対して何が適当した刑罰だろうか？　死刑ははたして社会の安全と善良な秩序のために有用であり、欠くことのできない刑罰だろうか？　拷問やせめ苦は正しいのか？　また法律の要求する目的を達成させるものだろうか？　犯罪を予防する最良の方法は何か？　同じ刑罰があらゆる時代においてひとしく有用でありうるのか？　それらの刑罰は風俗の上にどんな影響をおよぼすか？

社会の中で「刑罰 le pene」がどのような機能を担っているか明らかにしたうえで、現在行われている刑罰がその目的から見て適切であるか否か検証しようというわけですね。

刑罰と感情

第二章の「刑罰の起源と刑罰権の基礎にかんする諸原理」に入りましょう。

政治上のモラルは、それが人間の不滅の感情に基礎をおいたものでないかぎり、社会に対してなんの永続的な利益も与えることはできない。

この人間の不滅の感情という基礎におかれていない法律はすべてつねに抵抗にあい、ついには打ちまかされなければならない運命にある。それはちょうど、小さな力でもたえまなく作用しつづければはげしい力となって、最後には固い物体をさえ破かいしてしまうのににている。

そこでこれから、刑罰の起源と刑罰権の真の基礎とを発見するために考察をすすめていくにさいして、私はつねに人間の心情というものを考え合わせながらいきたいと思う。

ここで問題にされているのは、法律、特に刑法が、人間の「感情 sentimenti」に基礎付けられていないと、安定したものにならない、ということですね。つまり、刑罰に関する人間の自然な感情というものがあって、それに対応した刑法でないと、うまく機能しない。そこまで掘り下げて考える必要があるというわけです。

どんな人間でも、ただ公共の利益のためにだけ、じぶんの固有の自由の分け前を無償でさし出したのではない。こんな空想は、小説の中にだけ存在するものだ。各人はじぶんの利益のためにだけこの地球上のさまざまな結合関係にむすびつくのであって、もしできれば、他人を拘束する契約によってじぶんだけは拘束されたくないのだ。

この箇所は少し唐突な感じがしますが、ここでベッカリーアが提起しているのは、人はどうしてわざわざ、自分を拘束する法律を制定するための契約（patto）を結ぶのか、というルソー的な問題です。自分の安全のために他人を拘束するための法律なら制定したいけど、みんなそう思っていたら、契約など結べない。

だからといって、みんなが「公共の利益（福祉）ben publico」のために、自分に「固有の自由 la propria libertà」を放棄すると仮定するのは非現実的です。そうすると、各人が自分の利益のことを考えて、契約を結ぶと考えるしかありません。これは、ホッブズ以来の社会契約論の考え方です。

この後、二四頁から二五頁にかけて、人口が増加し続けると、生活資料が不足し、争いが起こるので、生き残るには、お互いに協力し合うしかなくなる、ということが述べられていますね。

拘束されず孤立していた人間が、たがいに結合しあったその条件が法律を作った。たえまない戦いの状態に疲れ、保持して行くことが不確実になったむなしい自由の享受に疲れた人間は、じぶんの自由の一部分をさし出して残った自由を確保することを考えたのである。この各人の自由の分け前の総和が一国の主権をかたちづくる。そして主権者とは、とりもなおさず、合法的にこれらの自由の供託を受け、その管理をおおせつかった者にほかならない。

自己保存のために人々が結合するようになったその条件（condizioni）が、「法」の基礎になるというのは、社会契約論の共通前提ですが、ベッカリーアの示す条件はルソーのとは違いますね。ルソーは、前々回に見たように、「各構成員をそのすべての権利とともに、共同体の全体にたいして、全面的に譲渡する」

と述べていましたが、ベッカリーアは、「一部 una parte」を譲渡して、「残った自由」を確保するとしています。この「自由の分け前の総和」が、「一国の主権 la sovranità di una nazione」を構成し、「主権者 il sovrano」は、「合法的にこれらの自由を供託され、管理している者 il legittimo depositario ed amministatore di quelle」であるということですね。

「人民」全体が「主権者」になるのではなくて、一人の「主権者」に渡すのだから、ホッブズ的な感じがしますが、ホッブズの場合は、主権者に、全ての「自由＝自然権」を譲渡するので、そこは違います。しかも、完全に譲渡されるのではなく、「供託され」て管理しているだけのようです。これはむしろ、ロックの『統治二論』における「政府 government」の役割に近そうです。ロックは、人々は「自然権」そのものではなく、その解釈権と違反した者に対する処罰権だけを、「政府」に信託（entrust）するという言い方をしています。ただし、「政府」は「主権者」ではありません。ベッカリーアは、ルソーというより、ホッブズとロックを折衷したような理解をしていることが分かります。

しかしこのような供託をつくっただけでは十分ではなかった。各個人の侵害からこの供託を守らなければならない。なぜなら侵害者というものは、たえず、その固有の分け前を取りもどそうとするだけでなく、他人の分まで侵そうとする専制主義的な傾向があるから。

社会をふたたびその昔の混乱状態におとし入れようとするこうした専制主義的な精神をおさえつけるに十分な力強さをもち、感性にじかに作用する契機が、ここに必要になってくる。この契機がすなわち、法の背反者にもうけられた刑罰であった。

各個人の「侵害 usurpazioni」というのは、いったん「契約」によって差し出したはずの「自由」を勝手

ベッカリーアの法の基礎

⬇

自己保存のために人々が結合するようになったその条件、「社会契約論の共通前提」の条件。

・ルソー
「各構成員をそのすべての権利とともに、共同体の全体にたいして、全面的に譲渡する」。

・ベッカリーア
「一部 una parte」を譲渡して、「残った自由」を確保。この「自由の分け前の総和」が、「一国の主権 la sovranità di una nazione」を構成する。「主権者 il sovrano」は、「合法的にこれらの自由を供託され、管理している者 il legittimo depositario ed amministatore di quelle」。

※ホッブズ＝「人民」全体が「主権者」になるのではなくて、一人の「主権者」に渡す。

※ロックの『統治二論』における「政府 government」の役割に近い。人々は「自然権」そのものではなく、その解釈権と違反した者に対する処罰権だけを、「政府」に信託（entrust）する。ただし、「政府」は「主権者」ではない。

ベッカリーアは、ルソーというより、ホッブズとロックを折衷したような理解。

に取り戻そうとすることです。無論、契約違反なので法に反しています。そういうことをする人たちは、元々の自分固有の「自由」を取り戻すだけでなく、他人のものだった「自由」まで奪おうとします。「専制主義的 dispotico」というと、何だか政府の形態の話のようですが、ここでは、比ゆ的な意味で使われています。我がままで、傍若無人ということです。

そういう不心得者の出現によって、法の秩序が乱されないようにするのが、「刑罰」だというわけです。興味深いのは、ベッカリーアによる「刑罰」の性格付けです。「違反者」は、「感情（情念）passioni」のために、「理性」で自分を抑えることができなくなっている。そういう相手に、「理性」で説くだけでは効き目がない。そこで、違反したら、痛い目に遭うという恐れの感情を抱かせるため、「刑罰」があるということです。あまり、人間を信用していない感じですね。

感性的な契機と私は言った。なぜなら、大衆というものはしっかりした理論にのっとって行動するというところからどれほどほど遠いものであるかを経験は語ってくれているからである。物理界や精神界においてと同じように、社会もその中に普遍的な解体の原理をふくんでいる。そしてその作用が進行をとめられるのは、じかに感覚にうったえる契機、心理の中にくい入って、その力強い印象で個人的な欲望や感情——ほとんどつねに公共の利益に反する——に均衡を保たせる契機によってだけである。人間の欲望や感情は、ひとたびある対象から感性的な強い印象によってゆすぶられたがさいご、どんな雄弁も、最高の真理も、もうこれにクツワをかけることはできない。

「大衆」の原語は、〈moltitudine〉です。一時期流行った、「マルチチュード multitude」に当たるイタリア語です。「多数者」とか「群衆」の意味ですね。この箇所から分かるように、ベッカリーアは、人間は

「感性的契機 sensibili motivi」に動かされやすい存在だとかなり悲観的に見ているようです。「社会契約」を結んだとしても、情念に動かされて違反する者がどんどん出て来る傾向があるので、それに対抗する情念を呼び起こすことで、バランスを取る（contrabbilanciare）しかないわけですね。「情念」のバランスという観点から「刑罰」を考えているわけです。

「刑罰」の限界――権力と正義について

これが「刑罰」の目的ですが、ベッカリーアは同時に、「刑罰」の限界についても論じています。

各人にその自由の割り前をさし出させるように強制するものは、ただ一つその必要性だけである。こうして各人はできるだけすくない割り前だけを公けの供託にまかせようとする。いいかえればじぶんが残った部分を勝手に処理することを他の人々に許容してもらうのに必要なだけの最小限度をさしだすのである。
この自由の小さな割り前の総和が刑罰権の基礎である。この基礎を逸脱する刑罰権の行使は、すべて濫用であり、不正である。それは事実上の権力ではあっても、法にもとづいた権利ではない。

ここで、先ほど、ルソーとは異なって、「固有の自由」の「一部」だけを、「公けの供託 il publico deposito」に差し出すと言っていた理由が示されましたね。以前の通り自由に振る舞っていい領域と、「供託」に従って公権力の支配に入る領域を分けて考えるわけですね。ベッカリーア自身ははっきり意識していないと思いますが、これは、民主主義によっても侵害できない基本的自由権を憲法によって保障すべきことを主張したコンスタンや、私的自治に任されるべき私的領域と、民主的な統治が行われる公的領域の線引の重要性を指摘したミルに通じる考え方です。そうした境界線は、契約の際に引かれているとベッカリーアは考えているわけですね。公権力が、その境界線を越えて、〝刑罰権〟を行使しようとすると、それは「契約」に基づかずに、他人の自由を奪っていることになるので、「不正」だということになります。「契約」が「刑罰権」の限界を定めるわけです。

その限界を無視した振る舞いをする「権力」は、物理的な力によって相手を支配する〝事実上の権力〟であっても、権利＝法（diritto）に基づく、正当な権力ではないというわけですね。細かいことを言っておきますと、「法に基づいた権利」と訳されていますが、原文では、〈diritto〉一語だけです。「事実上の権力ではあっても、法ではない」とシンプルに訳してもよかったかもしれません。前々回見ていたように、『社会契約論』の冒頭でルソーは、暴力による支配と道徳的な関係を区別していましたが、同じような発想ですね。

ここにベッカリーア自身による注がついているので、見ておきましょう。

（1）（ベッカリーアの註）「権利」ということばは「力」ということばとむじゅんしないことに注意していただきたい。「権利」はむしろ「力」の一変形であるといえるのだが、それは公共の福祉のためにつくられた変形であり、「権利」も「力」も共に法の下に従属するものである。また「正義」に私がどんな意味を与えたかといえば、それは各個人の利益を統一するために欠くことのできないきずなということ以外の何でもない。このきずななしでは、各個人のあい対立する利益はばらばらになり、もとの非社会状態にかえるほかない。この「正義」ということばに、なにかある物理的な力、または実在するものというような観念を附着させせないことが必要だ。正義とはたがいの幸福に影響を与えあっている人間のあり方を概念的に考えるときのひとつの方法でしかない。

急に「力」という言葉が出てきたような感じですが、これは訳語の問題です。先ほどの箇所で、「権力」と訳されていたのも、この注で「力」と訳されているのも、英語の〈force〉に当たる〈forza〉という言葉です。英語の〈force〉と同じように、物理的な「力」の意味に加えて、政治的な「権力」という意味があります。「物理的な力」と「権利」は全然違うカテゴリーで矛盾しようがないので、「権力」と訳した方がいいと思います。

「『権利』はむしろ『力』の一変形であるといえるのだが、それは公共の福祉のためにつくられた変形であり、『権利』も『力』も共に法の下に従属するものである」という部分は、あまり忠実な訳ではありません。原文はこうなっています。

la prima è piuttosto una modificazione della seconda, cioè la modificazione più utile al maggior numero

「『権利』も『力』も共に法の下に従属するものである」は原文にはありません。これは、訳者による補足です。先ほどもお話ししたように、原語は〈diritto〉で、これには「法」という意味もあるので、「『法』はむしろ『権力』の一変形である」、と訳すこともできます。小谷訳では、そうなっています。「法」と訳すことにすれば、補足は不要になりますね。また、「公共の福祉のために」というところは、原文では、「最大多数にとってより有益になる～ più utile al maggior numero」という表現になっています。あと、〈modificazione〉は、英語の〈modification〉と同じで、「修正」とも訳せます。

この三点を踏まえて訳し直すと、「『法』はむしろ『権力』を修正したもの、つまり最大多数にとってより有益になるように修正したものである」、となります。「権力」というと、私たちは、王様とか領主が持っている一方的に支配する力を連想し、それは「法」や「権利」とは関係のないもののように考えがちですが、ベッカリーアは、その「権力」を、「最大多数のために」なるように「修正」することが可能であり、それが「法」、あるいは、「法」に基づく「権利」である、と主張しているわけです。逆に言えば、人々の自発的合意に基づいて、最大多数の利益を実現するために生み出された「権力」が、「法」であるわけです。

「正義」の定義も興味深いですね。ユスティニアヌス法典には、「正義とは各人に各人の権利を帰属させようとする、不断にして永続する意思である justitia est constans et perpetua voluntas jus suum cuique tribuendi」という有名な定義が出てきます。誰の「権利」かはっきりさせることに重点があるわけです。あるいは、「法」の象徴として、目隠しして、秤を持った「正義の女神」のイメージが使われるように、「公平さ」という視点から「正義」を捉えることがあります。それに対して、ベッカリーアは、「各個人の利益を統一するために欠くことのできないきずな il vincolo necessario per tenere uniti gl'interessi particolari」という捉え方をしています。きちんと分割することや、公平さよりも、各人の利益の統一的なものにすること、共通の利益を創出することに重点を置いているわけです。これは、それぞれ自らの「善＝幸福」を追求している各人が、お互いの独立を守りながら、協力し合うための条件を規定するものとして「正義」を捉えるロールズに近い考え方だと言えます。

本文に戻りましょう。

個々人の自由の公けの供託を保護するのに必要な限度をこすやいなや、その刑罰は不正であり悪となる。主権者が臣民に残した自由が大きければ大きいほど、そしてすべての人の権利と安全とが神聖不可侵なものとなればなるほど、刑罰は正しいものとなるのである。

ここで言っていることは比較的分かりやすいですね。人々は「権利」と「安全 sicurezza」を確保するために、「権利」の一部を「権力」に「供託」しているわけなので、供託されていない残りの部分を可能な限り神聖不可侵にすることが、「権力＝法」の課題です。「刑罰」もまた、そうであるわけです。最大多数の人が、安全に権利や自由を享受できるようにすることが、刑罰の役割であって、刑罰が権力を乱用して、権利や自由を奪われる人の方が増えたら、本末転倒であるわけです。

ここに付いている訳注も見ておきましょう。

(2) ベッカリーアはこの章で、社会法が人道の法則であり、人間の本性であるとし、刑法は社会法の直接で必然的な結果であるとしている。「人間性」によって社会を説明し、刑罰権の根拠を理解しようとする彼は、まさしく十八世紀の啓蒙哲学者であり、トーマス・ホッブス、ジョン・ロック、ヴァッテル、ジャン・ジャック・ルソーら社会契約論者の系統に属する。

エメール・ヴァッテル

「社会法」というのは、通常は、労働法とか福祉・医療関係の法とか、市民相互の契約的関係を規制する私法に対して、公共の福祉の観点から修正を加える法、私法と公法の中間的な領域に属する法を指しますが、ここでは社会を形成する最も基礎になる法というような意味合いで使っているのだと思います。エメール・ヴァッテル（一七一四－六七）は、自然法と国際法を研究したスイスの哲学者、外交官です。主要著作である『諸民衆の法』（一七五八）は、当時の国際法の標準と見なされ、後世にも大きな影響を与え、アメリカの建国の父たちの憲法・権利観にも影響を与えたとされています。

第三章「前章の原理からの帰結」では、これまでの議論から三つの帰結が導き出されています。

第一の帰結――罪刑法定主義

第一。法律だけがおのおのの犯罪に対する刑罰を規定することができる。この権限は、社会契約によって統一されている社会全体の代表者である立法者にだけ属する。であるから、裁判官――彼じしん社会の一員にすぎない――は、同じ社会の他の一員に、法律に規定されていないどんな刑罰をも科すことはできない。裁判官が、もし法律で規定されているよりきびしい刑を科したばあい、その刑罰は不正となる。なぜなら、そのばあい裁判官はすでにきめられている刑罰の上に新らしい刑罰を加えて科したことになるから。したがってまた、どんな裁判官も、たとえ公共の福祉のためという口実をつけようとも、ある市民の犯した犯罪に対してすでに宣告された刑を加重することはできない。

刑法の「罪刑法定主義」という考え方の原型が示されていますね。民法を中心とする民事法は、当人たちの私的自治が基本で、揉めてどうしようもない時に裁判で解決してもらうのが前提になっているので、あらゆる事柄に関して、○○してはいけない、□□の義務がある、と細かく規定されているわけではありません。当該の法律の条文に直接的な規定がない場合でも、同じような目的のために制定された法律に規定があれば、それを援用することもできます。それに対して、国家が個々の市民を罰する刑法では、「刑罰」の対象になる「犯罪」は、具体的に規定される必要があります。裁判官は、法律に書かれていない罪で裁くことはできません。どんなに悪質な行為でも、法律で禁止されていない限り、犯罪にはなりません。

それが、罪刑法定主義です。
訳注も見ておきましょう。

（1）ここが有名な罪刑法定主義のみなもととなる箇所である。罪刑法定主義はフランス革命前においては新興階級の利益よう護の原理であり、進歩的であった。そして、現代においてもまた同じである。

「罪刑法定主義」は、国王や領主が法に基づかないで、恣意的に臣民を〝処罰〟するのを抑止する役割を果たします。先ほどもお話ししたように、英国では、法に基づかない恣意的な逮捕や処罰を阻止しようとする、政治的闘いが繰り返され、次第に法制化されていきました。フランス革命に際しての「人及び市民の権利宣言」（一七八九）でも、第七条で「何人も、法律により規定された場合で、かつその指定する形式によるのでなければ、訴追され、逮捕され、拘禁され得ない」とされています。

ベッカリーアの議論を受けて、「罪刑法定主義」をより厳密に理論化したのは、一・五世代くらい後のドイツの刑法学者パウル・ヨハン・アンゼルム・フォン・フォイエルバッハ（一七七五―一八三三）です。

パウル・ヨハン・アンゼルム・フォン・フォイエルバッハ

ヘーゲルより少し若く、シェリング（一七七五―一八五四）と同じ歳です。「神」は、人間の本質が疎外されることによって生み出されたものであると論じ、マルクスによる批判のターゲットにされた、ヘーゲル左派の論客ルードヴィッヒ・アンドレアス・フォイエルバッハ（一八〇四―七二）の父親です。フォイエルバッハは、罪刑法定主義を「法律なくして刑罰なし nulla poena sine lege」と定式化した他、『ドイツ普通刑法綱要』(一八〇一)で、現在でも刑法の教科書でよく見かける、「構成要件」や「可罰性」「帰責能力」などの基本概念を厳密に規定しています。

第二の帰結――司法の独立

本文に戻りましょう。ベッカリーアの第二の帰結です。

第二。社会を代表する主権者は一般的に適用する法律をつくることができ、その社会のすべての成員はこれに従わねばならない。しかしその成員の誰かがその法律に違反したかどうかということを判定する権限は、主権者に属さない。

法の適用対象が「一般的」であるのは、ルソーも言っていたことですね。ベッカリーアはそれに加えて、主権者には、誰が法律に違反するかを判定する権限はない、と主張しているわけです。この場合の主権者というのは、ルソーの想定する「人民＝主権者」ではなく、ロックが「政府」と呼んでいるものと見た方がいいでしょう。ルソーの場合、立法権者＝主権者である人民と、執行部≒政府の違いが強調されます――行政府は、「一般性」のある法を作る機関ではなくて、「法」の枠内で、個別のケースに関して個別の対象に命令する機関だからです。

ベッカリーアは、主権者≒政府が、合法／非合法の判断をしてはいけない理由について、次のように述べています。

ある犯罪が犯されたとき、そこには二つの当事者がある。すなわち第一に社会契約が犯されたと主張する主権者、第二に侵害を否認する被告がこれである。そこでこの両者の間にあってこの争いに制定を下す第三者が必要になってくる。この第三者が司法官である。彼はただ純すいに犯罪があったかなかったかを宣告するべきで、その判定にともなって世論を動かそうとするようなことがあってはならない。

これは、刑事裁判の基本的構図についての話なので、分かりやすいですね。政府が容疑者を逮捕し、検察官に起訴させます。検察官は、その人物によって社会契約（il contratto sociale）の侵害＝犯罪が起こったと主張しますが、被告人は通常それを否定します。双方の主張が対立するわけです。政府が自ら裁こうとすれば、当然、自分の主張を正当化します。第三者的な立場にいる裁判官によって本当に犯したかどうかが判定される必要があります。これが、近代の刑事訴訟法の基本的な考え方です。

近代以前は必ずしもそうではありませんでした。江戸時代の奉行所などは、警察、検察、裁判所の役割が一つの役所に集中していました。西欧では、刑法においても、被告人と、訴追者が対決する形で進行する対審構造（adversary system）が早くから採用されていましたが、裁判所を行政府から独立した機関にし、公平な裁判を行うという考えは一八世紀にはまだそれほど明確にはなっていませんでした。ベッカリーアは分離の必要性を強調しているわけです。無論、現在でも、裁判所を中心とする司法が、行政から完全に独立しているかについては、人事システムに関していろいろ疑問があるわけですが、理念的には、ベッカリーアの言う通り、裁判官と検察官は癒着してはならないことになっています。

この点についても訳者の注釈がありますね。

（２）ベッカリーアの三権分立論はうたがいもなくモンテスキュウからでている。参照 Montesquieu.

Esprit des lois. Liv. VI とくに Chap. 5: Dans quels gouvernements le souverain peu être juge.（法の精神六巻五章、いかなる政体において主権者が裁判官となりうるか）

モンテスキューは三権分立論の元祖として知られていますね。ただ、モンテスキューは立法、行政、司法を分けるべきことを説いてはいますが、司法にそれほど大きな役割を与えているわけではありません。立法と行政はお互いから独立し、牽制し合わねばならない。司法も二つの権力から独立し、法の適用を客観的に判断する必要がある。ただ、司法は個別の問題を扱い、政治には関与しないので、他の二つの権力と同じレベルの位置は与えていません。我々が現在知っているような、三権が対等の立場で相互に監視し合ってバランスを取る三権分立が確立するのは、アメリカの連邦最高裁が違憲審査権を獲得して以降のことです。アメリカの憲法自体には連邦最高裁が違憲審査権を持つとは書かれていませんが、一九世紀初頭に、立法や行政とのせめぎ合いを通して、審査権を次第に確立していきました。

第三の帰結――「残虐な刑罰」の禁止

次の「第三」も、罪刑法定主義、司法の独立と並んでベッカリーアの思想の大きな特徴です。

第三。ざんぎゃくな刑罰は、それがもしあの博愛の徳――ドレイの群を支配するよりも、幸福な自由人を治めることをえらぶ理性の光の中から生まれた徳――に照らして非難されるものでないとされるばあいであっても、また、社会の福祉と、社会の目的である犯罪防止という見地に、直接対立しないとしても、それは不正である。ざんぎやくな刑罰が不正であり、社会契約の本質に反するものであるとみなされるためには、それが不必要だというだけで十分である。

三つの帰結

1、罪刑法定主義

国王や領主が法に基づかないで、恣意的に臣民を“処罰”するのを抑止する役割。
※フォイエルバッハは、罪刑法定主義を「法律なくして刑罰なし nulla poena sine lege」と定式化した。

2、司法の独立

主権者≒政府が、合法／非合法の判断をしてはいけない。

↓

※我々が現在知っているような、三権が対等の立場で相互に監視し合ってバランスを取る三権分立が確立するのは、アメリカの連邦最高裁が違憲審査権を獲得して以降。アメリカの憲法自体には連邦最高裁が違憲審査権を持つとは書かれていないが、19世紀初頭に、立法や行政とのせめぎ合いを通して、審査権を次第に確立。

3、死刑、残虐な刑の禁止

刑罰の目的は、社会契約に参加している理性的な人々の自由を守ることであり、そのため仕方なく違反者を罰しているわけなので、違反者をひたすら苦しめるだけの「残虐な刑罰」は、社会契約の本質に反していることになる。

↓

※ベッカリーアの時代には、見せしめとしての刑、八つ裂きとか鋸引きとかがまだあったし、鞭打ちなどの身体刑などもあった。

刑罰の目的は、社会契約に参加している理性的な人々の自由を守ることであり、そのため仕方なく違反者を罰しているわけですから、違反者をひたすら苦しめるだけの「残虐な刑罰」は、社会契約の本質に反していると考えるわけです。現代の一般的な刑罰は、死刑、懲役・禁固、罰金くらいですね。死刑が残酷と言えば残酷ですが、死刑制度を採用している国では受刑者をあまり長く苦しませないように、一瞬で終わるやり方を採用していますし、見せしめ的に公開するということはやっていません。ベッカリーアの時代には、八つ裂きとか鋸引きとかがまだあったし、鞭打ちなどの身体刑も行われていました。

法を解釈できるのは誰か?——「文理解釈」とアーキテクチャ

第四章では、先ほどの帰結の続きとして、「法律の解釈」について論じられています。

さきにのべた原理から、さらにまた次の帰結がみちびかれる。すなわち、刑事裁判官は刑罰法規を解釈する権限をもたない。それは彼が立法者でないというその同じ理由にもとづく。裁判官は法律を、われわれの祖先から家族的な因習として、あるいは子孫が実行しなければならない遺言として受けとったのではない。生きて存続している社会、あるいはその社会の現実の意志の合法的に委託された者でありその代表者である立法者から、受け取っているのである。

我々は、裁判官は法を解釈する存在だと思っていますので、「解釈する権限 l'autorità d'interpretare」を持たないと断言されると、違和感がありますが、ここでベッカリーアが「解釈」と言っているのは、家族の「因習(伝統)tradizione」のような、やり方もその主旨もかなり曖昧になっているものを、自分なりに再定式化する、というようなことだと思います。かなり踏み込んだ「解釈」のことを言っているわけです。民事訴訟だと、そういう踏み込んだ解釈がしばしば必要になりますが、刑法の場合は、慣習を適当に参照するというようなことは許されません。裁判官は、立法化された法律に基づいてのみ裁判すべきです。裁判官は、目の前のケースに法律を正確に当てはめることが仕事であって、自分の価値観や見解をそこに持ち込んではならないわけです。

法律の合法性は、古代の契約を実行する義務にもとづいて存在するのではない。古代の契約は無効である。なぜなら、古代の契約はその当時存在していなかった意志を拘束することはできないから。古代の契約を執行しようとすれば、かならずそこに不正なしにはできない。なぜなら、そうすることは、人間を社会の状態からあともどりさせ、意志もなく権利もない羊の群にかえらせることだから。

最初に見たように、ベッカリーアは古代や中世の法は雑多な寄せ集めにすぎないと見ています。法は、明確な合意による「社会契約」によらないといけない、というのが彼の立場です。仮に、何らかの「古代の契約 un antico giuramento」があったとしても、その当時まだ存在していなかった人たちの意志を縛ることはできません。無理に〝古代の契約〟を人々に強制するのであれば、それは「社会」の基盤を解体し、人々を動物の群れに戻すことを意味します。

では誰がいったい法律の正当な解釈者なのだろうか？　主権者、いいかえれば万人の現在の意志を託された者である。そしてそれは裁判官ではない。裁判官の任務はただこれこれの人間が法律に反する行為をしたか、しなかったかを審理することだけである。

法律の主旨や目的を「解釈」することができるのは、「主権者＝立法者」で、裁判官は、ある人間が違法行為をしたかどうかを、その法律に従って「審理 esaminare」しているだけだと見ているわけですね。裁判官をスポーツの審判や試験の採点者のような感じで捉えているみたいですね。裁判官のやっている仕事はもっと複雑で、「解釈」も含まれているような気もしますが、ベッカリーアはそれを認めれば、裁判官が恣意的に法適用し、立法を実質的に掘り崩してしまうと考えたのかもしれません。

次も、法哲学の教科書でしばしば見かける考え方です。

あらゆる犯罪の審理にあたって、裁判官は一種の完全な三段論法によらなければならない。まず大前提として、一般的に適用する法。小前提は合法または違法の行為である。そして結論は被告の無罪放免か刑罰である。

法的三段論法の刑法版です。大前提：法、小前提：（合法あるいは違法の）行為、結論：無罪／有罪。被告人のやった行為が、法で予め規定されている「犯罪」に当てはまるかどうかが裁判官によって審理され、当てはまれば有罪、当てはまらなければ無罪になります。

裁判官が、もしこれ以上の推理を加えることを強いられるようなばあい、あるいは独断でそれをしたばあいには、その解釈はすべて不正確なものになってしまう。

「すべからく法の精神に聴くべし」という広く尊重されている格言ほど危険なものはない。この格言を採用することは、堤防をうちこわして、法律を俗論の流れに投げこむことだ。

裁判官は、こうした三段論法の推理を操ることが仕事であって、昔からの格言とか世論（と本人が思っているもの）のような曖昧なものによって、恣意的な解釈をしてはいけないわけです。ベッカリーアは法律で刑罰が誰にも分かるよう明確に規定されていることを前提にしたうえで、裁判官はそれを字義通りに適用することを基本と考えているわけです。こういうのを、日本の法学用語で「文理解釈」と言います。

法律が成文としてはっきり規定されており、司法官の役目は、ただ国民の行為を審査し、その行為が違法であるか適法であるかを法律の条文にてらして判断することだけになれば、そしてまた、無知な者であろうと、有識者であろうとそのすべての行動を指導する正と不正の規範が、議論の余地のないものであり、単純な事実問題でしかないことになれば、そのときは国民が無数の小圧制者のクビキのために苦しむことはもう見られなくなるだろう。こうした小圧制者というものは、圧制をする者と受ける者との距離が近いので、それだけ一そうたえがたいものである。そしてこれら小圧制者の支配から逃れることは非常にむずかしい。そのためにはわれわれはただ一人の大圧制者の支配に服するよりほか方法がないからだ。（…）
文字どおり施行される刑法があれば、国民は自分の不法行為からくるまずい結果を正確に知り、それを避けることができる。これは国民を犯罪から遠ざけるために有用なことである。こうして人々は一身と財産の安全を享受する。これは正しいことである。なぜなら人類が社会に結合する目的はここにあるからである。

ここで言われているのは、刑罰を規定する法がはっきりした言葉で書かれて、公布（promulgare）されている必要があるということです。つまり法律家である裁判官が、一般人には理解できない呪文のような文章を解読して判決を下し、当事者はちんぷんかんぷんであるようではいけないということですね。国民が何だかよく分からないうちに、いきなり逮捕されて有罪になるということがなく、自分のやっていることが違法か合法か予め分かったうえで行動できるようにする。

このことは、日本の「現代思想」業界で流行っているアーキテクチャ論と関係しています。アーキテクチャというのは、本人がどう思うかに関係なく、規範に反する行為をできないようにする物理的構造物のことですね。違法ダウンロードできないプログラムを仕掛けるとか、妨害電波を出して携帯で通話できなくするとか、自動車のハンドルに呼気アルコール検知器を組み込むとか、高周波の音で若者を寄せ付けないようにするとか、路上に座り込めないように妨害物を置くとか。法や社会規範のように、言語によって各人の理性的な思考に訴えかけるのではなく、意識を素通りする形で、身体に直接働きかけるのがアーキテクチャの特徴です。犯罪を犯した人を罰するのではなく、そもそも犯罪ができない環境を作り出してしまう。

アーキテクチャ論を推奨しているのは、主として功利主義系の人たちです。先ほど見たように、ベッカリーアも「最大多数の最大幸福」という功利主義的な視点から法を理解しようとしています。しかしベッカリーアは、はっきり分かるように法律に書き、その内容を周知させることで、各人が、犯罪を犯してはいけないという意識を予め持つようにすることを重視します。こういう行為をしたら、こういう罰を受けるという一般的ルールを示すことで、各人を威嚇し、犯罪から遠ざからせることを、刑法の用語で「一般予防」と言います。そして、実際に犯罪を犯した人に絞って、法を適用する。「理性の主体」としての人間を信用しているわけです。現代のアーキテクチャ論の人間像と対照的です。

ベッカリーア

刑罰を規定する法がはっきりした言葉で書かれて公布(promulgare) されている必要がある。国民が何だかよく分からない内に、いきなり逮捕されて有罪になるということがなく、自分のやっていることが違法か合法か予め分かったうえで行動できるようにする。

はっきり分かるように法律に書き、その内容を周知させることで、各人が、犯罪を犯してはいけないという意識を予め持つようにする。

「一般予防」：こういう行為をしたら、こういう罰を受けるという一般的ルールを示すことで、各人を威嚇し、犯罪から遠ざからせるということ。そして、実際に犯罪を犯した人に絞って、法を適用する。

「理性の主体」としての人間を信用している。

↕

アーキテクチャ論

本人がどう思うかに関係なく、規範に反する行為をできないようにする物理的構造物。法や社会規範のように、言語によって各人の理性的な思考に訴えかけるのではなく、意識を素通りする形で、身体に直接働きかけるのがアーキテクチャの特徴。犯罪を犯した人を罰するのではなく、そもそも犯罪ができない環境を作り出してしまう。

Q　ベッカリーアについては、法学の基礎をつくった人だという話は聞くのですが、正直言ってどういう思想の人なのか、今回の講義を聴くまであまり知りませんでした。二一世紀の現在、法学の議論では、どういった影響がありますか？

A　私は専門的な法学者ではないので、それほど細かく把握しているわけではないのですが、少なくとも、現在の日本の法学では、それほど大きな関心を持たれているわけではないと思います。罪刑法定主義や死刑廃止論の歴史的起源が話題になる際、必ず名前が出てくる人ですが、現代日本の有力な法哲学者や刑法学者が、ベッカリーアについて本格的に取り組み、理論的な源泉にしようとしているといった話はあまり聞きません。ベッカリーアの議論の中で、実定法としての刑法に直接関わる部分が比較的シンプルで、既に近代刑法の大前提になっているので、じっくり読み返す意義があまり感じられないのかもしれません。

今回の講義から分かったかと思いますが、彼はカトリックの古い慣習から「法」を離脱させようとする一方で、カトリック的な世界観に本気でこだわっているふしもあります。そこが思想史研究者には、面白いところなのですが、それは専門的な「法学」の関心の範囲外の部分です。「法学者」にとって、思想的背景はそれほど重要ではありません。

第五回、六回で見ていくように、カントだと「自由意志」や「契約」について抽象的に突っ込んだ――言い換えると、深そうだけど、具体的にどういうことなのかイメージしにくい――議論をしているので、刑法や民法の基礎理論をやっている人が結構専門的に読んでいますが、ベッカリーアのテクストから、そういう部分を見つけるのは難しそうですね。

［講義］第四回

思想としての刑法

人間の幸福のために"人間自身"の手による合理的な法体系

前回、『犯罪と刑罰』について書誌的な話なども含めてお話ししましたね。私は今手元にリッツォリ(Rizzoli)というイタリアの出版社から一九五〇年に出ている四二章立ての版を持っていますが、この出版社から出ている最新版は、小谷さんの訳に対応する四七章立てのヴァージョンになっています。版によって結構違うので、取り扱いに注意が必要なテクストです。

復習しておきましょう。『犯罪と刑罰』の第一の意義は、素人目で見て最も法律らしい法律である刑法を、社会契約論によって根拠付けたことでしょう。刑罰は、国家の秩序にとって有害な者に対して一方的に下されるものではなく、「社会契約」に基づくものであり、人民は予め、「〇〇という犯罪を犯したら、▽▽という刑罰を受ける」ということに合意しているということが前提になります。

この社会契約は、「最大多数の最大幸福」を目指して結ばれます。「最大多数の最大幸福」を実現できるような内容になっていなかったら、その目的を果たせません。この点で、ベッカリーアはベンサムの功利主義思想の先駆的な性格を持っています。ただし、ベンサムが個人の「自由」それ自体にあまり価値を置かず、「快楽」を重視したのに対し、ベッカリーアは、「社会契約」が結ばれた後、各人の手元に残る「自

復習　ベッカリーアの思想

社会契約論＋功利主義（最大多数の最大幸福）、それに「ロック－ミル」の系譜の自由論を組み合わせる形で
⇒刑法を基礎付けたところに、ベッカリーアの特徴。

※ベンサムが個人の「自由」それ自体にあまり価値を置かず、「快楽」を重視した
※ベッカリーアは、「社会契約」が結ばれた後、各人の手元に残る「自由」を多くすべきだという立場。ベンサムよりも、「民主主義」的決定に従属しない「自由」の領域を切り分けようとしたミルに近い。

※「最大多数の最大幸福」を掲げること自体、ルソーとも根本的に異なる。

・ルソーの場合、「法」を作り出す意志である「一般意志」は、文字通り「一般的」でいかなる「部分＝党派性」も含んでいない、という前提。多数派とか少数派の区別なく、「人民」という集合体にとっての公共的目的の実現を目指すのが「一般意志」。
・「最大多数の幸福」という言い方は、“少数派”にとっては「幸福」にならないかもしれないということ⇒「部分性」を想定。
（その点でベッカリーアやベンサムは、ルソーとは異なる）。

由」を多くすべきだという立場を取ります。ベンサムよりも、「民主主義」的決定に従属しない「自由」の領域を切り分けようとしたミルに近そうな感じです。

　また、「最大多数の最大幸福」を掲げること自体、ルソーとも根本的に異なります。ルソーの場合、「法」を作り出す意志である「一般意志」は、文字通り「一般的」でいかなる「部分＝党派性」も含んでいない、という前提に立っていましたね。多数派とか少数派の区別なく、「人民」という集合体にとっての公共的目的の実現を目指すのが「一般意志」です。「最大多数の幸福」という言い方は、〝少数派〟にとっては「幸福」にならないかもしれないということを含意しているように見えます。つまり、「部分性」を想定しているわけです。その点でベッカリーアやベンサムは、ルソーとは異なります。形而上学的議論を嫌うベンサムははっきりと社会契約論を否定しまし

たが、ベッカリーアの場合は、あまり厳密に考えないで、「一般意志＝最大多数の最大幸福」と近似的に想定していただけかもしれません。

社会契約論と功利主義、それにロック＝ミルの系譜の自由論を組み合わせる形で、刑法を基礎付けたところに、ベッカリーアの法思想の特徴があると言えるでしょう。

彼はカトリック教会に気を使いながらも、啓示や自然法をそのまま受け入れるのではなく、人間の幸福のために人間自身の手で合理的な法体系を作ろうとしたわけです。

法律用語の難しさ

今回は第五章「法律のあいまいさについて」から読んでいきます。第四章で、国民にはっきり分かる言葉で罰則が規定されるべきであると論じられていましたが、ここでは、それと反対に曖昧な言葉で書かれた場合のことを論じています。

> 法律の勝手な解釈が悪いことである以上、法律のあいまいさについても同じことがいえよう。なぜならそのばあい、法律は解釈される必要を生ずるからだ。法律が大衆のことばで書かれていないばあい、この不都合はまたずっとはなはだしくなる。
>
> 法律の条文が大衆にはわからない死語で書かれていて、神がかったような御宣託のようにぎょうぎょうしくしまいこまれていたのでは、それは一種の家内問答集でしかなくなってしまう。そして国民はじぶんの財産と自由に関して、とるべき態度をみずから判断することができなくなり、このために法律を解釈することのできる少数の者の従属の下におかれなければならなくなる。

法律が曖昧な言葉で書かれていたら、不可避的に「解釈」を施したうえで、適用せざるを得なくなります。だから、そもそも曖昧に書いてはいけないというわけですね。また、日常語ではなく、死語で書かれていたら、民衆にとっては呪文です。厳密に言うと、原文では、「死語」ではなくて、「民衆には疎遠な言語 una lingua straniera al popolo」という言い方になっています。これは直接的には、ラテン語のことを指しているのが明らかなので、「死語」と訳したのでしょう。ラテン語は、元々はイタリア人の言語だったわけですが、一八世紀には一般民衆には理解できない言語になっていたわけです。

一般民衆には理解できないというのは、同じ言語を使っていても起こることですね。今でも、法律の言葉は難しいという話をよく聞きます。実際、日本の法学では、「対抗要件」とか「要件事実」とか「行為無価値／結果無価値」とか、普通の日本語にはない言葉をやたらに使いますし、「又は」「及び」「若しくは」「あるいは」といった接続詞が法学ではどういう意味で使われるかとか、「みなす」には法学的に特別の意味があって、それが「推定する」とどう違うとか、呪文のような話がやたらと多いです。平成になってから、刑法と民法が現代語化されましたが、それだけで、普通の人間に理解できるようになるものではありません。ただ、そうは言っても、素人は頻繁に法律の条文を読むわけではないし、自分に関係ないところは読んでも理解できないということもありますので、細かい所は、法律の専門家に任さないといけないという感じもします。なかなか決着しない話です。

ルター

ルター（一四八六‐一五四六）は、聖書を民衆言語であるドイツ語に訳すことを宗教改革の一つの柱にしたわけですが、それと同じように、ベッカリーアは、民衆の言語によって法律を書くことを、法改革の一つの柱と考えていたのかもしれません。

どのように法の中身をみんなに知らせるのか?

だが反たいに、万人がこの神聖な法典を読むことができ理解することができるなら、もし法典が万人の手におかれたなら、犯罪はそれだけ減少するだろう。なぜなら、犯罪を犯す人間は、その犯罪に対して科される刑をよく知らないか、まったく知らないのだということはうたがいない事実だからである。刑罰が不確実であるということと無知とが、つねに人間の欲望と感情の雄弁を助けるのだ。ヨーロッパの国々の法律はほとんどこうした死語で書かれていることをかえりみて、こんな未開な習慣が、ヨーロッパのもっとも文明的な部分にいまもってはばをきかせていることに気がついたら、人々はいったい何というだろうか。

この反省から生れる結論はこうだ。——成文の法典なしには、社会はけしてしっかり固定した政体となることができない。この政体にいては、その権力は一部の成員にあるのではなく社会全体にあり、その法律は特定の個人の利害という衝撃によって変質されたり破かいされたりすることはなく、ただ社会の総意にもとづいてだけ改正される。

ベッカリーアは、人々が何が犯罪であり、それを犯したらどういう刑罰を受けるか予め理解していたら、理性的な判断に基づいて犯罪を犯さなくなるはずだと主張しているわけですね。かなり一般民衆を信用している感じですね。この辺は、典型的な啓蒙主義者の発想です。民衆の理解できない言語で法律を書いて、彼らを何が刑罰なのか分からない状態に置いている輩による支配から、民衆を救い出そうとしているわけですね。

また細かい訳の問題を言っておきますと、「成文の法典」は、原語では、〈scritura〉です。フランス語の〈écriture〉に当たる言葉です。「書かれたもの」、この場合は、「書かれた法律」「成文法」という意味です。「法典」というと、「憲法典」とか「民法典」等のように、一貫した論理に従って条文を並べ体系化したうえで、議会などの手続きを経て制定法にしたものを指すので、意味が強くなりすぎます。ただ、分かりやすい論理と言葉によって、「最大多数の最大幸福」という目的に適った法を作ろうとすれば、不可避的に、「法典」を作らないといけないことになりそうなので、「法典」という訳語でも間違いとは言えません。ベンサムは、「法典化」を明確に意識しています。

あと、「社会の総意」という部分は、原文では、〈la volontà generale〉となっています。つまり「一般意志」です。

人類の伝統というものが、人間がそのみなもとから遠くなるにつれて、どれほどしだいにうたがわしくなり、議論の余地を増すものであるかを、経験と条理はわれわれに示してくれる。だから、社会契約というこの動かない記念碑なしには、法律はどうやって時と、人間の欲望や感情とのおごりたかぶった力に対抗することができよう？

このことからもまた、印刷術が人類にとってどれほど有用なものであるかがわかる。法律という神聖な寄託物を少数の特権者の手から公衆の手に返したのは印刷術発明のおかげであった。文明の光にたえられない陰謀とわるだくみの暗黒精神——彼らは文明をけいべつするふりをしているがほんとうは文明をひどく恐れているのだ——をおいはらったのは印刷術である。こんにちヨーロッパにおいて、昔われわれの祖先をびくつかせていた凶悪犯が、前より少くなったとすればそれは印刷術のおかげである。またわれわれの祖先をかわるがわる圧制者にしたりドレイにしたりしたあの野蛮状態から、われわれが脱却できたとすればそれは印刷術のおかげである。

ここでベッカリーアは、「社会契約」としての「法」をエクリチュール化することの意義について論じています。まだ存在していない「法」の本質をどのようにして現前化するのかをめぐるルソーの議論とは違って、ベッカリーアは、活字の効果をめぐるシンプルな話をしています。

まず、いったん成立した「社会契約」を文章化することによって、時間が経ってもその内容がどういうものだったのか曖昧にならないですみます。次に、それが活字に印刷されることで、「公衆 il publico」に広く知られることになります。それによって、一部の知識人が無知な民衆を欺き続けることができなくなりますし、「公衆」の間で、より良き法律とは何かを探究できるようになります。

活字を通しての法の公開を通して、啓蒙が進んでいくと見ているわけですね。市民社会における、「公共性」の発展と、メディアの相関関係を明らかにしたハーバマス（一九二九- ）の議論の先駆のようなことを言っているわけです。

前回の最後に、市民が「法」を理解することの重要性を強調するベッカリーアの思想を、功利主義系のアーキテクチャ論と対比しました。この箇所で、その考えがより明確になっていますね。印刷術を通して法の中身が「公衆」に周知され、「法」をめぐる社会的合意（＝一般意識）が成立しているべき、と見ているわけです。単なる形式的合意ではなく、本当にみんなが自らの知性によって十分に分かったうえで、合意しているかが重要です。そのように周知されていれば、その時々の人々の意見や社会の変化に合わせて、「法」を改訂することも可能になるわけです。ベッカリーアの「罪刑法定主義」は、法律で犯罪の類型と刑罰を厳格に規定することだけでなく、その内容を、民衆が実質的に理解し、より良い法的規定を作るプロセスに参与することも重視しているわけです。自らの最大幸福を求める民衆の理性のポテンシャルを信頼していたと言えます。

「証拠 indizio」とは？　普通の人の「常識 senso」が裁くのか？

この後、細かい技術的な話が続きますが、哲学的に面白そうなところだけピックアップして見ていくことにしましょう。先ず、第七章「証拠と裁判形式」を読んでみましょう——四七章ヴァージョンでは、第一四章に当たります。裁判における法的論証の中で「証拠 indizio」をどのように位置付けるべきかという、単純なようで、結構難しい問題が論じられています。

裁判ではいろんな証拠が提出されますが、どのような証拠を裁判に関連あるものと見なし、相互にどのように関連付け、結論へと導いていくのかというのは、なかなか理論化しにくい問題です。ケース毎に実務家の経験に従って処理されていますが、一般的法則のようなものはなかなか見出せません。どのような証拠が出て来るかケース毎に全然違いますし、当事者たちが欲しいと思う証拠が出て来るとは限らないからです。実際に提出された証拠を、訴訟手続きに従ってどう扱うべきかということであれば、刑事訴訟法にかなりの理論的蓄積がありますが、それは必ずしも、「証拠」の論理学的ステータスについて掘り下げたうえでの議論ではありません。

ハーバマス

ここに、ある事実の確実性、とりわけ犯罪の徴憑力を測定するのに役立つ一般的な標準がある。

一つの事実の徴憑がたがいにつながり合っているばあい、いいかえれば諸徴憑がたがいに他のものによって証明され合うことなしには成立しないばあい、この種の証拠はいくらあっても何の役にもたたない。その事実の蓋然性は増すものではない。それらの徴憑のうち一つがくつがえされれば、のこりすべてもくつがえってしまうからだ。

これと反たいに、諸徴憑がたがいに独立しているばあい、いいかえれば各徵憑がはなればなれで成立しているばあい、それらの徵憑の数は多ければ多いだけ、その事実の蓋然性は増すことになる。なぜならそのうち一つの証拠が虚偽あっても、他の証拠には影響がないから。

「徵憑」という漢字が難しそうですが、これは「ちょうひょう」と読んで、一般的には「記し」とか「証拠」という意味です。刑事訴訟法の専門用語としては、「主要事実」、つまり法的効果を直接生じさせる事実の存在を、経験的に推認させる事実、間接事実を意味します。これを証明する証拠が「間接証拠」、あるいは「情況証拠」です――「情況証拠」は刑事ドラマでよく耳にしますね。〈indizio〉がイタリア語の法律用語として、「間接証拠」を意味するので、それに合わせて「徵憑」という専門用語を使ったのだと思いますが、今読み上げたところでは、〈indizio〉と、「証拠」一般を意味する〈prova〉という単語が混在して使われているので、専門用語で訳す必要はなかったのではないか、と思います。例えば、「一つの事実の徵憑がたがいにつながり合っているばあい」という箇所の「徵憑」の原語は〈prova〉の複数形の〈prove〉で、そのすぐ後の「いいかえれば諸徵憑がたがいに他のものによって証明され合うことなしには成立しないばあい」という箇所の「徵憑」は、〈indizio〉の複数形の〈indizi〉です。

ここで問題になっているのは、相互依存している証拠群と、単独で事実の証明になる証拠群の違いです。前者の典型的な例として、ある事実Xについての A さんの証言の信憑性を B さんが証言して、B さんの証言の信憑性を C さんが証言し、C さんの証言の信憑性を D さんが……と続いて、この「……」の最後の人の信憑性を A さんが証言するというような循環構造が考えられます。そして、この循環に属している人たちはお互いに知り合いで、X が事実であるということに関して、利害関係を共有しているとしたら、ベッカリーアの言う通り、このサークルは信用できないですね。このサークルのメンバーの数が増えたところで、Xが事実であるという「蓋然性 probabilità」が増すわけではありません。それに対して、Aさん、Bさん、Cさんたちが、お互いに何の面識もなく、利害関係がなく、お互いがどういう証言をしているか知らないにも関わらず、Xが事実であると証言しているとすれば、そういう人が増えるほど、「蓋然性」が増すと考えられます。

> 犯罪が罰せられるについては、その犯罪の確実性が必要である。それなのに、犯罪のことを語りながら、私が「蓋然性」などということばを使うことにおどろかないでいただきたい。厳密にいえば、心証形成というような精神作用に関しては確実性ということは蓋然性以外のなにものでもないのだ。なぜなら正常な感覚をもった人間が、行動の必要性から来る人間の一種の習性、頭の中で考えるすべてのりくつにさきだって人間を支配するあの習性によって、ある結論に達したとき、その「蓋然性」は確実性とみなされてさしつかえないものなのだから。
> だから、一人の容疑者を犯人と断定するために必要な確実性は、すべての人に日常、彼らにとって大切なことを決意させるあの同じ確実性にほかならない。

ここでベッカリーアは、「確実性 certezza」と「蓋然性」を区別しています。漢字で「確実／蓋然」と並べると、何となく同じことのように思えますが、「確実性」が、ほぼ間違いないことを指しているのに対して、「蓋然性」と訳されている〈probabilità〉、英語の〈probability〉には、「確率」という意味もあります。辞書を見ると、「ありそうなこと」とか「見込み」といった意味も出ています。「蓋然性」の方が、ずっと弱いわけです。

本当であれば、「犯罪」が行われたと認定するには、「確実性」が必要ですが、現実の裁判では「確実性」に達するほどの証明はなかなか困難です。
「心証形成」というのは、裁判における裁判官の「心証形成」、つまり証拠を通して内的確信を形成する過程のことですが、これは意訳しすぎです。「厳密にいえば、心証形成というような精神作用に関しては確実性ということは蓋然性以外のなにものでもない」という部分は、原文では、〈rigorosamente la certezza morale non è che una probabilità〉、つまり、「厳密にいえば、精神的な確実性は蓋然性以外のなにものでもない」という単純な表現です。言っていることは分かりますね。私たちが心の中で「確実だ！」、と思っていることはいくつかありますが、人間は神ではないので、絶対的に確実であるわけではありません。精々、これこれだったら、確実だろうという見込みしかありません。

もうちょっとだけ細かい訳の問題を言っておくと、ここの訳には少し省略があります。先ほどの〈rigorosamente la certezza morale non è che una probabilità〉の前に、〈Ma svanirà il paradosso per chi considera che ～〉というフレーズがあります。「しかし、～と考えている人にとっては、逆説は消える」という意味です。「～」には、この訳で段落の切れ目になっている、「さしつかえないものだから」という部分までが含まれます。構文的にややこしいし、なくても、実質的に大きな違いはないので、省略したのでしょう。

では、どういう時に、私たちは「蓋然性」に過ぎないはずのものを「確実性」だと思うのか？　それは、「正常な感覚を持った人間 unomo di bon senso」の目から見て、「行動の必要性から来る人間の一種の習性 una consuetudine nata dalla necessità di agire」と見なせるかどうか、ということです。平たく言うと、「人間とは○○の習性の動物だから、▽▽の状況であるとすれば、こういう行動をするのが普通だろう」、と思えるかということです。

「正常な感覚」と訳されている〈bon senso〉は、フランス語の〈bon sens〉、英語で〈common sense〉に対応し、通常は、「良識」とか「常識」という意味です。ここでは、他の人間の習性的な行動についての認識を問題にしているので、「正常な感覚」と訳したのでしょう。ベッカリーアは、「正常な感覚の人間」を想定して、その人が納得できるかどうかを一つの基準にしていますが、現代の法学では、「通常人（reasonable man）の基準」という言い方をします。刑事裁判や不法行為に対する損害賠償請求訴訟などで、当事者の行為の妥当性を判定する時に、「理性的な分別のある人 reasonable man」の目から見てどうなのか、それは人として当たり前のリアクションなのか、というようなことを論じる際に持ち出される概念です。無論、「通常人」とは一体どのような人なのか、と改めて問われると、明確に答えるのは難しいでしょう。現代の法学者は、あまり本気で信じていないと思います。啓蒙主義の人であるベッカリーアは、人間の「良識」の普遍性を素朴に信じている感じですね。

この後、「証拠」にはそれ単独で刑の宣告を許す「完全証拠」と、多数取り揃えないとその効果を発揮できない「不完全証拠」があるという話をして、また内面における［確実性≠蓋然性］に話を戻します。

しかし証拠のこの精神的無形の確実性は、これを定義づけるよりも、感覚で感じるほうが容易なものである。私が次のような法律を賢明であると思うのはそのためである。これは二、三の国でおこなわれていることだが、主席判事に数名の陪審員をつけるのである。そしてこの陪審員は司法官が指定するのではなく、くじびきで自由に決められる。この方法がなぜいいかというと、判断にさいして、無知な者は直感によって判断するから、法律に通じた者がふたしかな見解から判断するよりも、あやまりにおちいることがすくないのである。

「陪審員 assesori」を使った方がいいという議論ですが、理由付けが面白いですね。専門的な裁判官の「見解 opinione」よりも、くじびきで選ばれた法律に無知な人の「直感（感情）sentimento」の方があやまりに陥る可能性が少ないということですね。専門家の「見解」よりも、素人の「直感」の方が信用できるというのは、おかしな理屈のような感じがしますが、ここで問題になっているのは、法律の解釈、適用、訴訟の進行などではなく、あくまで証拠の評価における「精神的確実性」、「正常な感覚」を持った人から見ての行動の蓋然性です。人がどういう状況であればどう振る舞うかという見込みに関しては、法律の知識をたくさん詰め込んで、物の見方が硬直化している法律家よりも、素人の方が「常識 bon senso」に沿った判断ができるというのがベッカリーアの主張です。

日本の司法制度改革の一環として裁判員制度を導入した際、判例解釈のフォーマットに縛られているプロの裁判官よりも、素人の方が日常的な感覚に従って自然な事実認定ができるという議論がありましたが、ベッカリーアが言っているのはそういうことです。ベッカリーアは、素人の「常識」を素朴に信じすぎている感じがしますが、神によって法が作られたという見方がまだまかり通っていた時代に、法律を知らない庶民の「常識」を事実認定の基準にしようという彼の提案は画期的だったと思います。

法律が明確にできていれば、裁判官の任務は事実の確認だけである。もし犯罪の証拠調べをするにあたって腕前と熟練がいるとすれば、またもし、証拠調べの結果そのものにしたがって判決をするために、証拠調べの中からその結果を出すやり方に明確さが必要だとすれば、それはただの常識でたくさんだ。このただの常識という道案内のほうが、いたるところに犯人を求めることしかせず、彼が受けた教育にしたがって作りあげた彼じしんの体系になんでも還元することにばかりなれた裁判官の知識よりも、まちがいのないものである。

法律の知識が一つの「学」になっていない国はなんとしあわせなことだろう!

かなりラディカルな見解ですね。ベッカリーアは、専門家としての法律家が必要になるのは、「法律」が明確でなく、普通の人には理解しにくいからだと見ているようですね。「明確に」というのは、原語では〈chiaro〉と〈preciso〉という二つの形容詞で、英語だとそれぞれ〈clear〉と〈precise（正確な）〉に当たります。法律がクリアで正確でありさえすれば、「犯罪の証拠調べ il cercare le prove di un delitto」をきちんとやることで、答えは出るはずだと、ということですね。

そこで必要になるのは、裁判官の「知識 il sapere」よりも、普通の人の「常識 senso」だというわけです。裁判官は、現実に起こったことを、自分が学んだ知識の体系に無理やり当てはめてしまうので、認識に歪みが生じる。素人の方が、普通の人間の「常識」に素朴に従うので、より信用できるというわけです。ベンサムは、刑法をはじめ、法体系全体を功利主義の原理によって科学化しようとしたわけですが、法は「学 scienza」になっていない方がいい、というのがベッカリーアの主張です。

> また、次のような法律も賢明なものであり有用である。すなわち各人をその同じ身分の者によって裁かせるのだ。なぜなら問題がある市民の自由とか財産とかにかかっているばあい、身分の不平等がふきこむ感情はすべて口をつぐまなければならないから。そして、権勢のある者が弱者をみくびるあの軽蔑、下層階級の者が身分のある者にいだくあのいきどおりの気持は、私がいうような裁判ではおこる余地がない。

ここは、現代人とはかなり違う感覚ですね。身分制社会に生き、身分の存在を現実として受け止めていたベッカリーアは、身分や立場の違いを超えて公平に裁くという理想を高らかに掲げるのではなく、身分ゆえの偏見や依怙贔屓がなるべく入り込まないように、同じ身分の人に裁かせるようにすべき、と主張しているわけです。ある意味、現実的な発想をしているのですが、それで偏見を取り除けるかというと、結構疑問ですね。

「汚辱」と「拷問」で、魂は救えるのか？

この論点に限らず、この著作には現代人の感覚からすると、首をかしげたくなるような、当時の社会情勢や世界観を反映したような議論がしばしば出てきます。例えば第一二章「拷問について」をご覧下さい——四七章ヴァージョンでは、第一六章です。岩波文庫版では一四頁の分量があります。基本的には拷問は野蛮だという主張です。有罪かどうか分かる前に、刑罰を加えるのはおかしいし、肉体的苦痛で圧力を与えて得られる〝自白〟など信用できない、という現代人から見て至極もっともな議論をしています。終わりの方で、現代人には少々イメージしにくい問題が取り上げられています。

> 拷問の慣行のもう一つのこっけいな動機は「汚辱をきよめる」ためだ。すなわち法律で「汚辱」を宣告された者は骨をくだかれるあいだに自白をし、このことによって身をきよめねばならないのだ。こんな野蛮な慣行が十八世紀の時代にゆるされていいのか。
>
> 感覚の一つである苦痛が、モラルの関係に属する汚辱《おじょく》を消す効果があるのだろうか？　苦痛はるつぼで、汚辱はそこにふくまれている一さいの不純物をとり去るためにるつぼに入れられるまざりものだとでもいうのだろうか。

ここで言われている「汚辱 infamia」は、宗教的な観念ですね。日本的な言い方をすれば、「穢れ」です。「汚辱」を「きよめること＝浄化 purgazione」が、拷問の目的として考えられていたわけです。「浄化」というのは、宗教的な行為ですね。そういうものを一つひとつ批判していかねばならなかったのでしょう。

　現代だったら、刑法に限らず、法律は特定の宗教の価値観によって左右されてはならず、当然、「汚辱」とか「浄化」のような特定の宗教や形而上学を前提にしないと成り立たないものを、法律に基づいて認定して、それを人間の身体に対して実行するというのは考えられないことですが、ベッカリーアの時代にはまだそういう考え方が残存していたわけです。

　それに対する彼の批判の論理が面白いですね。苦痛は身体的な「感覚 sensazione」に属することであり、「汚辱」は「モラルの（精神的）関係 rapporto morale」の問題である。次元が異なるはずなので、たとえ「汚辱」なるものが実在するとしても、身体的苦痛によってそれを消滅させることはできるはずがないではないか、と言っているわけです。「るつぼ un crogiuolo」の譬えが分かりにくいですが、これは恐らく、理科の実験で食塩水を熱して、水を飛ばすようなことを考えたらいいのではないかと思います――厳密には、あれは「蒸発皿」と言いますが、そういうことには拘らなくてもいいでしょう。また、有機化合物を熱したら分解する、というイメージで考えてもいいかもしません。化学実験で使われる「坩堝」は、不純物を分離するというより、常温だと混ざりにくい物質同士を溶融することに使われることの方が多いようですが、一八世紀の話だし、ベッカリーアに化学の方面のちゃんとした知識があったとは考えにくいので、あまり厳密に考える必要はないでしょう。熱すれば、いろんな不純物が〝蒸発〟するというような漠然としたイメージを持っていたのかもしれません。あと、「汚辱」を「浄化」するという話なのだから、人間の身体が「まざりもの」で、それを「坩堝」で熱することで「汚辱」が蒸発するという譬えにした方が良かったような気がします。否定すべき迷信の譬えなので、適当な比喩になってしまったのかもしれません。

汚辱は法律によっても、理くつによっても律せられる性質のものではない。それはつねに社会通念の生むものなのだ。

拷問はかえって拷問のぎせいとなった者に汚辱を与えるものでしかないではないか。だから、こんなふうに汚辱によって汚辱をきよめようとするなんて、理くつにもならないばかげたことだ。


「汚辱」は、「社会通念＝共通の意見 opinione commune」によって生み出されていると言っていることがポイントです。つまり、「汚辱」という実体がどこかに実在するわけではなくて、社会を構成する多くの人が「〇〇には△△という汚辱ある」と思っているから、「汚辱」が〝存在〟することになるわけです。人々の共同幻想の中にある「汚辱」なので、本人の身体をいたぶっても、消えるはずはありません。逆に、拷問を行うことで、その人はやはり汚れていたんだ、という印象が強まるだけです。「汚辱」が増幅されていくメカニズムを分析しているわけですね。


このばかげた法律の起源にさかのぼることはむづかしいことではない。なぜなら、ある国全体が採用しているようなばからしさは、つねにその国民によってうちたてられ、尊重されている他の理念とむすびついているものだから。

拷問によって汚辱をきよめるという風習も、もとをただせば宗教の「行」（ぎょう）の中に見出されるようだ。「行」はあらゆる国、あらゆる時代において人々の精神の上にきわめて大きな影響をあたえてきた。

人間がその人間的な弱さによってふれてしまったけがれが、至高の神のおいかりを受けるにあたいしないていどのものであるとき、その罪は地上の世界であの不可解な火によってきよめられるのが習慣だったことをキリスト教の教義はわれわれに示してくれる。汚辱とはいわば市民としての汚点である。だから煉獄の苦しみと火とが信仰上の汚点をきよめるものである以上、尋問にさいして加えられる苦痛が市民としての汚点である汚辱をぬぐいさらないはずはない――というわけなのだ。

ベッカリーアは、「拷問」によって「汚辱をきよめる」という法律的慣習の起源は、やはり、宗教にあると見ているわけですね。訳では「行」という言葉が使われていますが、これは原文にはありません。原文では、単に「風習」という表現が使われているだけです。この訳の二段落目の部分は原文では、こうなっています：〈Sembra questo uso preso dalle idee religiose e sprituali, che hanno tanta influenza sui pensieri degli uomini, sulle nazioni e sui secoli.〉直訳すると、「この風習は、人々の思考、諸国民、諸世紀に大きな影響を与えた宗教的・霊的観念に由来しているように思える」です。日本語で「行」というと、山伏とかの修行のようなものを連想してしまいますが、原文からすると、必ずしもそういう特殊な営みのことではなく、もっと一般的な観念として捉えているような感じですね。

「人間がその人間的な弱さによってふれてしまったけがれが、至高の神のおいかりを受けるにあたいしないていいどのものであるとき」という言い方が少し分かりにくいですが、これは恐らく、「最後の審判の時に、復活して神から直接裁きを受けるに値しない」、という意味だと思います。「至高の神の怒り」は、原文では、〈l'ira eterna del Grand'Essere（至高の存在の永遠の怒り）〉となっていて、「永遠の」という形容詞が入っているので、「最後の審判」を指していることがより強く示唆されていると思います。「最後の審判」の裁きは、永遠の裁きです。

「その罪は地上の世界であの不可解な火によってきよめられるのが習慣だった」というのも、分かりにくいですが、これは旧約聖書の『民数記』に、神に背いた者がいた時、神が火を熾して、罪ともども罪を犯した人たちを焼き尽くすという話が出ているので、そのことを言っているのだと思います。この火の意味については、ベンヤミン（一八九二―一九四〇）が、『暴力批判論』（一九二一）で論じています――これについては、私の著書『ヴァルター・ベンヤミン』（作品社、二〇一一）の中でコメントしています。旧約聖書には、祭壇の上の生贄を焼いて神に捧げる燔祭の話が何回か出てきます。旧約の世界には、「火」によって浄化するというイメージがあったようです。

「煉獄の苦しみと火とが信仰上の汚点をきよめるものである以上」というところは、原文では、〈〜debbono da un fuoco incomprensibile esser purgate（不可解な火によって浄化されるとすれば）〉というシンプルな表現になっています。この「不可解な火」というのを訳者の風早さんは、「煉獄の火」と解釈したのでしょう。カトリックの教義には、罪を犯したのでストレートに天国に行けない人は、いったん煉獄に行き、そこで魂が炎に焼かれることによって浄化される、とされています。ダンテ（一二六五－一三二一）の『神曲』（一三〇九？－二〇）でも、「煉獄」の様子がかなり詳細に描かれています。日本語では「煉獄」という難しい漢字を使うのでイメージしにくいですが、イタリア語では〈purgatorio〉、英語では〈purgatory〉、つまり「浄化する場所」という意味です。

「市民としての汚点 la machia civile」というのも面白い表現ですね。〈civile〉という言葉は、ここでは、精神的・宗教的なものと対比する意味合い、「世俗的」という意味合いで使われているのだと思います。魂の汚れが神の火によって焼かれて浄化されるのとパラレルに、尋問に際しての拷問によって「市民としての汚点＝社会的汚辱」が清められるという風に考えられているのではないか、ということですね。勿論、ベッカリーア自身は、そういうパラレルな関係の設定はおかしくないか、と示唆しているわけです。

うたがう余地もない正しい光明であるはずの「啓示」を人間はこのように濫用してきたのだ。啓示と

『神曲』の煉獄の場面

ダンテ

ベンヤミン

いう光明は、あの無知な数世紀をてらすたった一つのあかりであったから、生来盲従的な人類はことごとにこの光明に頼りながら生活のあゆみをすすめてきた。しかしそれはこのようにまちがった、そして本来のものからへだたったものとして彼らの生活に適用されてきたのだ。

先ほどの言い方からすると、ベッカリーアは、「汚辱」というおかしな観念を生み出した宗教自体を問題にしているようにも見えますが、やはりここでも、キリスト教の本質である「啓示 Rivelazione」自体は問題にせず、むしろ改めて賛美し、それを歪めた形で応用し、法を作ってきた人間たちを問題にしようとしているわけです。

ここに私が説明してきた理論を、ローマの立法者はすでにとりあげていた。彼らは拷問をドレイにだけ——市民社会から一さいの権利、一さいの保護をこばまれている人種であるドレイだけに対して許していた。

この理論はイギリスではすでに実さいに適用されている。この国の学術の進歩ぶり、通商での優位、したがってその富と力、世界中の手本になる政治上の勇気と徳、これらがすべて、この国の立法の正しいことを証明しているあのイギリスで。

奴隷を引き合いに出していることは、現代人の感覚としては引っかかりますが、言いたいことは分かりますね。市民権を持っている同胞に対して、犯罪者であるか否か分からないうちから、「汚辱」が〝ある〟と一方的に宣告し、それを清めるという名目で、権利を奪ってしまうのはおかしいということですね。訳では「市民社会から一さいの権利、一さいの保護をこばまれている」となっていますが、原文では、〈~tolta ogni personalità（いかなる人格性も剝奪されている）〉というシンプルな表現になっています。「人格性」というのは、この場合、権利の主体としての能力を持っているということです。対等な権利主体によって構成される市民社会には、「汚れ」というような概念は相応しくないわけです。そうした進歩した市民社会のモデルが、学術や通商の面でも先進国である英国だったわけです。

これと関連して第一八章では、「汚辱刑 Infamia」について論じられています。この場合の「汚辱」は、形而上学的な「汚れ」ではなく、刑罰として、公衆的に非難すること（la pubblica disapprovazione）によって、その人物から社会的尊敬や信頼、同胞との繋がりを奪うことです。ベッカリーアはこの「汚辱刑」の方は肯定しています。むしろ、名誉心からわざと刑罰を受けてやろうというような態度の、確信犯的な犯罪者に対しては、肉体的苦痛を与えるよりも、「汚辱刑」の方が効果的だとさえ述べています。現代人である我々にとっては、かなり意外な感じがしますね。形而上学的な「汚れ」のようなものを前提としないで、単純におかしなことをした人に対して、ペナルティとして社会的に不名誉なレッテルを貼ることには、意味があると見ているわけです。

ただし、「汚辱刑」を科すのはあくまでも、世間の人が社会的に不名誉だと思うような行為をした犯罪者に限るべきであり、社会通念と乖離した形で「汚辱刑」を定めると法律は尊敬されなくなるし、道徳や誠実さが廃れることになる、とも述べています。

時効って何？

次に第一三章の「訴訟期間および時効について」を見ておきましょう。最初に、速やかに処罰が行われないと抑止効果が薄れるということから、「訴訟期間」はできるだけ短くすべきことを述べています。次いで、軽い犯罪であれば、悪い先例になる恐れは少ないし、逃げている間に更生する可能性もあるので、時効を認めてやるべきことが述べられています。

そのうえで、犯罪の重さに応じて、証拠調べの期間と時効期間を加減し、未決拘留期間や、捕まるまで逃亡していた期間＝自己追放期間を、宣告する刑の中に算入してもいいのではないか、と示唆します。ただ、それは必ずしも、犯罪の重大さに比例して証拠調べ期間と時効期間の双方を共に増減させるということではないとも述べています。凶暴な犯罪に関しては、それが起こるのは極めて稀であり、被告人が無罪である確率も高いので、証拠調べの期間は短縮し、時効期間は延ばすということが考えられる、としています。重大な犯罪なので、時効期間は長く取るべきだけど、訴訟を長引かせて、無罪かもしれない人を苦しめるのはよくないので、迅速に判決を出すべき、という理屈です。

ベッカリーアはそうした自分の考え方の背景について、次のように述べています。

犯罪は二種類に区別することができる。第一の種類に属するのは殺人からはじまってそれ以上あらゆる極悪な犯罪、第二の種類に属するのは殺人より軽い犯罪である。

この分け方は自然の法則からみちびかれたものである。生命の安全は自然の権利であり、財産の安全は社会的な権利である。人を殺人から遠ざけさせるあわれみの心――この自然の感情をおしころしてしまう動機はこの世にはほんのわずかしかない。だが反たいに、誰もが安楽な暮しを得たいと血まなこになっているし、所有権は人間の心にきざまれているものではなく社会契約の産物にすぎないのだから、人々にこの契約を侵させる動機はいくらでもあるわけだ。

「自然の権利 diritto di natura」と「社会的な権利 diritto di società」が区別されていますね。前者は、「人間本性」――訳では、「自然の法則」となっていますが、原文では〈natura umana〉なので、「人間本性」と訳すべきでしょう――に由来するものであるのに対し、後者は、「社会契約（社会の取り決め）le convenzioni convenzioni della società」に由来するというわけですね。ロックやルソーの社会契約論では、「生命の安全 la sicurezza della propria vita」と「財産の安全 la sicurezza dei beni」は基本的にセットで扱われます――ロックの場合はいずれも自然権、ルソーの場合はいずれも社会契約に由来する権利と見なされるわけですが。それに対してベッカリーアは、前者の方が「人間本性」自体に基礎付けられる根源的なものであるのに対し、後者は、社会的決めごとに由来する相対的なものだと見ているわけです。

前者については、各人に内在する「哀れみの心 pietà」によって守られているということですね。この「哀れみ」というのは、恐らく、ルソーの『人間不平等起源論』に出て来る、「哀れみ」から借用した概念でしょう。この著作でルソーは、自然状態にあり、まだ反省的自己意識があまり発達していない「野生人 l'homme sauvage」にあっては、「自己愛 l'amour de soi」と「哀れみ pitié」の間のバランスが取れていたことを示唆します。「哀れみ」というのは、苦しんでいる同胞を見た時に、理性を介することなく、自然に発動する情です。「哀れみ」があり、また「自己愛」が自己保存の範囲を超えて拡大していくことはなかったので、「野生人」たちは、弱者を苦しめて、食べ物を取り上げたりすることはなかった、というのがルソーの「自然状態」観です。

ルソーの議論では、私的所有の始まりによって「自然状態」が崩壊し、「社会」が生成していく過程で、「哀れみ」は次第に失われ、自らを他者よりも優位に置こうとする「自尊心 amour-propre」が強まってい

「自然の権利 diritto di natura」

〈natura umana〉：「人間本性」に由来、ベッカリーアは、「自然の権利」は「人間本性」自体に基礎付けられる根源的なものであるとする。「生命の安全」は自然状態に由来する自然権。
各人に内在する「哀れみの心 pietà」によって守られている。
⇒ルソーの影響（？）
ベッカリーアは、「社会」に生きる我々の内にも「哀れみ」が働いているとする。

「社会的な権利 diritto di società」

「社会契約（社会の取り決め）le convenzioni convenzioni della società」に由来。

※ロックやルソーの社会契約論では、「生命の安全 la sicurezza della propria vita」と「財産の安全 la sicurezza dei beni」は基本的にセット――ロックの場合はいずれも自然権、ルソーの場合は、いずれも社会契約に由来する権利。

ベッカリーア

社会的決めごとに由来する相対的なものだと見ている。

↓

人間本性に由来する「自然権」に対する侵害を意味する、殺人以上の犯罪と、社会的取り決めによって調整可能な犯罪では質が違う、だから、時効や証拠調べの扱いも違うものになって当然だとベッカリーアは主張する。

くことになりますが、ベッカリーアは、「社会」に生きる我々の内にも「哀れみ」が働いている、と考えているようですね。

人間本性に由来する「自然権」に対する侵害を意味する殺人以上の犯罪と、社会的取り決めによって調整可能な犯罪では質が違うので、時効や証拠調べの扱いも違うものになって当然だとベッカリーアは主張しているわけです。

第十四章「未遂・共犯・共犯密告者に対する刑罰免除について」では、法はそもそも何を罰するのか、という興味深い問題が言及されています。


法律はたんなる意思を罰することはできないが、だからといって、ある犯罪を犯す意思の表示である実行の着手があったばあい、これは刑罰に値するとみなければならない。ただしこの刑はその犯罪の既遂のばあいより軽くなければならない。

この刑罰が必要なのは、犯罪はそれがたとえ着手のほんの第一歩の段階であっても予防しなければならないからである。しかし未遂犯と既遂犯のあいだには距離がありうるから、既遂犯にはより重い刑を科すことによって犯罪の実行に着手した者にその遂行を思いとどまらせる契機を与えることが適切である。


宗教であれば、「心」の「汚れ」を浄化するために儀礼を行うということがありますが、刑法は、「最大多数の最大幸福」を目的とする社会契約に従って、違反者を罰するためのルールの体系ですから、「心」の中で起こっていることを裁くわけにはいきません。法は「意思＝意図 intenzione」を罰することはできない。何度もお話ししているように、ベッカリーアはキリスト教の本質である「啓示」を否定しないように注意しながら、宗教的・形而上学的な論理を「法」から排除しようとしているわけです。

しかし、その理屈からすると、まだ犯罪を犯していない〝未遂犯〟を裁くことはできなくなる。そこで、「ある犯罪を犯す意思の表示である何らかの実行（行為）quale azione che manifesti la volontà di eseguirlo」があるかないかに注目するわけです。純粋に「意思」だけだったら、罰することはできないけど、その「意思」の実現に向けての具体的な「行為 azione」が確認できれば、その行為を罰することができるわけです。

「未遂 attentato」の場合、実際には被害者に具体的な害を与えていない場合もあるので、それを罰するのはどうかという気もしますが、そこには「予防」という要因が入ってきます。「犯罪」を予防して、社会全体の「安全」を保つためには、意図を実際の行動に移した場合には罰する必要があるわけです。具体的な被害だけでなく、社会の安全も考慮して罰することになるわけです。ただし、既遂犯と未遂犯を同じように扱うと、未遂犯がどうせ同じことだと思って、完全に実行してしまう恐れがあるので、刑に差を付けることで、途中で思い留まらせやすくするべきだというわけです。

刑罰の哲学

次の第十五章「刑罰の緩和について」では、刑罰の目的についてもう少し哲学的に掘り下げて論じられています。先ほどの「拷問」の話を念頭に置いて読むと、面白いです。

> 刑罰の目的は、感覚的存在である人間をさいなみ苦しめることでもなく、すでに犯された犯罪を犯されなかったことにすることでもない。――このことはこれまでに展開してきた数々の真理によってあきらかに論証された。

拷問の章でも、刑罰は「感覚的存在 un essere sensibile」である人間の身体に苦痛を与えることで、「浄化」することではないと述べられていましたね。「犯された犯罪を犯されなかったことにする disfare un delitto già commesso」ことは、文字通りの意味で考えれば、不可能ですね。人間は神ではないので、既に起こったことを起こらなかったことにすることはできない。犯罪が犯されたという事実は残る。

では、一体何のために罰するのか。

政体というものが、欲望や感情のままに動かされるどころか、個々人の欲望や感情に制限を加え調節することをもっぱらの任務とするものである以上、この政体によって無用なざんこく行為がなされることが、専制君主の怒りと熱狂とおくびょうの道具であったざんこく行為がまた用いられることが、どうしてあってよかろう。せめ苦のさ中にある不幸な男の叫びが、ふたたび帰ることのない過去のふところの中から、すでに犯されてしまった行為を引きもどすことができようか？　いや違う、刑罰のその目的として、犯人が以後社会に侵害を加えないこと、又犯人の周囲の者を罪の道から遠ざけることと――これだけを目ざしているにすぎない。

犯罪者の身体に苦痛を加えたところで、「既に犯された犯罪」が犯されなかった時点にまで事態を引き戻すことはできない。だから、犯罪者の身体に苦痛を与えるだけの残酷な刑は、無意味だということになります。かつての残酷な刑は、「専制君主（僭主）tiranni」の弱さから出たものにすぎない。

社会契約に基づく、刑罰の「目的 il fine」は、犯罪者が新たな犯罪を犯さないようにすること、そして、その刑の執行を見た、周囲の人が犯罪を犯さないようにすること、それに限る。現代の刑法用語では、前者を「特別予防」、後者を「一般予防」と言います。

「政体 un corpo politico」の任務は、「個々人の欲望や感情に制限を加え調節すること」――原文では、「個々人の情念の穏健な調整者 il tranquillo moderatore delle passioni」という言い方になっています――であるという見方は、興味深いですね。刑法は、個人の情念に働きかけるのだけど、それは、苦しみを与えて罪を浄化するためではなく、おかしな方向に情念が向かないように、やんわりと調整するためだというわけです。ベンサムの刑罰論はこうした考え方をもっと徹底してしまう。ベンサムは、「最大多数の最大幸福」に反する逸脱行動をしようとする人に、「サンクション（賞罰）sanction」を与えることで、そうした行動を抑制させると共に、欲望の方向性を矯正することを立法の目的として掲げました。自分の一時的な幸福のために、「最大多数の最大幸福」に反する行為をすれば、刑罰を科されて、大きな苦痛を受ける可能性があることを予め計算し、そういう行為をしないように仕向けるわけです。そうした「サンクション」の究極の形態が、「パノプティコン」です。

ベッカリーアやベンサムは、刑法を通じて人々の「情念」をコントロールすることが、「最大多数の最大幸福」に繋がると考えているわけです。彼らはそれが人々の幸福に繋がると信じていたわけですが、批判的な見方をすれば、宗教と法の分離を提唱しながらも、人々の内面の「情念」を人為的にコントロールする、徹底した管理権力を志向している、ということになるでしょう。

あと、ベッカリーア自身は意識していたかどうか分かりませんが、〈un corpo politico〉の〈corpo〉は、英語の〈body〉やフランス語の〈corps〉に相当する単語で、「団体」「集合体」という意味に加えて、「身体」という意味もあります。この言葉の意味の二重性については、初回にルソーのテクストについて説明しましたね。この箇所で、〈corpo〉に「身体」の意味が込められているとすれば、「政体」というのは、人々の「身体」に生じる「情念」を調整する、仮想の「集合的身体」ということになりそうですね。そうなると、フーコーの権力論っぽい感じになって面白いですが、断言は避けておきましょう。

だから、いろいろな刑罰の中から、また犯罪に応じてそれらの刑罰を適用するやり方の中から、民衆の精神にもっとも強く作用し、もっとも長つづきのする印象を与え、しかも同時に罪人のからだに対してはできるだけざんこくでない作用をおよぼすような方法をえらばねばならない。

人々の「精神 animi」には、「最も強く（効果的に）、かつ最も長続きする印象 una impression più efficace e più durevole」を与える一方で、犯罪者の「身体 corpo」に対しては、「できるだけ残酷でない作用」を与えるような刑罰を選ぶべきだということですね。「精神」と「身体」の二分法を前提にして、前者にだけ作用するような方法が最善だと考えているわけです。「身体」的な苦痛を和らげようとしながら、他方では、「精神」に効率的には働きかけるというのは、まさにフーコーが描き出した、近代的な管理権力の特徴ですね。

およそ一つの刑罰がその効果をあげるためには、犯罪者がその刑罰によって受ける損失が、彼が犯罪によって得た利益をこえれば十分なのである。このばあい、処罰の確実さと、犯罪者が犯罪から得た利益が刑罰を受けることによって消失することが、利益をこえる損失の部分に算入されなければならない。

これから犯罪を犯そうとする人が、「犯罪による利益（善）il bene che nasce dal delitto」と、「刑罰によって受ける損失（悪）il male della pena」とを比較考量して、思い留まるように刑を設定すれば、十分だと

社会契約に基づく、刑罰の「目的 il fine」は、
「特別予防」＝犯罪者が、新たな犯罪を犯さないようにすること。
「一般予防」＝刑の執行を見た、周囲の人が犯罪を犯さないようにすること。

⬇

「政体 un corpo politico」の任務は、「個々人の欲望や感情に制限を加え調節すること」。刑法は、個人の情念に働きかけるが、それは、苦しみを与えて罪を浄化するためではなく、おかしな方向に情念が向かないように、やんわりと調整する。

ベンサムの刑罰論はこうした考え方をもっと徹底する。

「最大多数の最大幸福」に反する逸脱行動しようとする人に、「サンクション（賞罰）sanction」を与えることで、そうした行動を抑制させると共に、欲望の方向性を矯正することを立法の目的として掲げる。自分の一時的な幸福のために、「最大多数の最大幸福」に反する行為をすれば、刑罰を科されて、大きな苦痛を受ける可能性があることを予め計算し、そういう行為をしないように仕向ける。そうした「サンクション」の究極の形態が、「パノプティコン」。

※ベッカリーアやベンサムは、刑法を通じて人々の「情念」をコントロールすることが、「最大多数の最大幸福」に繋がると考える。彼らはそれが人々の幸福に繋がると信じていたわけだが、批判的な見方をすれば、宗教と法の分離を提唱しながらも、人々の内面の「情念」を人為的にコントロールする、徹底した管理権力を志向している、ということになる。

いうわけですね。「犯罪から得た利益が刑罰を受けることによって消失すること」というのは、窃盗や恐喝で何かを得ても、捕まったらそれを没収されるということでしょう。犯罪による利益をX、刑罰によって受ける損失をY、ばれる確率をPとすると、X×(1-P)<Y×Pであれば、得られる利益の期待値がマイナスになってしまうので、そういう計算が成り立つ場合は、理性的な人間はそんなことをしないというわけです。人間には、そうした功利計算をできるだけの理性があるという前提の下で、刑罰を考えようとしているわけですね。

この章では、残酷な刑罰を与えすぎると、逆効果が出るという話もしています。

刑罰が残こくになればなるだけ、――いわば法律の残忍さの水準にしたがって――人間の魂はかたくなになる。このようにすすんでいけば、百年後には車刑さえもかつての禁固ほども恐れられなくなってしまうだろう。

刑罰が残ぎゃくであればあるだけ、犯人は刑罰をのがれようとする。多くの犯罪はまさに、はじめの刑をのがれようとしてかさねられたものなのだ。

おそろしい刑罰が習慣化されていた時代や国では、もっとも極道な犯罪も習慣化していた。立法者に血の法律を示唆したその同じ気風が、暗殺者や親殺しの手にあいくちを示唆したのだ。君主は高い王座から鉄のムチのみによって治め、ドレイたちは圧制者を血祭りにあげ、それはまた新しい圧制者をみずからむかえる結果にしかならないのだった。

比較的シンプルな理屈が三つ示されています。最初は、刑罰の残酷さをどんどん増していけば、それに人々の精神が慣れてしまって、潜在的犯罪者にあまり脅威を与えられなくなる、という理屈です。「いわ

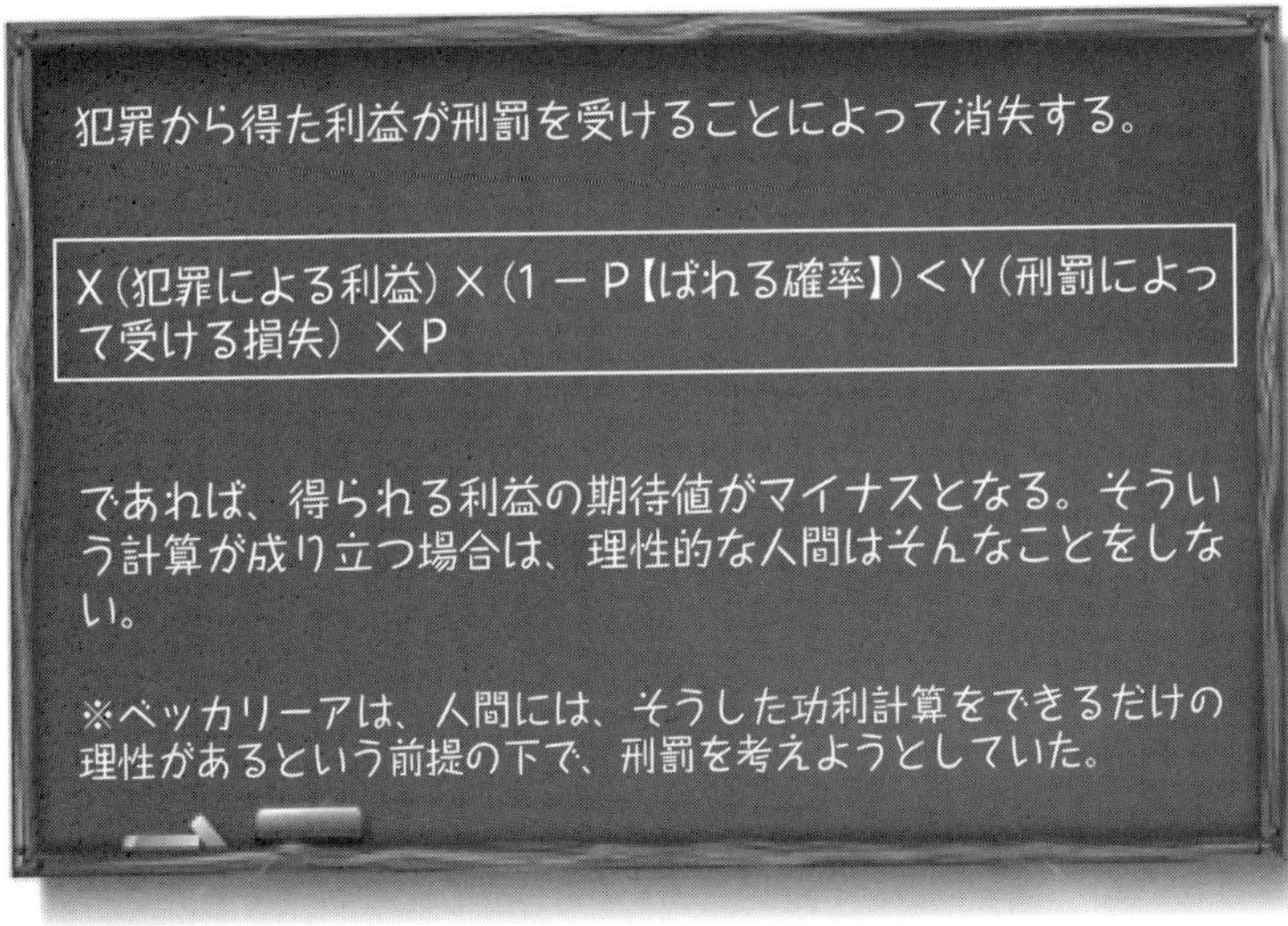
犯罪から得た利益が刑罰を受けることによって消失する。
X（犯罪による利益）×（1 − P【ばれる確率】）< Y（刑罰によって受ける損失）× P
であれば、得られる利益の期待値がマイナスとなる。そういう計算が成り立つ場合は、理性的な人間はそんなことをしない。
※ベッカリーアは、人間には、そうした功利計算をできるだけの理性があるという前提の下で、刑罰を考えようとしていた。

ば法律の残忍さにしたがって」というところは、原文では、〈come i fluidi si mettono sempre a livello con gli oggetti che li circondano（液体が常にそれを取り巻く対象の水準面に合わせるように）〉となっています。「液体」が「精神」で、「それを取り巻く対象」が、残酷な刑罰を規定する刑法に当たります。「いわば法律の残忍さにしたがって」という表現は、モルレのフランス語訳の該当部分に、〈pour ainsi dire, au niveau de la férocité des loix〉と書かれているので、これから取ったのでしょう。モルレがかなり意訳しているわけです。

第二は、刑罰があまりにも怖いと、何とかそれを逃れようとして、更に罪を重ねる者が出て来るというものです。犯罪者が自暴自棄になるような刑罰だと逆効果だというわけです。第三は、残酷さが文化のようになり、統治者自らが刑罰を通して残酷さを実践すると、それによって犯罪者たちがより残虐な行為へと刺激を受けるようになる、という理屈ですね。暴力的に支配すれば、暴力によってそれに挑戦する者が現れてくる恐れが強まるのと、残酷な刑罰のせいで、残酷な犯罪へと刺激される人が出て来ることが、パラレルな関係にあると見ているわけです。

これらは人々の文化やメンタリティの面から見た逆効果ですが、ベッカリーアはこれに加えて更に、「残虐な刑罰」が刑法を中心とする法システムに対してもたらす逆効果も論じています。

刑罰が残こくであることは、このほかにまだ二つの有害な結果――犯罪予防という刑罰の目的とは逆な結果――を生む。

第一に。無数の犯罪と刑罰の間に、正しいつり合いを規定することはひじょうにむずかしい。なぜなら、残こくさはくふうされ、いく種類のせめ苦でもつくり出されるだろうが、どんな苦痛もそれを受ける人間の感受性と肉体の構造という限界を越えることはできないから。この限界がある以上、もっと凶暴な犯罪があらわれたとしても、それにふさわしいだけ残こくな刑をみいだすことはできない。したがって犯罪がそれ以上凶暴化することを防ぎようがないことになる。

第二に。極端に残ぎゃくな刑罰は時として不罰という結果をきたす。人間性のちからは善においてと同様、悪においても限界をもっている。あまりにも野蛮な処刑の光景は専制者の一時的な残ぎゃく行為としか見えず、立法がそうあるべき安定した制度として維持され得ない。もし法律が残ぎゃくなら、法律が変えられるか、法律の残ぎゃくさそのものが不罰を生むしかなくなる。

第一は、論理的一貫性の問題です。犯罪の「凶暴さ」に刑の「残酷さ」を比例させることで、両者のバランスを保とうとすると、刑を受ける人間の肉体の構造と感受性には限界があるので、刑の「残酷さ」にも限度がある。ある一定の「凶暴さ」を超える犯罪だと、比例させることができなくなり、論理的に破綻が生じます。

第二は、残虐すぎる刑を見世物のように執行しても、そういう刑は一時的にしか支持されない、ということです。その刑を定めている法制度は支持されなくなり、変更されるか、執行不可能になるかのいずれかの道を辿ることになる、というわけです。

「あまりにも野蛮な処刑の光景は専制者の一時的な残ぎゃく行為としか見えず、立法がそうあるべき安定した制度として維持され得ない」という箇所は、やや不正確な訳です。「専制者」という言葉は入っていません。原文は、〈ed un spettacolo troppo atroce per l'umanità non può essere che un passeggero furore, ma non mai un sistema costante, quali debbono essere le leggi〉で、文字通りに訳せば、「そして、あまりにも残酷な見世物（光景）は、人間にとって単なる一時的な憤怒でしかなく、法となるべき恒常的なシステムには決してなり得ない」となります。残酷さというのは、見世物的な効果しかなく、安定した法システムの構築には向かないわけですね。人間は、残酷さを好まないからです。

死刑について

こうした残虐刑論の延長で、第十六章では「死刑について」論じられています。ベッカリーアは、死刑廃止論の先駆けとしても知られています。罪刑法定主義と死刑廃止論が、彼の法思想の二大特徴です。「効用」と「契約」という二つの視点から論じています。

このように刑罰のせめ苦を濫用《らんよう》することが決して人々を良くしていないのを見て、私は検討したくなった。――死刑はほんとうに有用なのか。賢明な政体にとって正しいことなのか。――を。

人間が同胞をぎゃく殺する「権利」を誰がいったい与えることができたのか？ この権利はたしかに主権と法律との基礎になっている権利とは別のものだ。法律とは各個人の自由の割前――各人がゆずることのできる最小の割前の総体以外の何物でもない。それは個々人の意思の総体である総意を表示する。さてしかし、誰が彼の生命をうばう「権利」を他の人々に与えたいなどと思っただろうか？どうして各人のさし出した最小の自由の割前の中に、生命の自由――あらゆる財産の中でもっとも大きな財産である生命の自由も含まれるという解釈ができるのだろう？

最初に、死刑の「効用」に疑問を呈したうえで、他者に死を与える「権利 diritto」はどのように根拠付けられるのか、という問いを提起しています。先ほど、第十二章の拷問の話に即して見たように、ベッカリーアは、「生命の安全」を自然状態に由来する自然権と見なします。自然権であるということは、主権（sovranità）と法律のもとになった、社会契約に由来する権利ではないということを意味します。従って、主権者の意志（＝一般意志）や法律を根拠にして、「死」を与えることはできないはず、というわけです。

前回見たように、ベッカリーアの社会契約論は、社会契約する各人は、全ての自由を政治的共同体に対して全面的に譲渡するわけではありません。各人が主権者に供託するのは、「各人がゆずることのできる私的自由の最小の割前 minime porzioni della privata libertà」で、その「総和 somma」が法律を構成します。「法律」は、各人の意志の凝集体（l'aggregato）である、「総意」を「表示」します。原文では「総意」は、「一般意志 la volontà generale」で、「表示する」は英語の〈represent〉に当たる〈rappresentare〉です。つまり、「法律」は、「一般意志を表象」しているわけです。従って、供託した「最小の割前」を除いた「私的自由」は、「一般意志」の指揮下に入らず、各人の手元に残るわけです。ルソーの場合、自分自身と権利のすべてを共同体に譲渡します。何を各人の「私的自由」にするかは、「一般意志」によって決められます。「一般意志」の主体である「主権者」は、国家のために死ぬよう臣民に命ずることができるし、社会契約を破った者に対して死刑を命ずることもできます。

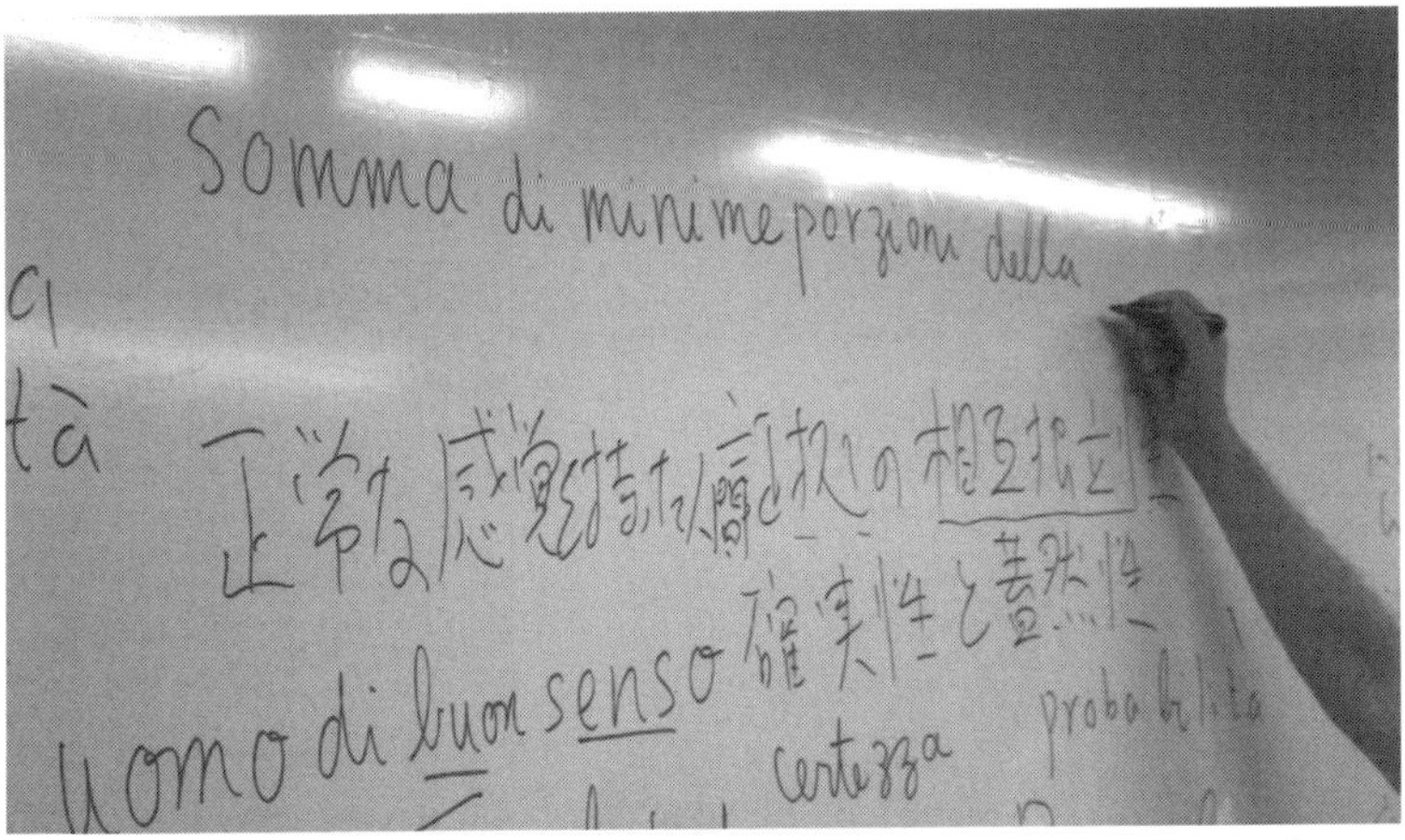

ベッカリーアの場合、契約に際して差し出すのは、「最小の割前」だけです。その前提で、差し出す「最小の割前」の中に、「自分を殺す自由」までも含めることに人々が同意するだろうか、と疑問を投げかけているわけです。そもそも、「生命の安全」は社会契約の対象ではないはずだし、人が自発的に社会契約の対象にしようとするはずもない、と示唆しているわけです。

これに対して、「ディドロの評註」が付いていますね。「ディドロの評註」というのは、ディドロが個人的にノートとして書き記していたもので、この訳書の二〇三頁から二〇四頁にかけて紹介されている、一七九七年に出たモルレ訳の改訂版に挿入されたものです。仏語訳には、ヴォルテールによる評釈を載せている版もあります。

ディドロの評註は、かなり批判的なトーンのものが多いですが、ここもそうですね。「生命があらゆる財産中もっとも大きいものであるからこそ、他人の生命をうばった者の生命をうばう権利を、各人は社会に承認しているのだ」、と述べて、むしろ社会契約の対象になる可能性が高いことを示唆しています。ディドロは、死刑が必要だと考えれば、人々は同意するだろうと見ているわけです。私は、これについてはディドロの方が説得力があると思います。

本文に戻りましょう。

もしこのようなことが肯定されるのだとすれば、このような原理と、自殺を禁じているいましめとをどうやって調和させるというのか？　人間がみずからを殺す権利がないのなら、その権利を他人に——たとえそれが社会にであったとしても——ゆずり渡すことはできないはずだ。

死刑はいかなる「権利」にもとづかないものである。死刑とは一人の国民に対して国家が、彼を亡ぼすことを必要あるいは有用と判断したときに布告する宣戦である。だがもし、私が、国民のこのような死は国家の通常の状態においては有用でもなければ必要でもないということを証明できたら、私は人間性のために勝利をかちえたことになるだろう。

ベッカリーアは、人間にはそもそも自殺する権利がない、生きることはむしろ義務だと考えているようですね。キリスト教の影響かもしれません。「死刑」は、いかなる権利にも基づかずに、一人の人間を殺す行為なので、「国の市民に対する戦争 una guerra della nazione con un cittadino」だというわけです。

そう言ったうえで、国家が市民の死を必要とすることがあるとすれば、二つの理由が考えられるとしています。

第一に、混乱と無秩序が法律にとってかわっている無政府状態の時代にあって、国家の自由が回復されるか失われるかのせとぎわにあるとき、ある一人の国民の生存が、たとえ彼が自由を束ばくされていても、彼のもつ諸関係と名望とによって公共の安全に対する侵害となるような状勢にあるばあい、彼の生存が現存の政体をあやうくする革命を生む危険があるなら、その時その一国民の死は必要になる。

だが、法律が平安に支配し、全国民に承認された政体の下、対外的には十分な防ぎょ体制をもち、体内的には権力とそして多分権力より強い世論の力にささえられた国家、主権は完全に君主の手におさめられ、富は権力を生まず歓楽だけを生むような状態にある国家においては、一国民から生命をうばういかなる必要性もありえないのである。

国家の存続自体が危機に瀕しているような場合、カール・シュミットの用語で言うところの「例外状態」のような場合は、政体を危うくするような行為をする人間の命を奪うことは仕方ない、ということですね。当然、これは国家による社会契約＝法の執行とは全然異なります。国家自体が危機に瀕し、通常の法体系をそのまま維持するのが難しい状況、法執行が難しい状況を想定して、そういう場合には、法とは関係なく、市民の命を奪う必要性が生じることもありうる、と言っているわけです。

ただし、死刑が他の人々に犯罪を犯させないようにするただ一つのクツワであるという議論は論外としてだが。そしてこれが死刑を正当づける第二の契機なのである。

「論外としてだが」という訳が少し気になりますが、文脈から分かるように、これは「例外として」という意味です。これは先ほどの評註でのディドロの議論と同じ主旨ですね。しかし、ベッカリーアはこのすぐ後で、古代ローマとかエカチェリーナⅡ世（一七二九―九六）の時代のロシアの例を出して、あまり効き目はない、としています。

人間の精神にもっとも大きな効果を与えるのは刑罰の強度ではなくてその継続性である。これはわれわれの感性が、はげしい一時的な衝動によってより、よわいが持続的な印象によってずっとたやすくまた永続的な影響を受けるからである。すべて感覚をもつ存在は習慣の支配を受ける。習慣が人類に話すこと、歩くこと、さまざまな欲求を満足させることを教えたと同じに、道徳的な観念またくりかえし与えられる印象によって人の心にきざみこまれるのである。

人間の魂に効果的に影響を与えるには、刑罰の「強度 l'intensione」よりも、「継続性 l'estensione」の方が重要であるというわけですね。〈estensione〉は、英語の〈extension〉に当たる言葉で、〈intensione (intension)〉と対にしているわけです。〈extension〉は、デカルト哲学などの精神/物体の二元論の文脈で、物体を「延長」があるものとして定義する時の、「延長」という意味もあります。

激しい衝撃を受けても、それは一時的なものになってしまう。それよりも、同じ印象 (impressioni) を継続・反復的に受け続けた方が、「習慣 habirudine」が形成されやすい。パブロフの犬みたいな話ですね。そしてその「習慣」に伴って、「道徳観念 le idee morali」が「精神 la mente」に刻みつけられる。功利計算をする人間の理性を信頼する一方で、ヒュームのように、慣習と情念の結び付きが、人間の行動を規定していると見ているわけですね。そのうえ更に、そうした「慣習」を利用して、人間の情念をコントロールしようとするサンクション-アーキテクチャ的な発想もしているわけですから、彼は人間理性を信用しているのか、犯罪を抑止するには、感情を外から操作するしかないと思っているのか、よく分からなくなってきますね。そういう両面性がある理論家なんでしょう。

> この道理でいけば、犯罪へのクツワとしては、一人の悪人の死は力よわいものでしかなく、強くながつづきのする印象を与えるのは自由を拘束された人間が家畜となりさがり、彼がかつて社会に与えた損害を身をもってつぐなっているその姿である。

「継続性」という観点から考えると、一気に殺してしまうのではなく、自由を奪われ人間が「家畜 bestia di servigio」のように人間らしくない生き方を強いられている状態を長く見させることによって、その印象が記憶の中に定着し、習慣化していくのだと見ているわけです。

自然権を根拠に死刑に反対しているというと、すごく人道的な考え方をする思想家のように聞こえますが、人間の情念を習慣によって規制するとか、囚人が家畜扱いされている姿を長期にわたって公衆に見せつけるとか、現代の人権感覚からすると、かなり非人道的であるような気がしますね。

> 死刑は見る者の大多数にとっては一つの見せ物でしかなく、のこりの少数の者にはいきどおりのまじった同情の対象となる。この二つの感じが見る者の心をすっかり占めてしまうから、死刑を規定する法律が目的とするような教訓的な恐怖などおしのけられてしまう。しかしより緩和されしかも持続的な刑罰は、これを見る者の心におそれだけをおぼえさせるのである。

エカチェリーナⅡ世

死刑を「見せ物 spettacolo」にすることに一応反対しています。しかし、その理由は、「死刑」になる人の名誉とか人格の尊厳ではなく、見物人に「教訓的な恐怖 il salutare terrore」以上に「同情 compassione」を感じさせる可能性があるので、まずいということです。この心理分析が正しいかどうか分かりませんが、彼は、受刑者が受ける刑罰の種類によって、それを観察する公衆が受ける「印象」や「恐怖」までもコントロールしようとしているわけです。

これとの関連で、第十八章の「汚辱刑」を見ておきましょう。先ほどもお話ししたように、これは、受刑者に対する公的な非難を喚起し、社会的制裁を受けさせる刑です。フーコーの『監獄の誕生』（一九七五）では、近代の刑法は、公開処刑のような見せしめ的な刑をやめて、むしろ犯罪者をきれいに社会から隔離することで社会を健全に保つと共に、囚人を孤立化させたうえで監視することを通して、内面をコントロールすることに力を入れるようになる過程が記述されていますが、ベッカリーアは残酷な身体刑や死刑に反対する一方で、犯罪者を見せしめとして晒すことには反対していないようです。

汚辱刑は公衆的な非難であって、それは犯人から、それまで社会が彼にたいしてもっていた尊敬と信頼、また同国の国民と彼をむすびつけていた同胞愛をとりあげてしまう。汚辱刑を科することの効果は、かならずしも法律上だけにとどまらないのだから、汚辱刑を宣告する法律は、つねに大きくは全人類的な道徳感、少なくともその国の社会通念と道徳感に基礎をおいたものでなければならない。

この言い方から分かるように、「社会通念 volgari opinipni」あるいは「全人類（普遍）的な道徳感 la morale universale」に基づくものであれば、汚辱刑はあり得ると考えているようですね。しかも、通常の刑法の枠を超えて、犯罪者から社会的尊敬や信頼や同胞愛などを奪ってしまって、精神的苦痛を与えることは支持しているようです。刑罰というのは実行されれば不可避的に、多少なりともその人物の社会的評

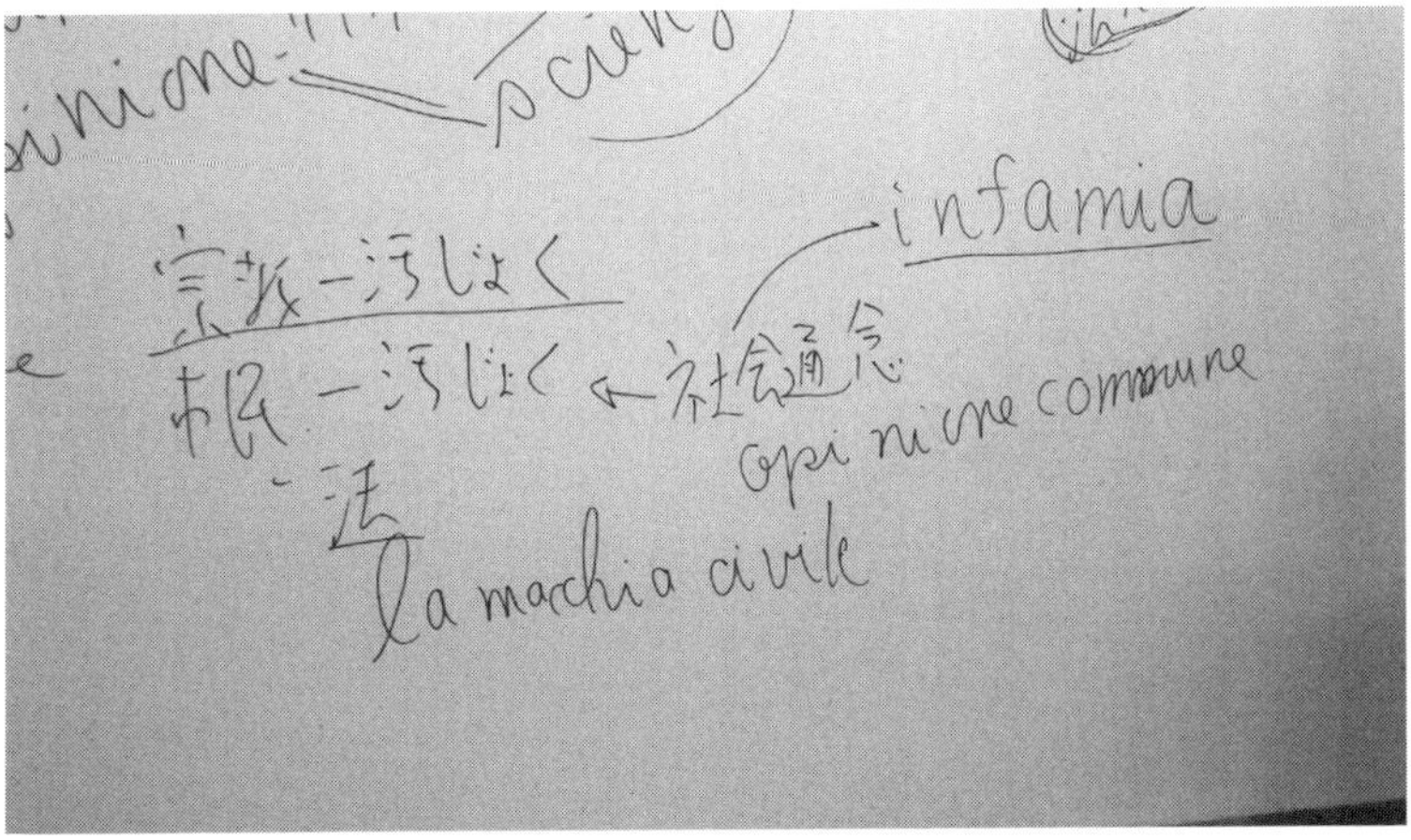

価を下げるものですが、近代刑法はそれを意図的にやることは建前上しません。刑罰は、国家が個々の犯罪者に科すものであって、不特定多数の人をそれに巻き込むということは原則としてありません。

> もし、法律が汚辱刑を科する行為が、社会通念のそれとことなったものであると、その法律はもう尊敬されなくなる。あるいはそれまで承認されてきた道徳とか誠実とかいう観念が、人々の心から姿を消す結果になる。こうなったばあい、道学者たちがどれほど講釈をしようとむだで、そんなものは実例の前にはきわめて弱いものである。
>
> それじしん汚辱ではない行為に汚辱刑を宣告することは、真に汚辱の名にあたいする行為に対する汚辱の効果を減じさせる結果になる。
>
> 自尊心にもとづく犯罪、刑罰の苦痛を受けることにみずからの名誉を感じているような犯人に対しては、肉体的な苦痛を内容とする刑罰をもってのぞまないようにしなければならない。彼らは狂信者なのだから、あざけり、はじをかかせることによって以外に彼らをお

さえつける方法はない。大ぜいの観衆の前でこれらの狂信者どものいつわりの自尊心を屈伏させることが、この刑の有効な効果である。じっさい真理でさえあざけりという武器で攻撃されれば、せい一ぱいで防がなければならないほどなのだから。

ここから、ベッカリーアが「汚辱刑」という刑罰を、社会に通用している道徳、「社会通念」と相互補完関係にあるものと考えていることが分かりますね。「社会通念」を反映する形で、公的非難としての「汚辱刑」を犯罪者に科し、「汚辱刑」の執行を通して、「社会通念」がどういうものであるのか、社会的に確認するわけです。

こうした「汚辱刑」は、自尊心（orgoglio）に基づく犯罪者、確信犯に対して有効だということですね。彼らは狂信者（fanatici）なので、肉体的苦痛を与えても無駄で、かえって殉教者のような気分になってしまうかもしれない。それよりは、公衆に非難されて、自尊心を傷つけてやった方が効き目がある、というわけです。ただし、頻繁に「汚辱刑」を科すとみんな慣れてしまうので、頻発しないようにとも言っていますね。彼は、心理的効果を重視しているわけですね。

第十九章「科刑は、なるたけじん速に、また公開されてなされねばならない」では、刑罰を分かりやすいものにすべきなのは何故なのかを、彼なりの心理学に従って論じています。まず、なるべく迅速に刑罰を科すべき理由として、先ず、人間の真理の中で犯罪と刑罰が結び付かねばならないとしています。

人間の悟性の全組織をささえるものは観念の連合である。これがなければ、快楽も苦痛もばらばらのものとなり、なんの結果ももたらさない。感じられるがはやいか忘れられるものとなるほかない。一般的なものの考え方、普遍的な原理に欠けている人々、つまり、無知な人々は、ただもっとも密接にまた直結的にむすびついている観念連合にしたがって行動する。遠因的な関係、複雑にからみ合った観念などは、熱心に対象ととりくむ人々、啓発された思考力をもつ人々の頭にだけあらわれるものであって、無知な人々の注意をよばない。

人間の悟性＝知性の全組織（tutta la fabbrica dell'intelletto umano）は、「観念の連合 l'unione dell idee」によって支えられているという話ですね。いわば、私たちの思考そのものがこの連合に支えられているわけです。こうした「観念連合 association of ideas」説は、ホッブズやロックにもありましたが、ベッカリーアの議論の特徴は、「観念連合」がなければ、「快楽 il piacere」や「苦痛 il dolore」でさえも瞬間的なものに留まり、苦痛を避けて快楽を増そうとする一貫性のある行動を取れないことを強調している点と、「観念」の結び付き方に個人の経験や能力によって差があると見ている点にあるでしょう。「一般的なものの考え方 le idée generali」あるいは「普遍的な原理 i principia universali」に従って思考できない人には、単純な「観念連合」しかないので、遠く離れているもの同士の間の繋がり、因果関係が見えない。「犯罪」と「刑罰」の間があいていたら、［犯罪↓刑罰（苦痛）］という連想ができない。だから、間を短縮してやるべき、というわけです。民衆の知性をあまり信用していない感じですね。

犯罪と刑罰の距離を短かくすることに加えて、もう一つ両者を結び付けるための方法を提案しています。

もう一つ、犯罪と刑罰の二つの観念のつながりを密接にする方法がある。その方法とは、刑罰の性質をできるだけその犯罪に似たものにすることである。こうすることによって、ある犯罪からえられる利益を思いえがく人があるとき、彼はその犯罪に特定されているその刑罰のおそろしさを同時に思い出し、彼は犯罪への道から遠ざけられる。犯罪におしやろうとする感情に支配されている人間の弱い心には、このようにしていつでもそれにともなう刑罰という観念を示しておく必要があるのだ。

距離と並んで、類似が大事だと言っているわけですね。刑罰が犯罪に似ていると、頭が単純な人でも、連想しやすい。ただ、ベッカリーアは残酷な刑罰を批判しているので、似た刑罰にするにしても、限界がありそうですね。

あと、重くない犯罪を犯した者を禁固にしたり、僻地での労役を課している国の例を出して批判しています。何故まずいかというと、どちらも、犯罪と刑罰の繋がりが見えにくくなるからです。後者だと、関係ない土地で、刑罰を見せつけることになるので、余計に不自然です。

おそろしい大犯罪の犯人である悪党が処刑されるところを見ても、そんな刑罰をじぶんが受けるかもしれないなどとは夢にも思わない彼らは、刑罰を受ける恐怖などはすこしも感じない。だが反たいに、ありふれた軽い犯罪を公衆の面前で処罰すれば、まず人がおち入りそうな軽い犯罪から人々を遠ざけることになり、ひいては大犯罪からも遠ざけた結果となるだろう。

犯罪と刑罰との正しいつり合いは、その強度においてだけでなく、その刑の執行の方法においても必要なのだ。

軽い犯罪の人を、公衆の面前で処罰した方がいいと明言していますね。人権派的なイメージがかなり薄れてしまいますね。ただ、人間の心理をよく捉えている感じもします。私たちの多くは確かに、殺人をして死刑になる人の話を聞いても、自分とかけ離れているような気がして、ピンと来ません。それに比べて、痴漢とか飲酒運転で捕まって、職を失うという話は、切実に聞こえます。そういう犯罪に対する刑罰を公衆に見せつければ、大きな犯罪への芽を摘むこともできると考えているわけです。「割れ窓」理論的な発想もしているわけですね。

この後、大逆罪とか決闘とか自殺とか、興味深い話題が続いていますが、細かい論点なので省略して、一気に最後から二番目の第四十一章「どのようにして犯罪を予防するか」まで行きましょう。「刑法」にとって、「予防」というのは重要な要因です。犯罪が起こってから、それを実行した人を「罪刑法定主義」に基づいて事後的に罰するというのが近代刑法の原則です。ベッカリーアも、基本的にはそういう考え方をしているわけですが、これまで見てきたように、彼は、刑罰の執行を公開することで、民衆の内面を操作することを考えており、私たちの感覚とは違っているところも多々あります。

犯罪はこれを罰するより予防したほうがいい。だから犯罪を予防することはよい法制の目的であるはずだ。数学的な計算でこの世の幸福と不幸をはかるとすれば、人々に可能なマキシマムの幸福を与え、ミニマムの苦痛をあたえるのが、法律の技術ということになろう。

犯罪の「予防」を通して、「マキシマムの幸福 il massimo di felicità」と「ミニマムの苦痛 il minimo d'infelicità」を実現するというのは、まさにベンサムの功利主義に通じる発想ですね。計算（calcoli）によって、そういう予防のやり方を導き出せるという発想もベンサム的ですね。

しかし、このために現在までにとられてきた手段は大部分が、このめざす目的に反するか、十分でないかだった。市民大衆の一定しない活動性を、不規則さも混乱もない幾何学的な秩序のもとにおさえつけることは不可能だ。自然の法則はつねに単純で不変なのに、天体がしばしば規定の運動からはずれた動きをするのをさまたげることができないくらいだから。苦痛と快楽の対立する感情や欲望の衝動のただなかにある人間の法律が、社会に何の混乱も無秩序もないようなど、どうしてすることができよう。しかしこれは、限られた人々がその手の中に権力をもつとき、とんでもない怪物になる。無数のささいな行為を禁ずることは、すこしも犯罪を予防することにならず、かえって結果つぎつぎに犯罪を生むことになるばかりだ。なぜなら、それは、永遠不変のものとされている徳および悪徳の観念を、勝手気ままに変えることだから。

また、もし人間に悪を行う機会になりそうなすべてのことを禁じねばならないとしたら、人間はいったいどういうハメに追いこまれるだろう？　たぶん、まず彼に、その五官を使用することを止めさせなければなるまい。


功利主義的な計算をしたと思ったら、一転して、混乱も無秩序もない、完全な「幾何学的秩序 un ordine geometrico」を目指すのは無理なので、それを目的にすると、かえっておかしくなる、と言っているわけです。ごく少数の人々が権力を持って、それを無理に実現しようとすると、おかしなことになる。微罪をいちいち厳しく罰していたら、先ほど、第十五章で見たように、罰を避けるために更に犯罪を重ねるとか、犯罪に対する感覚が麻痺するとか逆効果が生じて来るというわけです。それに完璧を期して、犯罪に繋がりそうな行為をすべて禁じることにしたら、息をするな、何も見るな、何も食べるな、ということになりかねない。人間は感性的で、いい加減に振る舞う存在でもあるので、ある程度の緩さを許容した方が〝科学〟的だと示唆しているわけです。

あなた方は犯罪を予防したいと思われますか？　それなら法律は簡単、明りょうにし、愛されるものにしてください。国家の全力をあげて法律を守りその力のどんな部分も法律を攻撃するために用いられることのないようにしてください。国民のさまざまの階級のどれかを、個々の国民以上に優遇しないようにしてください。国民に法律をおそれさせ、法律だけをおそれさせるように。法律がおこさせる恐怖はよい影響をもつが、人間がおこさせる恐怖は犯罪への有害な原因となるから。

法を愛することが「自由」に繋がる？

ここは、ベッカリーアのこれまでの基本的な主張の要約になっていますね。法律の目的や罪刑の規定を明らかにすることで、国民に「法律」のメリットを知ってもらうことが、予防に繋がるというわけです。専制君主の恣意的な命令ではなくて、客観的に認識可能な条文から構成される「法律」だから、正しく恐れることができる。この点を更に敷衍して、「法律」を愛することが「自由」に繋がるという論へと繋げていきます。

　ドレイ民はつねに、自由民より放とう好きで、恥しらずで、ざんにんである。自由民は科学を探究し、国の利害を気づかう。彼らはものごとを高い見地から見てとり、偉大な仕事をする。だがドレイ民は一瞬の快楽に満足し、彼らが落ち込んでいる疲れはてた生活のウサばらしを放とうの中に見出す。彼らの全生活は不たしかにとりかこまれ、彼らはそれに慣らされている。彼の犯罪に対しては刑罰が規定されていないから、彼らは犯罪の結果何がおこるかを知らず、このことが彼らを犯罪におしやる欲望に一そうの力をあたえるのだ。

ここで「ドレイ民 uomini schiavi」と言っているのは、実際に奴隷であるということではなくて、その人たち自身が刹那的な欲求に囚われがちであるということと、何が「法律」であるか曖昧で、どうやって自分たちを律したらいいのか分からない状態にある、ということでしょう。それに対して「自由民uomini liberi」というのは、自分たちの「利益 interessi」について科学的な見地から考え、自己を律することができます。ルソーの言い方だと「道徳的自由」、カントの言い方だと「自律」を身に付けているわけです。ベッカリーアにとっても「法」は、自己規律による「幸福」という意味での「自由」を実現する媒体であるわけです。

因みに、この箇所の「放とう好き」の原語は、〈libertino〉で、「自由〜」を意味する形容詞〈libero〉の語尾を変形した形になっています。〈libertino〉は、もとは「自由民の〜」という意味で使われていたようですが、「放縦」とか「気まま」とかの「自由」のネガティヴな意味を担う単語になったようです。日本語で、「自由と放縦は違う」と言っても、字面が最初から違うのでピンと来にくいですが、イタリア語やフランス語でこういう語源が同じ言葉を並列的に使うと、同じようで違うというニュアンスが出せるわけです。

この後で、人々がより自由になるうえで、「科学」やそれに基づく「法律」が確立され、それを本当に啓蒙された人たちに寄託することの重要性を論じています。その他、犯罪の予防として裁判官に不当に多くの権力を与えて、恣意的な判断をしているとの嫌疑を受けないようにすることや、「美徳」に報酬を与えることなども提案しています。

さいごに、犯罪予防のもっとも確実で、しかし同時にもっとも困難な方法は、人々を悪い行為におもむかないような性質にすること、つまり教育の完成である。

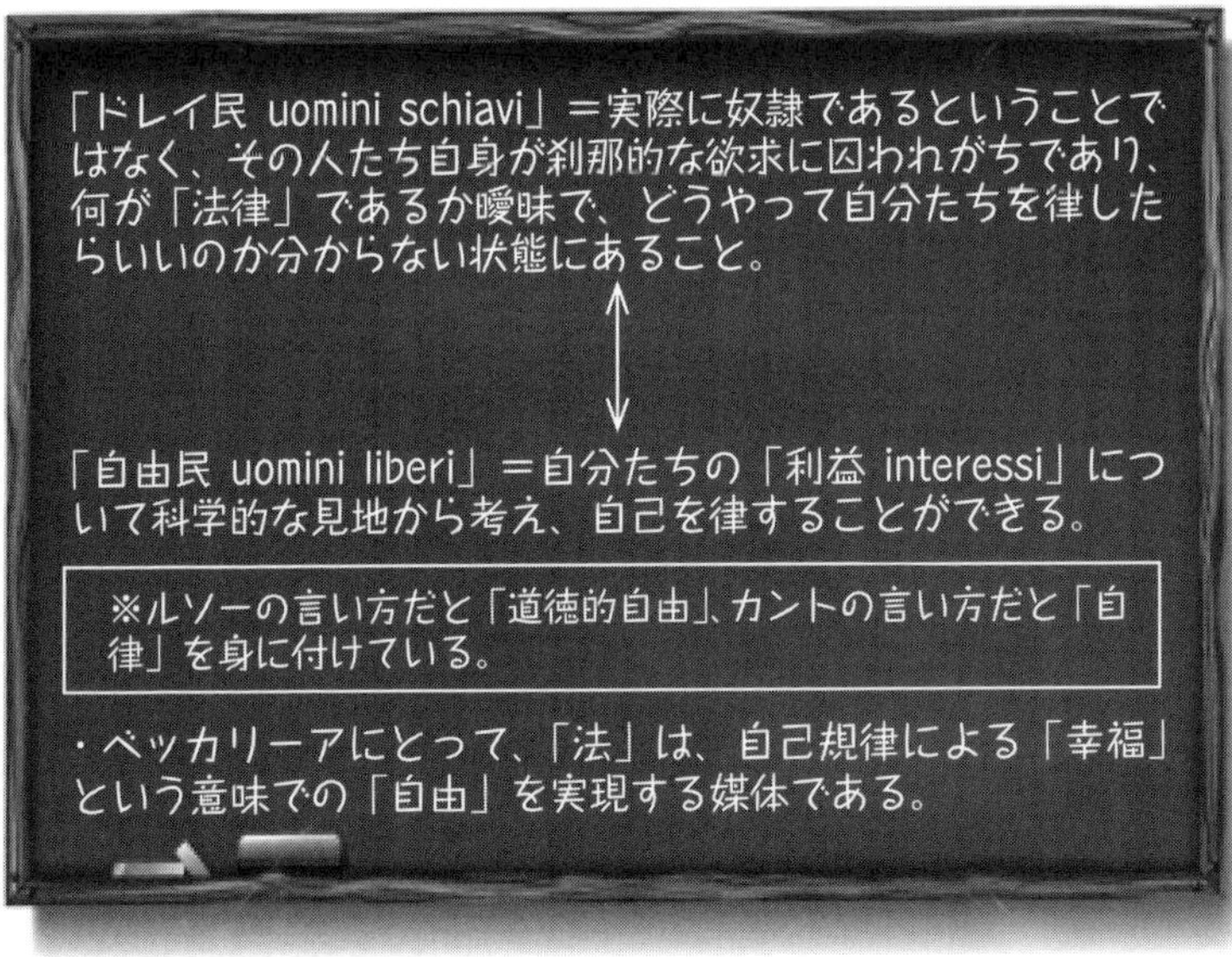
「ドレイ民 uomini schiavi」＝実際に奴隷であるということではなく、その人たち自身が刹那的な欲求に囚われがちであり、何が「法律」であるか曖昧で、どうやって自分たちを律したらいいのか分からない状態にあること。
「自由民 uomini liberi」＝自分たちの「利益 interessi」について科学的な見地から考え、自己を律することができる。
※ルソーの言い方だと「道徳的自由」、カントの言い方だと「自律」を身に付けている。
・ベッカリーアにとって、「法」は、自己規律による「幸福」という意味での「自由」を実現する媒体である。

この「教育の完成 perfezionare l'educazione」の方向性を示した思想家として、「同胞から迫害されながら、彼らに知識の光明を与える偉大な人 un grand'uomo, che illumine l'umanità che lo perseguita」が挙げられています。〈un〉が付いているから一人です。この一人は風早さんの注にあるようにルソーでしょう。彼の教育思想が展開されているのは、なるべく自然に近い形で子供を教育することを提唱した『エミール』です。ルソーは確かに、子供にいろいろとごちゃごちゃしたものを見せるのではなく、少数の選り抜かれた、簡明なものを見せるべきだということを言っています。「感性」を重視することもルソーの議論の特徴です。ルソーは、人間を生まれながらの罪人と見なし、キリスト教の教義を強制的に教え込もうとする従来のカトリック式教育論を批判し、感性を大事にしながら、子供自身の伸びる力を〝自然と〟引き出すことが重要だと主張しました。

　悪の情念に支配されないように、人々を「教育」することが、最大の「予防」であったわけです。無論、『エミール』のように、子供をできるだけ社会の複雑さから遠ざけて、植物のように自然に育てる教育が、人を犯罪から遠ざけるうえで本当に有効か、というのは疑問です。

第四十二章「結論」で呈示されている、「刑罰に関する普遍（一般）的定理（un teorema generale）」を見ておきましょう。

「刑罰が国民の一人に対する暴力行為にならないためには、それは本質的に公然、じん速、かつ必要なものでなければならず、与えられた一定の事情のもとで適用することができる刑罰のうちでもっとも軽くなければならず、また犯罪に比例した、法律によってはっきり規定されているものでなければならない。」

結局、刑法と犯罪の関係を分かりやすく、合理的に規定することが必要だということですね。こういう風にまとめると、かなりすっきりした感じになりますが、これまで見てきたように近代刑法の始まりに位置するベッカリーアの中では、モンテスキューの慣習的法理解と社会契約論と功利主義、理性中心主義と感性中心主義、自由主義とパターナリズムといった、現代的な視点から見ると、相互に矛盾した要素が絡み合っています。合理主義的に見えながら、キリスト教の教義と対立しないように気を使っているところがあります。そういうごちゃごちゃしたところが、思想史的には面白いと思います。

■質疑応答

Q　映画『ノートルダムのせむし男』（一九三九）を思い出しました。同じような時代背景なので、『犯罪と刑罰』を読み進めるにあたって参考になりました。一般意志に基づいてエクリチュール化していくことによって、固定されインフラ化されていくことが重要であるということと、無知な者にはむしろ刑罰を感性的に分からせるという発想が相反するようですが、先生から伺った通り、啓蒙合理主義でありながら、啓蒙の落し穴を暗示しているようで興味深かったです。

疑問なのは、「汚辱」についてです。最初の方に書かれている、拷問により罪や穢れを清めるという宗教的な意味での汚辱に彼は批判的です。その一方で、犯罪者が公的非難を受けるように仕向ける「汚辱刑」は推奨する。「汚辱」って一体なんでしょう。

A　「汚辱」という概念を世俗化したと言えるかもしれません。元々は、宗教的な意味での「穢れ」があるので、それを身体的に苦痛を与えることで、浄化するというのが基本的な発想だったのだと思います。煉獄の火とか、悪魔祓いみたいな感じで。

その「穢れ」の正体を文化人類学とか社会心理学で分析すれば、恐らく、社会の中に蓄積している負の感情、耐え難い出来事に対するフラストレーションということになるでしょう。そこで、誰かを「穢れ」の主要な担い手に見立て、責め立てることで、危機に陥っている「共同体」を救う。穢れた者に罰を与えることによって、「共同体」から穢れが遠ざかると見るわけです。ベッカリーアは、「拷問」や残酷な刑罰に、そうした「穢れ」的な観念の名残を見て、批判したわけですが、犯罪者を穢れた者扱いすることによって、その者を精神的に追いつめ、悔い改めさせると共に、社会全体をその犯罪から遠ざからせる、という「汚辱刑」は支持した。「汚辱」の本質的な機能は維持しようとしているようにも見えますね。

ベッカリーアの議論は、身体にはやさしいけど、感性や精神に対してはシビアです。そこが面白い。

第Ⅲ部　法と自由の根本を知るために

——カント「啓蒙とは何か」「世界公民的見地における一般史の構想」「理想と実践」を読む

啓蒙とは、人間が自分の未成年状態から抜けでることである、ところでこの状態は、人間がみずから招いたものであるから、彼自身にその責めがある。

ところでこのような啓蒙を成就するに必要なものは、実に自由にほかならない、しかもおよそ自由を称せられる限りのもののうちで最も無害な自由——すなわち自分の理性をあらゆる点で公的に使用する自由である。

カント「啓蒙とは何か」より

［講義］第五回

世界史のなかで〝自由〟を考えてみる！

カントの道徳哲学

今回は、岩波文庫の『啓蒙とは何か　他四篇』に収められている表題論文「啓蒙とは何か」と「世界公民的見地における一般史の構想」（一七八四）を、次回（第六回）は最後の論文「理論と実践」（一七九三）について講義したいと思います。

『啓蒙とは何か　他四篇』に収められているのは、カントの政治哲学的論文と分類されているものです。カントは第二批判である『実践理性批判』（一七八八）で、道徳法則の根源について論じ、晩年の『人倫の形而上学』（一七九七）では、法と道徳の関係について論じています。この著作は、法論と徳論に分れていて、法論の方は、法哲学の著作です。政治についてまとめて語ったものはあまりないとされています。『啓蒙とは何か　他四篇』収録の五つの論文、そして『永遠平和のために』（一七九五）がカントの政治哲学と分類されていますが、いずれもごく短い論文です。

少しだけ書誌的な話をしておきます。『人倫の形而上学』とは別に、『人倫の形而上学の基礎付け』（一七八五）という本もあり、岩波文庫版では『道徳形而上学原論』というタイトルで訳されています。「人倫 Sitte」というのは、習俗と道徳の両方の意味を持っている言葉で、カントの場合、主として道徳規範の意味で使われます。タイトルだけ見ると、『人倫の形而上学』は、『……基礎付け』の拡張版のような印象を受けますが、読んでみると、『基礎付け』の方が、定言命法や人格の尊厳等について純理論的な議論をしており、三年後に刊行される『実践理性批判』への導入のような性格を持っているのに対し、『人倫の形而上学』の方は、現実社会の法や道徳を哲学的に解釈する内容になっていて、それほど純理論的に突きつめた感じにはなっていません。

政治哲学とも多少の関係があるので、『実践理性批判』についてもほんの少しだけお話ししておきます。有名な定言命法の定式「汝の意志の格率が常に普遍的立法の原理として妥当するよう行為せよ」の意味について厳密に論じられている論文です。「格率 Maxim」というのは、決定のための「基準」という意味で、「立法」というのは当然三権分立の立法ではなくて、「法則として確立する」というような意味です。簡単に言うと、自分が道徳的に意味のある行為を実行する際、その場限りのものではなく、どのような状況にあっても常に「これが道徳的に正しい原理なのだ」と言えるような基準を見つけ、それに従って行為しなさい、ということです。その基準は、「〜であれば〜する」というような条件付きのものではなく、無条件です。だから仮言命法ではなく、定言命法と呼ばれます。「妥当する」はドイツ語で〈gelten〉で、「通用する」とか「有効である」いうことです。つまり、いつ誰に対しても通用するような原理を立てて、それに従って行為しなさい、ということです。そういう普遍的に通用する原理を自ら立てて、それに従うことが、真の道徳行為であり、自由であるとして、そうした行為とはどういうものか探究するのが、カントの道徳哲学です。「自律 Autonomie」を軸においた考え方だと言えます。「自律」とは、自分で自分を律することです。物理的因果法則とか、その場限りでの刹那的欲求によって左右されているのは、他律の状態であり、自由ではないと見るわけです。「自律」するには、自分で自分を律するための道徳法則を発見しないといけない。

・『実践理性批判』（1788 年）カントの第二批判・道徳法則の根源。
・『人倫の形而上学』（1797 年）法と道徳の関係について。
・『人倫の形而上学の基礎付け』（1785 年）、「岩波文庫版『道徳形而上学原論』」。

タイトル「人倫 Sitte」というのは、習俗と道徳の両方の意味を持っている言葉、カントの場合、主として道徳規範の意味。

※『基礎付け』の方が、定言命法や人格の尊厳等について純理論的な議論をしており、3年後に刊行される『実践理性批判』への導入のような性格を持っているのに対し、『人倫の形而上学』の方は、現実社会の法や道徳を哲学的に解釈する内容になっている。

↓

『実践理論批判』は、有名な「定言命法」の定式「汝の意志の格率が常に普遍的立法の原理として妥当するよう行為せよ」の意味について厳密に論じられている論文。

「格率 Maxim」＝決定のための「基準」という意味で、「立法」というのは当然三権分立の立法ではなくて、「法則として確立する」というような意味。

簡単に言うと、自分が道徳的に意味のある行為を実行する際、その場限りのものではなく、どのような状況にあっても常に「これが道徳的に正しい原理なのだ」と言えるような無条件の基準を見つけ、それに従って行為しなさい、ということ。


カントの道徳哲学 ⇒「自律 Autonomie」を軸においた考え方。

そういう普遍的に通用する原理を自ら立てて、それに従うことが、真の道徳行為であり、自由であるとして、そうした行為とはどういうものか探究する。

「自律」とは、自分で自分を律すること。物理的因果法則とか、その場限りでの刹那的欲求によって左右されているのは、他律の状態であり、自由ではない。「自律」するには、自分で自分を律するための道徳法則を発見しないといけない。

※英米系の倫理学ではまた、「義務論 deontology」の典型として位置付けられる。

「義務論」

義務論は、結果に関わらず、道徳的に「正しい行為」があると考え、それを条件抜きに実行すべきであるとする立場。無条件に正しい行為を志向するカントの倫理学は、カント自身の言い方ではないが、極めて義務論的。

↕

「功利主義」

結果としてより多くの幸福をもたらす行為を、より正義に適っていると見なす。

アメリカの政治哲学や倫理学では、カント哲学の特徴を一言で説明する際、「自由」を「自律」と見なす考え方として特徴付けることが多いです。ただし、カント自身が問題にした、因果法則からの完全な自律という厳密な意味ではなく、かなり緩めた意味、つまり、選択することのできる能力や可能性というような意味合いで使われます。医療におけるインフォームド・コンセントの関連で、患者の自律が論じられることがありますが、これは緩めた意味の自律です。

カント自身は、いかなる外的条件にも左右されることのない、絶対的に動かない道徳基準を自らの理性で見つけて、それに従うことを求めます。そこまで厳密につき詰めていくと、我々が普通に理解している「自律」とはかなり異なった様相を呈してきて、神が啓示する法則にでも従っているような感じになります。自身の身体的欲求にも従って行動するのは、自律ではない。身体的欲求は、自らコントロールできないので、それに従うのは自律ではないことになります。身体的欲求を超えて、不動の道徳法則に従うというのは、宗教の修行みたいですね。実際、カントの道徳哲学を、敬虔派のプロテスタントの信仰を理論化したものとして捉える議論もあります。

英米系の倫理学ではまた、「義務論 deontology」の典型として位置付けられることもあります。「義務論」というのは、カント自身の言い方ではなく、英米の倫理学で、功利主義と対立する関係にある倫理学の系譜の総称として使われます。結果としてより多くの幸福をもたらす行為を、より正義に適っていると見なす功利主義に対して、義務論は、結果に関わらず、道徳的に「正しい行為」があると考え、それを条件抜きに実行すべきであるとする立場です。無条件に正しい行為を志向するカントの倫理学は、極めて義務論的です。

「啓蒙とは何か」――〝自分で考えることに慣れていない民衆が、「啓蒙」に反逆する〟という、西欧の思想史の重要なテーマ

「啓蒙とは何か」という表題論文は、末尾に「一七八四年九月三〇日 プロイセン国ケーニスベルク I・カント」（一九頁）とあるように、一七八四年に刊行されています。『純粋理性批判』第一版（一七八一年）と、『実践理性批判』の間、『人倫の形而上学の基礎付け』の前年に刊行されたわけです。

一八頁の訳注で、一七頁で「自分自身の理性を使用する自由を各人に与える君主として、当代ならびに後代の人々から感謝の念をもって称賛されるに値する人物」として言及されているのは、「（一）暗に、フリードリヒを指す」と述べられていますね。この論文が書かれたのは、プロイセンのフリードリヒ大王（一七一二－八六）がまだ存命の時期です。カントが生まれ、活動したケーニヒスベルクは、プロイセン領です。カントは一七二四年生まれなので、七歳しか違いません。ルソーが誕生したのが一七一二年なので、三人は同時代人なわけです。フリードリヒ大王は、ルソーを批判したヴォルテールを高く評価し、自分の宮廷に招いて意見を求めています。カントはフリードリヒ大王とは直接接点はありませんが、この論文はかなり大王のことを意識して書かれています。必ずしもカントの本音ではないかもしれませんが、フリードリヒ大王の統治を、啓蒙の観点から評価しているような書きっぷりになっています。世界史の教科書にも書かれているように、フリードリヒ大王は、啓蒙専制君主として知られています。

フリードリヒ大王

大王が亡くなって三年後の一七八九年にフランス革命が起こっています。「啓蒙とは何か」が書かれて、五年後です。フランス革命が起こっていないので、西欧諸国の権力者や知識人たちはまだ、「啓蒙」の負の帰結を本格的に経験していない。ただし、アメリカ独立戦争は起こって

いる。そういう微妙な時期に書かれた論文です。では、最初の文章から見ていきましょう。

啓蒙とは、人間が自分の未成年状態から抜けでることである、ところでこの状態は、人間がみずから招いたものであるから、彼自身にその責めがある。

ここでカントが示している啓蒙観には、フランスとは異なるドイツ的な啓蒙観が反映しているとされます。自分自身に「責めがある selbstverschuldet」、と最初に断っている点です。ヴォルテールなどのフランスの啓蒙知識人は、民衆が無知の状態に置かれているのは、教会や封建勢力など、人間に理性の光を見せないようにする旧態依然とした勢力、権力者のせいである、という前提に立ち、それらの権力の打倒を呼びかけました。フランス革命では、そうした啓蒙知識人たちの影響で、啓蒙＝革命を阻止する勢力が徹底的に攻撃され、自由と平等の名の下で恐怖政治が行われました。それに対してカントは、啓蒙されていない状態、「未成年状態 Unmündigkeit」は、他人のせいではなく、人々が自ら招いたものであると明言しているわけです。

この〈Unmündigkeit〉という言葉は、古代のゲルマン共同体の家長権を意味する〈Munt〉という概念から派生しました。その〈Munt〉の形容詞形が、〈mündig〉です。〈Munt〉の持ち主として一人前である、という元々の意味から、成熟している、というより一般的な意味が生まれてきたわけです。啓蒙されていない人は、一人前の人間として自立していないわけです。

未成年とは、他人の指導がなければ、自分自身の悟性を使用し得ない状態である。ところでかかる未成年状態にとどまっているのは彼自身に責めがある、というのは、この状態にある原因は、悟性が欠

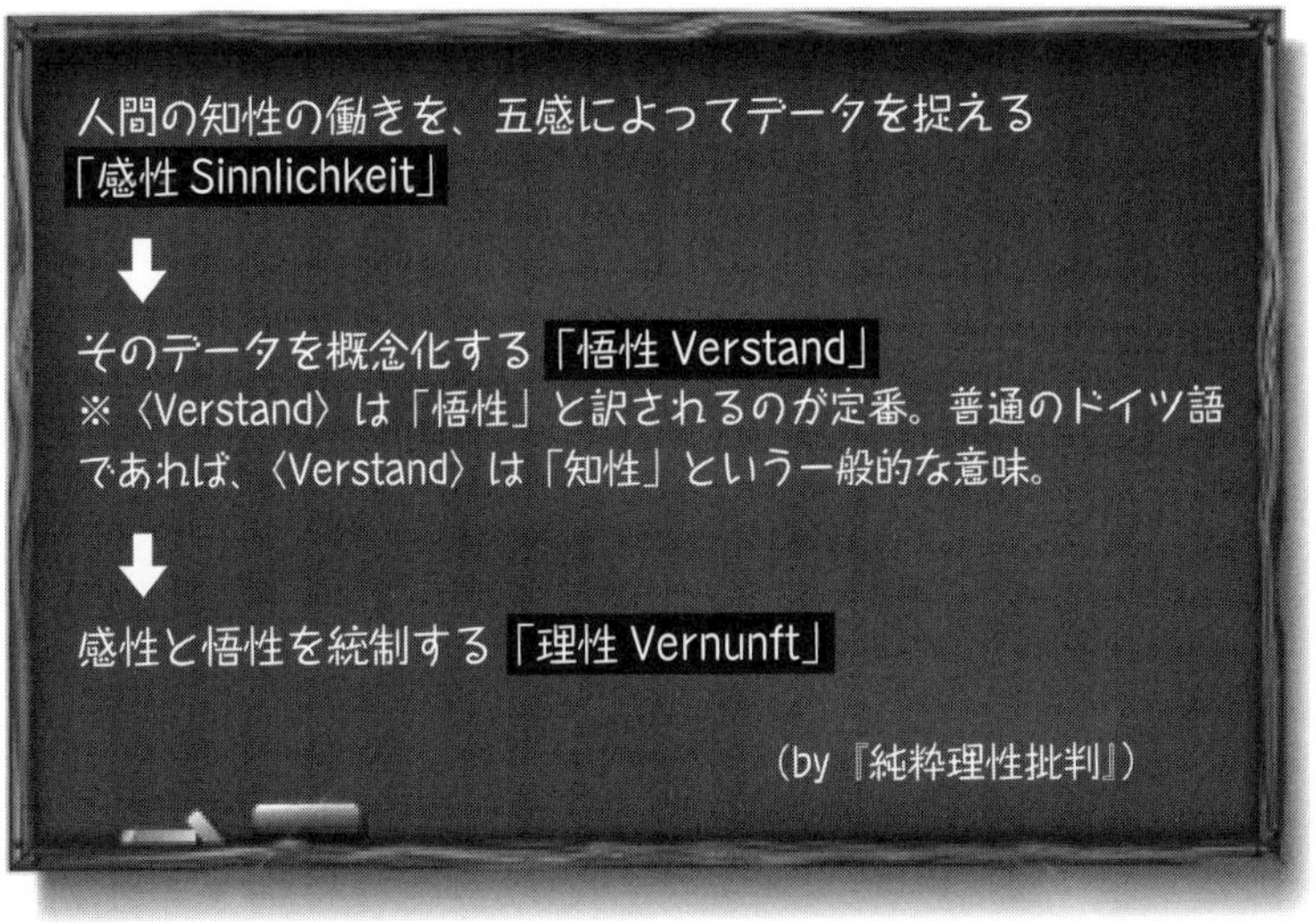
人間の知性の働きを、五感によってデータを捉える
「感性 Sinnlichkeit」
そのデータを概念化する「悟性 Verstand」
※〈Verstand〉は「悟性」と訳されるのが定番。普通のドイツ語であれば、〈Verstand〉は「知性」という一般的な意味。
感性と悟性を統制する「理性 Vernunft」
(by『純粋理性批判』)

けているためではなくて、むしろ他人の指導がなくても自分自身の悟性を敢えて使用しようとする決意と勇気とを欠くところにあるからである。

「悟性」の原語は〈Verstand〉です。これを「悟性」と訳すのは、カント業界での決まりごとのようになっています。『純粋理性批判』などで、カントが人間の知性の働きを、五感によってデータを捉える「感性 Sinnlichkeit」、そのデータを概念化する「悟性 Verstand」、感性と悟性を統制する「理性 Vernunft」の三つに分けているので、〈Verstand〉は「悟性」と訳されるのが定番になっているわけですが、普通のドイツ語であれば、〈Verstand〉は「知性」という一般的な意味で使われます。この論文は、認識論に関する難しい議論ではないので、単純に「知性」と訳しておいた方がいいような気がします。

ここで言われているのは、人間には元々「知性」があるのだけれど、他人の「指導 Leitung」の下でしかそれを使わない状態、子供の状態が長く続いたため、それを自分で使う勇気を持てなくなっているということです。

それだから個人としては、殆ど天性になり切っている未成年状態から、各自に抜け出すことが困難なのである。それどころか彼はこの状態に愛着をすらもっていて、いまでは自分自身の悟性を使用することが実際にできなくなっている。(…)自分の精神を各自に訓練して未成年状態を脱し、しかもしっかりした足取りで歩み得る人達の極めて稀れなのはこの故である。

自分の知性を使って、自分の生き方を決めるということをせず、為政者に委ねることがほとんど「天性Natur」になっているので、その状態に留まるのが楽で、そこから離脱することの方が苦痛であるわけです。民衆は、放っておけば自由になろうとするものではないということですね。

九頁で、個人レベルではなくて、「民衆」全体としては、「自由」を与えられさえすれば、ある程度自己啓蒙がうまく行くかもしれない、と述べられています。訳では「民衆」という言葉が使われていますが、原語は〈Publikum〉、つまり「公衆」です。ここでは、「啓蒙」が人々の間で伝播されていくことが問題になっているので、素直に「公衆」と訳した方がいいでしょう。「民衆」の「後見人 Vormund」である人たちが、啓蒙的な知識を伝播していくうえで、一定の役割を果たすだろう、ということです。ここでの「後見人」というのは、民衆よりは多少の知恵があって、社会を指導している人たち、為政者あるいは知識人と理解してよいでしょう。

ただ、そうした「後見人」を中心とする啓蒙の伝播の回路は、必ずしも順調に機能するわけではなく、むしろ停滞をもたらす恐れもあるようです。

ところで――個人ではなく――民衆が自分自身を啓蒙するということになると、そのほうが却って可能なのである。それどころか彼等に自由を与えさえすれば、このことは必ず実現すると言ってよい。こういう場合には、大衆の後見人に任ぜられている人達のなかにも、自主的に考える人が何にんかいるからである。この人達は、未成年状態という軛《くびき》から自分で脱出すると、やがて各人に独自の価値と、自分で考えるという各人の使命とを理性に従って正しく評価するところの精神を、諸人に広く宣伝するだろう。ところがここに奇妙なことがある、それは――後見人たちの手で最初にこの軛に繋がれたところの民衆が、およそ啓蒙される見込みのない若干の後見人たちにそそのかされると、こんどは自分達のほうから後見人に迫って、いつまでもこの軛に繋いでおかせる、ということである。実際、先入見を植えつけることは甚だ有害である、そこから生じる手痛い報いは、およそかかる先入見を創めた当事者なり、或いはその先行者なりの上に返ってくるからである。民衆が、啓蒙を成就するに極めて緩慢なのはこの故である。革命に依って、恐らく個人的な専制政治や、利欲或いは支配欲による圧制は、確かに廃棄できるであろうが、しかし人間の根本的な考え方の真の革新は、決して達成され得るものではない。そして新しい先入見が、無思慮な大衆を引き回すための手綱になるのは、旧い先入見とまったく異なるところがないであろう。

少し分かりにくいところもありますが、結論は分かりますね。啓蒙的知識人が人々に影響を与えて古い偏見（Vorurteile）を打倒し、悪い専制君主を打倒しても、新しい偏見による支配が始まるだろう、と示唆しているわけです。現代人はこの手の話は散々聞いているので、なるほどと納得しやすい話ですが、カントはこれをフランス革命の五年前に言っているわけです。フランス革命を予見していたわけではないでしょうが、先見の明がありそうな感じはしますね。

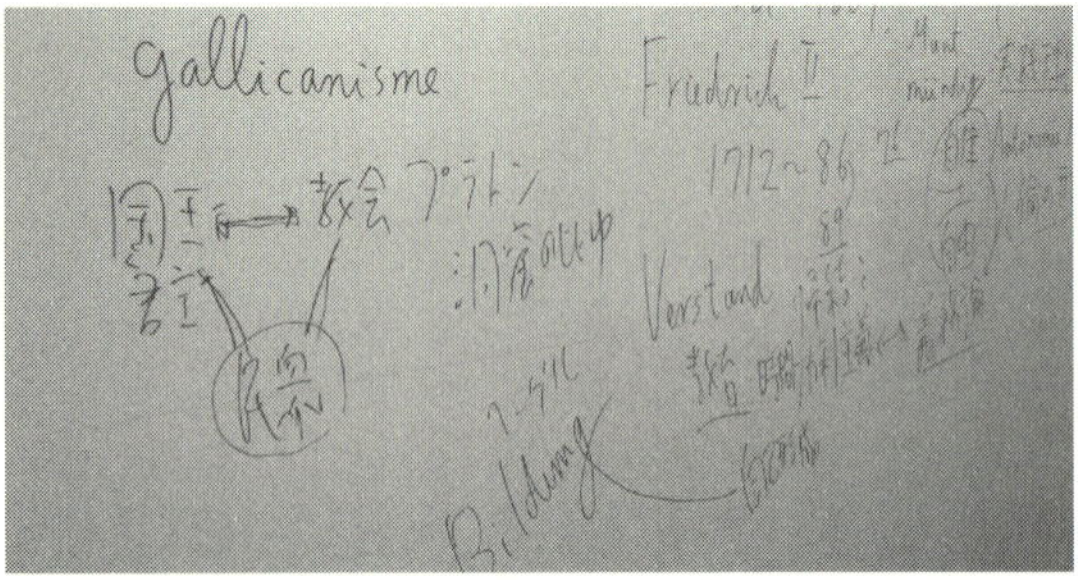

プラトン

「およそ啓蒙される見込みのない若干の後見人たち」というのが分かりにくいですが、自らも古い偏見に囚われている為政者、権力者という意味でしょう。そういう人たちが、民衆にも自分たちと同じ偏見を植え付け、未成熟状態に留まるように誘導すると、彼ら自身も報いを受けることになる、というわけですね。報いを受けるというのがどういうことなのか具体的に説明していませんが、恐らく、あらゆる変化を拒否して現状に留まろうとするので、社会が停滞し、為政者、権力者自身にとって困ったことになる、というような意味ではないかと思います。あるいは、強い指導者を装う不埒な輩に民衆が扇動され、社会が混乱するということかもしれません。啓蒙されていない民衆は依存心が強いので、強く導いてくれそうな〝後見者〟が現れたら、どっちにころぶか分かりません。

　自分で考えることに慣れていない民衆が、啓蒙に反逆するという話は、西欧の思想史の重要なテーマになっています。プラトン（前四二八－三四八／三四七）の『国家』に出て来る、「洞窟の比喩」は有名ですね。洞窟に繋がれて、一つの方向しか見ることができない囚人たちは、洞窟の壁にぼんやり映し出されている物の影を本物だと思い込んでいる。ある時、何とかして洞窟から外の世界に出た囚人が、イデアの光の下で物の本来の姿を見た。真実の世界の素晴らしさを伝えようとして、彼は洞窟に戻り、他の囚人たちに、目の向きを変えるよう説得した。しかし、他の囚人たちはそんなこと信じられない。無理やり本来の光を見せようとしても、嫌がる。いきなり太陽の光を見たら、目が痛くて、苦しい。解放された囚人が、仲間を強引に洞窟の外に連れ出し、イデアの光を見せようとしたら、彼は仲間から殺されるかもしれない。この話は、「教育」には一定のプロセスが必要であることを示唆しています。ハイデガー（一八八九－一九七六）も、「真理の本質について」（一九三〇）という論文で、この問題を論じています。

「公共性」、「理性」の「公的使用 der öffentliche Gebrauch」と「私的使用 der Privatgebrauch」

　ところでこのような啓蒙を成就するに必要なものは、実に自由にほかならない、しかもおよそ自由を称せられる限りのもののうちで最も無害な自由――すなわち自分の理性をあらゆる点で公的に使用する自由である。

　一八世紀以来のドイツ思想史の中で「公共性」はいかに位置付けられてきたか論ずる際に、よく引き合いに出される箇所です。先ほど、お話ししたように『実践理性批判』等の道徳哲学の主要著作では、完全な自律としての「自由」の可能性が追求されていますが、ここで言われている「自由」は、文脈からして、普通の意味での自由、他人から干渉されないという意味での自由でしょう。あと、ここで言われている「理性 Vernunft」も、先ほどの〈Verstand〉がそうであるように、哲学的に厳密な意味で使っているわけではなくて、「知性」という意味でしょう。他人から干渉されることなく、自分の思うままに振る舞う、政治的・社会的「自由」が、「啓蒙」のうえで不可欠だというわけですね。

　ただ、先ほど述べられていたように、民衆のほとんどは、自分で考えるという習慣がないので、いきなり、「これから自由にやれ！」、と言われても、どうしていいか分からない。とんでもないことをしでかすかもしれない。そうした害が最も少ない「自由」が、「自分の理性をあらゆる点において公的に使用する von seiner Vernunft in allen Stücken öffentlich Gebrauch zu machen」自由だというわけですが、具体的にはどういう自由でしょうか。続けて読んでみましょう。

ところが私は、諸方から「君達は論議するな！」と呼ばわる声を聞くのである。将校は言う、「君達は論議するな、教練せよ！」。財務官は言う、「君達は論議するな、納税せよ！」。聖職者は言う、「君達は論議するな、信ぜよ！」。（世界で、「君達は、いくらでもまた何ごとについても、意のままに論議せよ、しかし服従せよ！」と言うのは、ただ一人の君主だけである）

この繋がりから「理性を公共的に使用する」というのは、「公衆 Publikum」としての民衆が公共的な場で議論するという意味だと分かりますね。「論議する」の原語は、〈räsonnieren〉です。「理性」を意味するフランス語〈raison〉を、ドイツ語風の綴りにしたうえで、動詞化したものです。現代ドイツ語では、「理屈を言う」という意味で使われます。

カントは、将校や財務官と共に、聖職者も、公衆の論議を妨げる輩としてネガティヴに描いていますね。その一方で、ある君主のことはポジティヴに描いている。

少し横道にそれますが、ドイツ啓蒙主義は、フランス啓蒙主義と比べて、君主に対して友好的である分、教会に対して敵対的であると言われています。革命前のフランスではカトリック教会と国王の権力が非常に強く結び付き、カトリック教会が国教化していたと言われます。法王よりも、国王に忠誠を尽くし、王の統治を助けるということです。「三銃士」の物語に出て来るリシュリュー枢機卿（一五八五－一六四二）やその後任のマザラン枢機卿（一六〇二－六一）のように、カトリックの枢機卿が王国の宰相を務めたり

していま す。そういうフランス特有の結び付きを、ガリカニスム（gallicanisme）と言います。フランスが、ローマ時代にガリアと呼ばれていたことに由来します。それに対してドイツ諸邦では、君主と、依然として独自の権力を持っていた教会との間に一定の緊張関係があり、国王は、教会の影響力を削ぐために、啓蒙の知識人を応援するようなことをしています。ドイツ語圏では、一六世紀以降、それまでカトリック教会が運営していた大学を、君主の支配下に収めるための覇権争いも展開されました。

リシュリュー枢機卿

マザラン枢機卿

　本文に戻ります。啓蒙に理解のある君主は、「意のままに論議せよ、しかし服従せよ」と命じます。「服従」というのは、王の統治に対する服従ということでしょう。統治に対して異議を唱え、自分で自分を治める自由は認めないけれど、論議する自由は認めるわけです。

　この「ただ一人の君主」とは、先ほど見たように、フリードリヒ二世（大王）のことです。国王に対して政治的に配慮しているところもあるのでしょうが、カントのここまでの議論の主旨は、未成熟状態に慣れ切った民衆をいきなり啓蒙することはできないので、取りあえず、自由に論議をさせてみるべき、ということですから、それと啓蒙専制君主としてのフリードリヒ二世の民衆教化政策が結果的に一致しているとすれば、単なるおべんちゃらで持ち上げているわけでもなさそうですね。

ところでどんな制限が啓蒙を妨げ、またどんな制限なら啓蒙を妨げないで、むしろこれを促進し得るのであろうか。この問いに対して私は答える、——自分の理性を公的に使用することは、いつでも自由でなければならない、これに反して自分の理性を私的に使用することは、時として著しく制限されてよい、そうしたからとて啓蒙の進歩はかくべつ妨げられるものではない、と。

「理性」の「公的使用 der öffentliche Gebrauch」と、「私的使用 der Privatgebrauch」が対比されていますね。「公的使用」というのは、先ほど見たように、公衆の前で大っぴらに議論するということです。では、その〝逆〟の「私的」とはどういうことか。現代のドイツ語の〈privat〉あるいは英語の〈private〉の辞書的な意味からすると、「自分だけで個人的に」、あるいは、「仲間内だけで」、「極秘の」といった意味で言っていそうですね。ドイツ語のネイティヴでも、この箇所だけ読むと、そう取ってしまうでしょう。しかし、そうではありません。続きを読むとはっきりします。

ここで私が理性の公的使用というのは、或る人が学者として、一般の読者全体の前で彼自身の理性を使用することを指している。また私が理性の私的使用というのはこうである。――公民として或る地位もしくは公職に任ぜられている人は、その立場においてのみ彼自身の使用することが許される。このような使用の仕方が、すなわち理性の私的使用なのである。ところで公共体の利害関係を旨とする多くの事業においては、その公共体を構成する人達のうちの若干に、あくまで受動的な態度を強要するような或る種の機制を必要とする。それは政府が、この人達を諸種の公的目的と人為的に一致せしめるためであり、或いは少なくともこれらの目的を顚覆させないためである。こういう場合には、論議はもとより許されていない、ただ服従あるのみである。しかしかかる機構の受動的部分を成す者でも、自分を同時に全公共体の一員――それどころか世界公民的社会の一員と見なす場合には、従ってまた本来の意味における公衆一般に向って、著書や論文を通じて自説を主張する学者の資格においては、論議することはいっこうに差支えないのである、そうしたからとて、彼が他方で受動的成員として加わっているところの事業には、いささかも損害を与えることがないからである。

先ず、「公的使用」は、「学者 Gelehrter」として「読者全体（界）Lesewelt」に向かって自分の意見を開示することだと言っていますね。本を出版する「学者」ということになると、それができるのは、ごく少数の人に限定されますが、主旨は分かりますね。学者が学説として自分の見解を自由に述べ、学会で論議するのと同じように、政治や社会の問題についても、意見表明し、「公衆」の中で議論することは、あっていい、というわけです。現代のインターネットのような便利なメディアはないし、交通の便も良くなかったので、実際に、積極的に意見表明できるのは、事実上、「学者」のような特別な人にほぼ限られていたのかもしれません。

これに対して、「私的使用」というのは、国家によって定められた公民的組織の中のしかるべき「地位 Posten」、あるいは「公職 Amt」にある者が、その資格で発言するということです。そういう場合は、当然、自分が思っていることを自由に語っていいわけではなく、組織の原則に縛られます。ある組織のしかるべき地位にある人が、記者会見等で、組織を代表して発言する時、組織の規則や決定と関係なく、自分の思いを勝手に語っていいわけではありませんね。この理屈自体は簡単だと思いますが、通常、それは「公的な立場」での発言と言いますね。英語やドイツ語でも、そういう立場を〈public〉とか〈öffentlich〉と形容します。それを「私的」と表現するので、ややこしくなるわけです。

整理するために、「公的／私的」の意味を確認しておきましょう。本当は、日本語本来の「おおやけ／わたくし」の意味とか、古代中国における「公／私」の意味とかも考えておくべきなのでしょうが、ややこしくなるので、西欧語の〈public/private〉の意味に絞って考えましょう――日本語本来の意味とか、古代中国の話とかについて詳しくは、東京大学出版会から、二〇〇一年より刊行されている佐々木毅・金泰昌編『公共哲学』シリーズ、特に第一、第三、第四巻あたりで詳しく丁寧に解説されています。〈public〉の方には、「理性の公共的使用」という場合のように、「公開された」とか、「公衆に向かって」というような意味と、「公的機関」とか「公権力」という場合のように、正統な権力を形容する意味合いとがあります。それに対応して、〈private〉の方には、「私秘的」「個人的」というような意味合いと、公権力性を帯びていない、という意味合いがあります。ここでカントが言っている「理性の私的使用」の「私的」は、前者の系統の意味です。だから、公的地位にある人の発言に関して使っても矛盾はありません。

そう説明しても、公的機関のしかるべき立場における発言が、どうして、「私秘的」なのか、と不思議に思われるかもしれません。辞書を見ると、〈private〉には、「秘密の」とか「内密の」という意味もありますが、それでもまだすっきりしませんね。公的な地位にある人が、その地位にある者として発言するのは、多くの場合、大勢の人がいる公開の場ですね。それがどうして、「内密」なのか。

英語圏やドイツ語圏に行かれたことのある人なら、デパートやホテルなどで、隅の方のドアに〈private〉とか〈privat〉と書かれてあるのをご覧になったことがあるのではないかと思います。最近は、日本でも時々見かけます。「スタッフ・オンリー（関係者以外立ち入り禁止）Staff Only」の意味です。〈privat〉な空間は、組織の内輪の論理が支配する場です。だから、組織の論理に逆らって、自分の意見を自由に語ることはできない。公共の場のような自由がなく、思考と言語に制約がかかっているという意味でカントが、〈privat〉と言っているとしたら、一応、辻褄は合いますね。念のために言っておきますと、現代の普通のドイツ語では、「公職に就いていて立場が制約されている」というようなややこしい意味で、〈privat〉という言葉が使われることはまずありません。

「理性」の「公的使用 der öffentliche Gebrauch」

公衆の前で大っぴらに議論する。
「公的使用」は、「学者 Gelehrter」として「読者全体（界）Lesewelt」に向かって自分の意見を開示する。

↕

「理性」の私的使用 der Privatgebrauch」

現代ドイツ語の〈privat〉あるいは英語の〈private〉は「自分だけで個人的に」、あるいは、「仲間内だけで」、「極秘の」といった意味。

カントがいう意味はこれではない！

↓

「私的使用」というのは、国家によって定められた公民的組織の中のしかるべき「地位 Posten」、あるいは「公職 Amt」にある者が、その資格で発言するということ。

※〈private〉には、「私秘的」「個人的」というような意味合いと、公権力性から帯びていない、という意味合いがある。ここでカントが言っている「理性の私的使用」の「私的」は、前者の系統の意味である。
〈privat〉な空間は、組織の内輪の論理が支配する場。だから、組織の論理に逆らって、自分の意見を自由に語ることできない。公共の場のような自由がなく、思考と言語に制約がかかっているという意味でカントは、〈privat〉と言っている。

いずれにしてもここでのポイントは、学者として個人の意見を述べる場合と、公的組織の一員として発言する場合は違うということです。後者の場合、組織の在り方や活動に影響を与えることになるからです。当たり前と言えば、当たり前の話ですね。大学の教員を例にすると分かりやすいでしょう。著作や論文、学会発表、講演で自分の意見を述べることは原則自由です。それに対して、大学の職員、教授会の一員として発言する場合には、勝手な発言は許されません。入試監督をしている先生が、自分の判断で勝手なことを言うことは許されませんね。大学の教室で、学生に向かってしゃべる場合には、少し微妙ですね。ある程度の自由は許されるけど、その科目の枠を外れて発言することは許されない。政治家で言うと、大臣・副大臣・政務官などの政府の要職とか、所属政党の役員をしている議員は、一議員としての信条を自由に語る場面と、特別の役職に就いている者として発言する場合を区別しないと、いけないということがありますね。

カントは、自分自身の問題として、そうした立場の区別を強く意識していたのかもしれません。「学者」である彼は、自分の学問的意見を述べる自由を、ある程度まで認められていたけど、プロイセン王によって設立された大学の教員という立場にあるので、その立場で発言する時は、国家や大学の組織の論理に従わざるを得ない。この当時のドイツ諸邦の大学教師たちは、学問の自由と、国家への服従の間で、微妙なバランスを取らねばならなかったわけです。

一二〜一三頁にかけて、キリスト教との関連でこの問題が論じられています。我々は、キリスト教の聖職者は、教会組織の論理、神学と教会法によってがちがちに縛られているようにイメージしがちですが、カントは聖職者にも、「学者」として教義や教会制度を批判する「自由」があるという前提で議論しています。プロテスタントの場合、カトリックと違って、教義の解釈を自由化するということが出発点になっているので、聖職者に意見表明の自由があるのは、ある意味、当然のことです。ただし、教会内で与えられた役割において説教師として公衆に語りかける際には、自分の役割を逸脱することはできない。「理性の私的使用」しか許されないわけです。

寛容とは？

それを確認したうえで、次のように述べています。

ところで教会会議或いは聖教区会議（教会会議は、オランダ人の間では、聖教区会議〈Classis〉とすら呼ばれているのである）を構成する聖職者の一団が、教区の後見として、所属の信者の一人びとりを絶えず監督し、また信者を介してこの種の後見や監督を一般の民衆にも及ぼしてこの制度の永久化を図るために、或る種の信条を常恒不変なものとして宣誓するのは、正当と見なされるべきでないのではあるまいか。私は言おう、――人類がこれからの啓蒙にあずかることを永久に阻止するために結ばれるような契約は絶対に無効である、よしんばその契約が最高権力により、国家により、また極めて厳粛に締結された平和条約によって確認せられようとも、それが無効であることには変りがない、と。

教会は教会の論理によって動いており、その枠内での聖職者の発言は制限されてしかるべきだけど、その教会組織が、信者一人ひとりを被後見＝未成熟状態に置き続けることを目的に掲げているのであれば、その目的自体が不当なので、その目的に献身することを誓い合う契約（Kontrakt）は無効だというわけです。そういうおかしな契約に縛られて、信者を後見状態に置き続けるための言葉を発するということは認められない。そうしてもよいと国家が認めても、無効です。

カントが、宗教の反啓蒙的作用に徹底的に反発していることが分かりますね。教会ごとの自治の名の下に、啓蒙の進行を阻止することをカントは認めないわけです。

これは、高位の聖職者だけの問題ではありません。民衆は、自分だけでなく、次の世代までも未成熟状態に留め続けることになるようなおかしな契約を結んではならない。カントはそう主張します。

一の世代は、それにつぐ時代の認識（特に、かかる極めて切実な）を拡張し、この認識に含まれている誤謬を除き、また一般に啓蒙に関してかかる認識を進歩せしめる等のことを不可能にせざるを得ないような状態に、次代を陥しいれるような制度を協約したり宣誓することはできない。そのようなことは、人間の本性に対する犯罪であると言ってよい、啓蒙を進歩せしめることこそ、人間性の根本的本分なのだからである。それだから後代の人々がかかる決議を、もともと権能のない者が不法な仕方で取り決めたものとして非難するのは当然であろう。

「自己」を啓蒙することは、民衆の権利というより、義務であるわけです。その義務と逆のことをするのは、「人間本性に対する犯罪 ein Verbrechen wider die menschliche Natur」だとさえ言っていますね。この論文の冒頭だけ見ると、カントは「啓蒙」について醒めた見方をしている感じですが、ここではかなり熱く語っていますね。この反啓蒙的社会契約禁止の原則とでも言うべきものは、為政者である君主にも当てはまります。

ところで国民が、自分自身についてみずから決定してはならないようなことを、君主もまた国民について決定してはならない。立法者としての君主の威望は、彼が国民の総意を彼自身の意思に統合することによって成立するからである。君主は、真正の改善も、また彼が改善と思いなしていることも、すべて公民的秩序と共存するものであるという認識をもちさえしたら、彼の従属する国民が自分達の心の救いのために為すのを必要と認めるような宗教的事項は、とにかく国民自身にまかせておけばよいのである。

立法者としての君主も、人民（Volk）の「心の救い Seelenheil」に関わることについては介入せず、人民が自ら決定するのに任せるべきだというわけですね。統治する権限は君主にあるけれど、先ほどの「理性の公的使用における自由」と共に、内面世界における「信教の自由」も認めるべきだという話です。これは、近代憲法の大原則になっている政教分離、あるいはそれを更に一般化した「公私」区分の原則、つまり、私的領域は原則、私人間の自治に任せ、公権力は極力介入しないようにするという原則に対応しているように思われます。

この信教に関する自由というのは、歴史的に大きな意味を持っています。世界史の教科書に、アウグスブルクの和約（一五五五）というのが出てきますね。これは、ドイツ語圏の領邦君主たちと、神聖ローマ帝国のカール五世（一五〇〇-五八）の間に結ばれた協定で、カトリックとルター派プロテスタントのいずれを選ぶかを決める権限は、領邦君主にあるとするものです。これを、「統治しているものが宗教を決める Cuius region, eius religio」原則といいます。この原則は、カルヴァン派には適用されませんでしたが、三十年戦争（一六一八～四八）の結果結ばれたウェストファリア条約で、この原則が、カルヴァン派を含めるところまで拡張されました。宗教に関する決定権を握ることが、教会からの干渉を排して、主権を確立することに繋がっていたわけです。カントは、その権利を、人民自身に委譲すべきだと主張しているわけです。

「立法者としての君主の威望は、彼が国民の総意を彼自身の意思に統合することによって成立するからである。denn sein gesetzgebendes Ansehen beruht darauf, daß er den gesamten Volkswillen in dem seinigen vereinigt.」というのが少し分かりにくいですね。これは、前の文で、「国民（人民）が、自分自身についてみずから決定してはならないようなことを、君主もまた国民について決定してはならない。」と述べられていることに関連しています。これは更にその前の箇所を受けて、人民は、自分とその子孫を特定の宗派に縛り付けるような決定をしてはならない、と言っているわけです。人民がそういう決定をしてはならないとすれば、人民の意志を自らの意志に統合することによって「威望 Ansehen」を得ている君主も、そういう決定をしてはならないはずだ、というわけです。

そのうえで、君主が「公民的秩序 die bürgerliche Ordnung」を最重視するのであれば、信仰の問題に干渉しないようにすべきである、と言っているわけです。余計なことに干渉して、市民の信教の自由を奪えば、「公民的秩序」をきちんと保つことができなくなるということです。この続きも読んでおきましょう。

そのような事柄は、君主にはいささかもかかわりのないことである、――それにしても、国民が全力を尽して心の救済という使命の達成に努め、またかかる救済の促進を図るのを、互に実力を行使して妨害し合うことのないように予め配慮することは必要である。君主が宗教のことに干渉して、国民が彼等の見解を表明するために公表した著述を政府の監視下に置くべきものと見なしたり、或いはこのようなことを彼自身の最高認識なるものにもとづいて強行して、その結果「皇帝でも文法家の上には立てない」（Caesar non est supra grammaticos）という非難を招いたり、更にまた彼の最高権力をあたら泥土に委して、国家において有力な若干の圧政的政治家の宗教的専制主義の後押しをして、意見を異にする国民に圧迫を加えるようなことをするならば、彼は君主の威厳をみずから傷けることになるのである。

ここは比較的はっきりしていますね。君主が、人民の心の問題に干渉し、統制しようなどとしたら、反発を招いて、自らの威厳を傷つけることになるだけだ、というわけですね。君主が成すべきなのは、宗派が互いに実力行使して勢力を拡張しようとするのを、中立的な立場から配慮することです。君主が裁定者に徹することによって、公民的秩序が保たれるわけです。

では、「我々が生活している現代は、すでに啓蒙された時代であるか」、という問いが提起されるとしたら、その答えはこうである、――「否、しかし――恐らくは啓蒙の時代であろう」。現在あるがままの世情にかんがみると、国民を全体として見た場合に、彼等は宗教上の事柄について、もはや他人の指導がなくても自分自身の悟性を確実、適切に使用できるか、或いはせめてそうする見込みがあり得るかといえば、まだなかなかその域には達していないのである。しかし今では人々が努力して到達を期すれば、自由の天地は開けることだし、また一般的な啓蒙――すなわち、諸人みずから招き、従ってまたみずからその責めを負うべき未成年状態からの脱出を妨げるところの諸般の障害は次第に減少しつつある、そしてこのことについては、すでに明白な徴候が示されているのである。このような事情を考慮すると、現代はまさに啓蒙の時代、すなわちフリードリヒの世紀である。

カントの現状分析としては、人民は依然として未成熟状態に留まっているけれど、そこから脱出するうえで障害になっているような要因は着実に取り除かれつつあり、次第に自らの知性で考えることができるようになりつつある、ということです。内面の問題と、外的な秩序を分けて考えるフリードリヒ大王の姿勢が、啓蒙の着実な歩みを可能にしているとして賛美しているわけですね。

宗教上の事柄に関しては何ひとつ国民に指図することなく、むしろこれらの事については彼等に完全な自由を与えることを義務と見なし、しかもそのような言明を彼自身の尊厳にふさわしからぬものと認めないような君主、従ってまた寛容という思いあがった言葉を用いることをみずからに峻拒するような君主は、彼自身がすでに啓蒙せられていることを示すものであり、少なくとも政府の側から最初に人類を未成年状態から解放し、また良心に関する一切の事項については、自分自身の理性を使用する自由を各人に与えた君主として、当代ならびに後代の人々から感謝の念をもって称賛されるに値する人物である。(…) 国民にこの種の自由を与えたからとて、公共体の公安と統一にとって、何ら懸念すべき事態の発生する憂いはないという実例が、かかる政府を開明するからである。

フリードリヒ大王をかなり持ちあげていますね。彼が「寛容」という言葉を使わないことを、彼が人民に「完全な自由 volle Freiheit」を与えることを自らの「義務 Pflicht」と考えているからだと見ているわけですね。フリードリヒ大王が実際にそれだけ自由主義的であったかどうかは分かりませんが、彼がユグノー派やカトリック等の宗教的マイノリティを寛容に扱い、イスラム教徒を含めて、あらゆる宗教の信仰の自由を認める主旨の発言をしていたのは確かです。フリードリヒ大王は、自らの立場を「各人は自らのやり方で幸福であるべきだ jeder nach seiner Façon selig werden」という言葉で表現しています。因みに、プロイセンの人口の多くは、ルター派のプロテスタントです。

ただし、宗教マイノリティに対する寛容は、一七世紀末以来のプロイセン王家の方針で、フリードリヒ二世が始めたことではありません。彼の曾祖父に当たるフリードリヒ・ヴィルヘルム選帝侯(一六二〇–

八八）は、一六六四年の寛容令で、ルター派と改革派（カルヴァン派）の間の対立が激化することを抑止しました。一六八五年には、フランスで迫害に遭って移民してきたユグノー派の人たちを優遇するポツダムの勅令を出しています。これは、フランスのルイ一四世（一六三八−一七一五）がこの年に、カトリックとプロテスタントの平等を宣言したナントの勅令（一五九八）を廃したのを受けての措置です。フリードリヒ・ヴィルヘルムは、高い技術を持ったユグノー教徒を多く受け容れることで、三十年戦争で減った人口を増やすと共に、産業を発展させることを狙ったようです。フリードリヒ二世の〝寛容〟は、そうした既定路線の延長線上にあったわけです。

本文に戻りましょう。ここでのカントの議論で哲学的に重要なのは、「良心 Gewissen」に関わるあらゆる事項を各人の自由にしたからと言って、「公共体 das gemeine Wesen」の「公安と統一 die öffentliche Ruhe und Einigkeit」が危機に晒されることはない、という前提に立っていることです。「内心」の自由を認めたとしても、それが公共の安全、つまりは、君主による統治を直ちに脅かすことはない、と言っているわけです。内と外をきっちり分ければ、社会秩序を乱すことなく、着実に民衆を啓蒙していくことができるというのが、カントの基本的な考え方です。

「公民的自由 die bürgerliche Freiheit」と「精神の自由 die Freiheit des Geistes」

彼は最終的に次のように主張します。

さきに述べた通り、啓蒙とは、人間がみずから招き、従ってまた自分がその責めを負うべき未成年状態から脱出することであるが、私は上述したところにおいて、啓蒙の重点を主として宗教に関する事柄に置いた、現代の支配者たちは、芸術や学問の分野では敢て後見人たらんとすることに関心を持たないからでもあるが、しかしまた宗教における未成年状態こそ最も有害であると同時にまた最も恥ずべきものだからである。ところで宗教上の啓蒙に心を寄せるほどの国家支配者なら、彼のかかる考え方は更に進んで、立法に関しても国民が彼等自身の理性を公的に使用して、法文の改正について彼等の意見を発表したり、また現行法に対する率直な批判をすら公的に世に問うことを許しても、決して危険な事態の生じるものではない、ということを見抜いているのである。

信教や学問・芸術の自由に加えて、法律の改正について意見を述べることまで許すべきだと言っているわけですね。法律は、君主の統治の根拠のはずなので、民衆がそれを自由に批判するのは、かなり〝危険〟な感じがしますが、賢明な君主であるフリードリヒ大王は、現存の法律について自由に論評させても、秩序は崩壊しないと確信している。そうカントは思っている、あるいは、そういう風に王を持ちあげている。

我々は、民衆が法律批判的な議論をすると、反体制的になって、早晩体制が危険に晒されることになると考えがちですが、

公民的自由が過度に増大すると、国民の精神の自由にとって有利であると思われるかも知れないが、実はこの自由に克服しがたい制限を加えることになる。むしろ公民的自由のいくらか低めの方が却って精神的自由に、力を尽してみずからを拡充すべき余地を与えるのである。

最後にまた、重要なキーワードが出てきましたね。「公民的自由 die bürgerliche Freiheit」と「精神の自由 die Freiheit des Geistes」です。この場合の「公民的自由」というのは、市民=公民（Bürger）として政

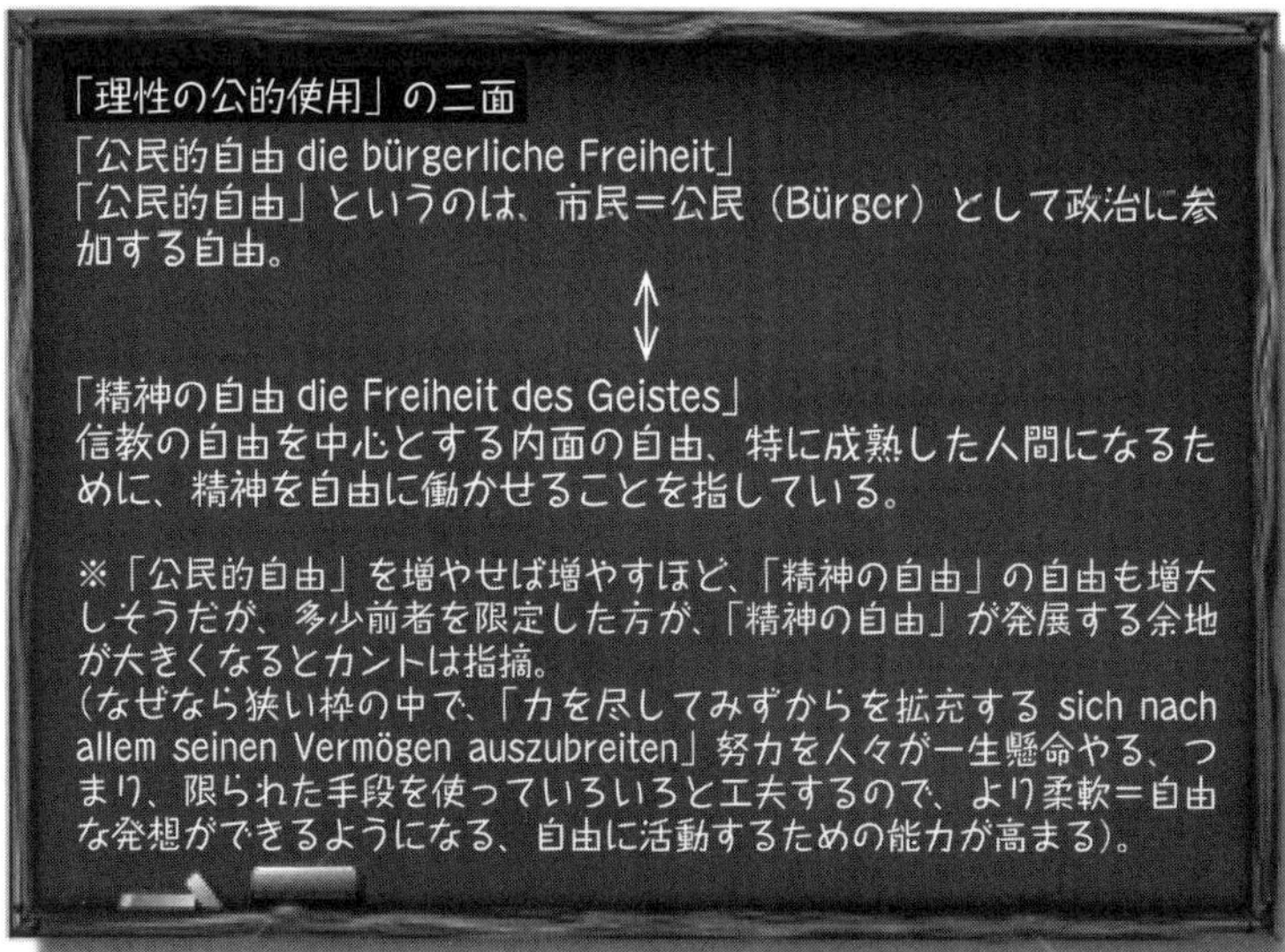
「理性の公的使用」の二面
「公民的自由 die bürgerliche Freiheit」
「公民的自由」というのは、市民＝公民（Bürger）として政治に参加する自由。
「精神の自由 die Freiheit des Geistes」
信教の自由を中心とする内面の自由、特に成熟した人間になるために、精神を自由に働かせることを指している。
※「公民的自由」を増やせば増やすほど、「精神の自由」の自由も増大しそうだが、多少前者を限定した方が、「精神の自由」が発展する余地が大きくなるとカントは指摘。
（なぜなら狭い枠の中で、「力を尽してみずからを拡充する sich nach allem seinen Vermögen auszubreiten」努力を人々が一生懸命やる、つまり、限られた手段を使っていろいろと工夫するので、より柔軟＝自由な発想ができるようになる、自由に活動するための能力が高まる）。

治に参加する自由ということでしょう。「精神の自由」の方は、信教の自由を中心とする内面の自由、特に成熟した人間になるために、精神を自由に働かせることを指しているのでしょう。「理性の公的使用」には、その両面があると考えることができますね。

「公民的自由」を増やせば増やすほど、「精神の自由」の自由も増大しそうな気がしますが、カントは多少前者を限定した方が、「精神の自由」が発展する余地が大きくなると言っています。狭い枠の中で、「力を尽してみずからを拡充する sich nach allem seinen Vermögen auszubreiten」努力を人々が一生懸命やる、つまり、限られた手段を使っていろいろと工夫するので、より柔軟＝自由な発想ができるようになる、自由に活動するための能力が高まるということです。これは、よく聞く理屈ですね。旧ソ連・東欧で、自由が制限されていた時代の方が、創造的な芸術が発展したとか。

〈bürgerlich〉は、ここでは、「公民的」、つまり「国家の構成員としての」という意味合いで使われていますが、単純に、市民社会で活動する「市民」を指す形容詞として使われることもありますし、マルクス主義関連で「ブルジョワ的」という意味で使われることもあります。

ところで自然が、公民的自由というこの硬い殻の中でいともねんごろにはぐくんでいる胚芽――すなわち自由に思考しようとしている心的傾向と人間の使命感とを成熟せしめると、こんどはこのものが徐々に国民の意識（これによって国民は、行動の自由を次第に発揮できるようになるのである）に作用を及ぼし、ついには統治の原則にすら影響を与えるのである。すると統治に任ずる政府も、今では機械以上の存在であるところの人間を、その品位にふさわしく遇することこそ政府自身にとって有利であることが判るようになるのである。

自由に思考する能力が次第に高まっていくと、人民は次第に自分の使命を自覚して振る舞うようになる。人民の振る舞い方が変われば、政府の「統治の原則 Grundsätze der Regierung」にも影響を与えざるを得なくなる。政府は、彼らを今までのように、何も考えないで行動する機械のような存在として扱うことはできなくなる。人民を、成熟した人間、自立した人間として扱わざるを得なくなる。その方が政府自体にとっても有利（zuträglich）であることを、賢明な政府、君主は理解するであろう、というわけです。最後まで、為政者を持ちあげて、人民に自由を与えるように仕向ける作戦に徹しているわけです。

「機械以上の存在であるところの人間を、その品位にふさわしく遇する」という言い方は微妙ですね。文脈からして、一人ひとりの市民が自立した個人として統治に参加することを認めるという話であるのは分かりますが、それが君主に対して何らかの仕組みを通して意見を具申するという程度のことなのか、立憲君主制の英国のように、実質的に人民が政府を作るようにするというところまで行くのか、この言い方だけではっきり分かりませんね。恐らく意図的にぼかしているんでしょう。カントの気遣いする人としての側面がはっきり出ているという意味でも、面白い論文です。

もし、カントが歴史を書いてみたら！——「世界公民的見地における一般史の構想」

では次に、「世界公民的見地における一般史の構想」を読んでいきましょう。これも一七八四年の論文です。「意志の自由 Freiheit des Willens」から話が始まっていますね。「意志の自由」というのは、行動における選択肢があるかないかということではなくて、文字通り、その人の「意志」に対して外的制約、つまり因果法則による制約がかかっていない状態、いかなる条件にも左右されない自らの道徳的格率を見出し、それのみに従っている状態を指します。冒頭にお話ししたことです。

> 意志の自由が、形而上学的見地においてどのように解釈されようとも、意志の現われであるところの人間の行動は現象であるから、自然における他のいっさいの出来事と同じく、普遍的自然法則によって規定されているのである。

難しそうですが、要は、「意志の自由」自体は具体的な形を持っておらず、この物理的世界に「現象する」時は、不可避的に、具体的な人間の「行動 Handlung」という形を取る、ということです。「現象＝現れ Erscheinung」という概念がここでのカギです。

訳の技術的なことを言っておきますと、「意志の現われであるところの人間の行動は現象であるから」という箇所は、原文では、〈die Erscheingung derselben（それ（意志）の現象＝現われ）〉という短いフレーズになっています。恐らく、「意志の現象」といきなり書くと分かりにくいと思って、説明的に訳したのでしょう。

「現象」と言われてもピンと来にくいですが、西欧の哲学には、「本質 Wesen」と「現象 Erscheinung」を対比する考え方があります。事物の「本質」が外へと現れ出たものが、「現象」です。カントも初期においては、「叡知体 Noumenon」と「現象体 Phänomenon」を対比しています。後者が感性的知覚によって捉えられるのに対し、前者は理性によってしか把握できないものとされます。「叡知体」は、『純粋理性批判』以降、有名な「物それ自体 Ding an sich」へと変容します。

「現象」は、物質世界で生じます。物質世界は、現象界です。現象界は、自然法則、物理的因果法則に従っています。人間は、精神においては英知的な存在であり、「意志の自由」を発揮できる可能性がありますが、身体は現象界に属しており、因果法則に縛られ、それに即して動いている。人間はその両面を持っています。カントは冒頭でこの点を問題にしているわけです。

我々が目にすることができるのは、動物としての人間の身体的行為でしかありません。そもそも、「精神」は目に見えません。現象界に現れる行為を見ている限り、それらは、自然界の因果法則に規定されているように見えます。その点では、他の動物とは違いません。では、人間が因果法則のみに従って生きているように見える他の動物と違って、「意志の自由」を持っている理性的な存在である、となぜ分かるのか？　ここが肝心なところです。『実践理性批判』等の純理論的著作では、理性が従う道徳法則があるとすれば、どういうものかが論じられていますが、それが現象界にどのように現れるのか、現れたとして、それをどうやって識別するのか、といった疑問が残ります。

『実践理性批判』の四年前に公刊された「世界公民的見地における一般史の構想」でカントが論じているのは、まさにこの問題です。道徳法則に従って自己を規律する「意志の自由」は、この物理的世界に具体的に現われる個々の人間の行動にだけ着目している限り、なかなか認知しにくい。しかし、「歴史

西欧の哲学の伝統

「本質 Wesen」vs.「現象 Erscheinung」
⇒ 事物の「本質」が外へと現われ出たものが、「現象」。

現象界は、自然法則、物理的因果法則に従っている。人間は、精神においては英知的な存在→「意志の自由」を発揮できる可能性がある。身体は現象界に属しており、因果法則に縛られ、それに即して動いている。人間はその両面を持っている。

問題：「精神」（「意志の自由」）は目に見えない。現象界に現れる行為を見ている限り、それらは、動物並の自然界の因果法則に規定されているように見えるのが問題。

↓

※更にいえば、
人間が因果法則のみに従って生きているように見える他の動物と違って、「意志の自由」を持っている理性的な存在である、となぜ分かるのか？　理性が従う道徳法則があるとすれば、どういうものかが論じられているが、それが現象界にどのように現れるのか、現れたとして、それをどうやって識別するのかが問題。

Geschichte」全体の流れを見ていくと、「意志の自由」が働いている痕跡を、その流れの中に見てとることができる、という立場をカントは取ります。

> ところで人間におけるこのような現象の記述を事とするのが、すなわち歴史である。その場合に、かかる現象の由って来たる原因はいかに隠微であるにせよ、我々は歴史から、次の二事を期待してよい。第一は、歴史が人間の意思にもとづく種々さまざまなはたらきを全体として考察すると、この自由の規則正しい発展過程を発見できるということである。また第二は、こういう仕方によると、個々人にあっては驚くほど無規則で混乱しているように見える現象も、全人類について見れば、人間に本具の根源的素質が、たとえ緩慢にもせよ絶えず発展している様子を認識できるということである。

第一は、「自由」がより広範に実現する方向へと次第に発展していくことが、「歴史」を通して分かるということですね。第二は、その過程において、人間に本来備わっている「根源的素質 die ursprünglichen Anlagen」、つまり道徳的法則を発見し、自らそれに従おうとする性質が、人類全体として見た場合、徐々に具現していくということです。

無論、現代人である我々にしてみれば、何をもってそうした発展の基準とするのか、と突っ込みを入れたくなる感じもありますが、「歴史」を、「自由意志」や「道徳法則」が現実化していく場と見なし、そういう観点から「歴史」を見直すという歴史哲学的なヴィジョンを示したのは興味深いところです。フランスの啓蒙主義にも、進歩史観的な歴史観はありましたが、それは必ずしも、「自由」の本質をめぐる道徳哲学的な議論とは結び付いていませんでした。カントは、「歴史」の発展を通して、「人類」の現実的な在り方が、道徳哲学的な意味で「自由」な状態へと近づきつつあることを明らかにしようとしたわけです。

カントの歴史哲学

個々の人間の振る舞いを、個々人が道徳法則に従って規律するという「意志の自由」は、この物理的世界に具体的に現われる個々の人間の行動にだけ着目している限り、なかなか認知しにくい。「歴史 Geschichte」全体の流れを見ていくと、「意志の自由」が働いている痕跡を、その流れの中に見てとることができる

第一に、「自由」がより広範に実現する方向へと次第に発展していくことが、「歴史」を通して分かる。

第二に、その過程において、人間に本来備わっている「根源的素質 die ursprünglichen Anlagen」、つまり道徳的法則を発見し、自らそれに従おうとする性質が、人類全体として見た場合、徐々に具現していく

※カントは、「歴史」の発展を通して、「人類」の現実的な在り方が、道徳哲学的な意味で「自由」な状態へと近づきつつあることを明らかにしようとした

↓

ヘーゲルによる本格的な歴史哲学を生み出す契機になった。

カントの場合は、現実と道徳法則の世界の間にギャップがあることを認めるところから話を始めるが、ヘーゲルは、現象界における現実は、常に「理性的なもの」を何らかの形で表現しており、「歴史」の進行過程で、「理性的なもの」の本質が次第によりはっきりした形で現れるようになる、という前提。

個々の人間には自分の行為が歴史の中でどのような意味を持っているか自覚できなくても、「歴史」全体が、理性的なもの＝本質をよりはっきりとした形で表すようになるよう誘導する、一つの力が働いている、それが「絶対精神 der absolute Geist」。

カントのこの論文は、「構想 Idee」に留まっていますが、ヘーゲルによる本格的な歴史哲学を生み出す契機になったと考えられます。〈Idee〉というのは、英語の〈idea〉と同じく、「理念」とか「観念」の意味です。「歴史」の向かって行く先についての「理念」的な見通しを示す論文だという意味合いで、「構想」と訳したのでしょう。

ヘーゲルの『法哲学』(一八二一)の冒頭の、「理性的なものは現実的であり、現実的なものは理性的である」という有名なフレーズは、この論文でカントが示したヴィジョンをより強い形で表現したものと見ることができます。カントの場合は、現実と道徳法則の世界の間にギャップがあることを認めるところから話を始めるわけですが、ヘーゲルは、現象界における現実は、常に「理性的なもの」を何らかの形で表現しており、「歴史」の進行過程で、「理性的なもの」の本質が次第によりはっきりした形で現れるようになる、という前提で話を進めていきます。個々の人間には自分の行為が歴史の中でどのような意味を持っているか自覚できなくても、「歴史」全体が、理性的なもの=本質をよりはっきりとした形で表すようになるよう誘導する、一つの力が働いているとヘーゲルは見ます。それが「絶対精神 der absolute Geist」です。

本題に話を戻しましょう。タイトルになっている「世界公民的見地 weltbürgerliche Ansicht」という表現は、著者であるカントの歴史哲学的な立ち位置を示唆しています。「世界公民」というのは、世界全体が一つの「公共(的政治)体」になったような状態——現代風に言えば、グローバルな市民社会——があるとして、その一員である、というような意味合いでしょう。

「グローバルな市民社会」が実在するかのような大げさな語り方をするのは簡単ですが、カントは、単なる比喩的物言いをしているわけではありません。先ほど見た「啓蒙とは何か」での議論から分かるように、カントは「市民」あるいは「公民」をかなり具体的な意味合いで使っています。単に、自由に経済活動や言論活動に従事しているとか、他の人たちとコミュニケーション・ネットワークを形成している主体といったことではなく、一つの「公共的秩序」に属し、その中で自らの市民としての義務を果たしている自律的な主体というような意味合いを込めて、「市民」と言っているのだと思います。「公共的秩序」というのは、通常は、法によって統治される「国家」を指しますが、「世界市（公）民」という言い方をするのであれば、それに相当する「世界国家」的なものを想定していると考えられます。

当然そんなものはカントの時代にはありませんし、国連が存在する現在でも、主権国家のそれに相当するくらい確固としたグローバルな公共秩序があるとは言えないでしょう。カントのこの論文のタイトルは、仮にそういう状態に到達したとして、そのメンバーである「公民」の目から見て、「それまでの歴史」はどう見えるか、という話であることを示唆しています。カント自身の時代は、その「歴史」の発展の途中にあるということになります。実際には、「これまでの歴史」に関するカント自身の見方を、未来へと想像的に投影しているわけですが。そこには、当然、カントの願望も反映されているでしょう。「構想」という訳には、願望という意味合いも含まれているかもしれません。

カントは、そうやってタイトル自体から、自らの歴史哲学論文が仮想の視点の下に書かれたものであることを強調しているわけです。因みに、「絶対精神の自己展開」という視点から「歴史」を見るヘーゲルの歴史哲学についても、実は、「歴史」の「終わり Ende」に位置する人の超越的な視点から見た場合、「歴史」はどう見えるか推測する、ヴァーチャルな議論ではないか、とする解釈もあります。

先ほどの箇所の続きを見ていきましょう。

結婚や、結婚に由来する出生率や死亡率には、人間の自由意志が著しい影響を及ぼすので、これらの数値を予め計算に依って決定することを可能ならしめるような規則は皆無であるように見える。それにも拘らず諸大国がかかる事象に関して年々発表する表は、これらの現象が一定不変の自然法則に従って生起していることを立証する。そしてその様子は、不定な気候の変化をその都度いちいち予知することは不可能であるにせよ、しかし全体として見れば植物の生長や河川の流れ、或いはそのほか自然の営むさまざまな事象が常に一様な経過を辿って誤らないのと同様である。

出生率や死亡率と、「歴史」の発展がどう繋がっているのか一見分かりにくいですが、要は、自然法則に従っての自然環境の変化と、人口統計に見られる人間社会の変化をパラレルな関係にあると見ているということです。後者の場合、結婚や出生に際して、各人の「自由意志」――この場合の〝自由意志〟というのは、道徳法則のみに従う、純粋な「自由意志」のことではなく、自然法則に反している、あるいは逸脱している〝意志〟という程度の意味です――が強く作用するので、動物や植物、あるいは自然現象に比して不規則性が見られるけれど、全体として見ると、やはり規則的傾向が見られる、ということです。統計的に見ると、標準からの逸脱が打ち消されて、法則性が浮上してくる、ということでしょう。

人間は、その営みにおいて、動物のごとくもっぱら本能に従って行動するものではないが、さりとてまた理性的な世界公民のように彼等のあいだで取り極めた計画に従って、全体的に行動するものでもないから、計画的な（蜜蜂や海狸《ビーバー》などのような）歴史が人間によって作られ得るとは思えない。

この理屈は分かりやすいですね。動物だと本能的に行動するし、歴史の終点に現れる「世界公民」であれば、自らの理性で決めたようにできるかもしれないけど、現に存在している人間はそのどちらでもなく中途半端な存在です。つまり、どちらの意味での規則性、法則性もはっきり示さない。そういう人間が計画的に「歴史」を作っているとは考えにくい。では、どうして「歴史」は規則的に進行していると言えるのか？

ところで我々は、人間の行蔵が世界という大舞台にかけられているのを眺めて、個々の点ではいかにも賢明らしい所行があちこちに見られるにも拘らず、全体としては、けっきょく愚昧、幼稚な虚栄、またしばしば子供っぽい意地悪や破壊欲等によって織りなされているのを見て、何か一種不快の念を禁じ得ない。そしてけっきょく、他の被造物に勝る幾多の長所を具えている存在であると思いなしている人類を、いったいどう考えたらよいのか、自分ながら判からなくなるのである。すると哲学者としては、人間とそのさまざまな行動とを全体として考察してみると、人間自身の理性的意図なるものを前提するわけにいかないところから、人間に関する物事のかかる不合理の経過のなかに、自然の意図を発見できはしないだろうか、また自分自身の計画をもたないで行動する被造物によっても、この意図にもとづき自然の一定の計画に従って作られるような歴史が可能ではあるまいか、という問題点を究明するよりほかに手があるまい。

「行蔵」という古めかしい熟語が見慣れませんね。国語事典を見ると、世に出ることと引っ込むこと、というような意味が出ています。これは、少し原語とニュアンスが違うと思います。原語は、〈Tun und Lassen〉。〈tun〉は英語の〈do〉、〈lassen〉は〈let〉もしくは〈leave〉に相当します。能動的にするこ行為することと、なるがままにして放っておくことです。ただ、そんなに難しいニュアンスの表現ではなく、能動的な〈tun〉と受動的な〈lassen〉を合わせて、ある人の行状の総体というような意味合いの熟語として使います。同じ岩波書店から出ているカント全集では、「行状」と訳しています。

個々の人間の様々な行動を観察している限り、どうしてもいろいろおかしなことが目に入ってきてしまう。個々の人間に「理性的意図」があると考えようとすると、苦しいことになるけれど、個々の人間の意図や行動を超えたところで、「歴史」を動かしている「自然の意図 Naturabsicht」のようなものがあると想定すると、何とかいけるのではないか。自らの願望も込めて、そういうものを想定したうえで、これから話を進めていくつもりであると宣言しているわけですね。これを、ヘーゲルは、「理性の狡知 List der Vernunft」という言葉で表現します。この場合の「理性」というのは、歴史を動かしている「理性」、絶対精神のような、究極の「理性」のことです。

カントは、歴史を導いている「自然の意図」を、九つの命題に分けて段階的に説明しています。

第一命題――人間と自然に共通の法則はあるのか?

「第一命題」は、人間だけでなく、自然物一般を規定する法則に関するものです。

> およそ被造物に内具するいっさいの自然的素質は、いつかはそれぞれの目的に適合しつつ、あますところなく開展するように予め定められている。

ここでカントは、あらゆる被造物は、「目的に適合しつつ zweckmäßig」発展しているという、目的論的な見方をしています。目的論（Teleologie）というのは、自然界に存在する個物は、相互に連関なくバラバラに存在しているのではなく、「自然」あるいは神によって与えられた「目的」に従って存在し、運動しており、全体として一つの大きな「目的連関」を形成している、という見方です。古代の哲学、例えば、アリストテレスの自然哲学では、目的論的思考は、当たり前でした。サンデル・ブームで少しだけ一般に

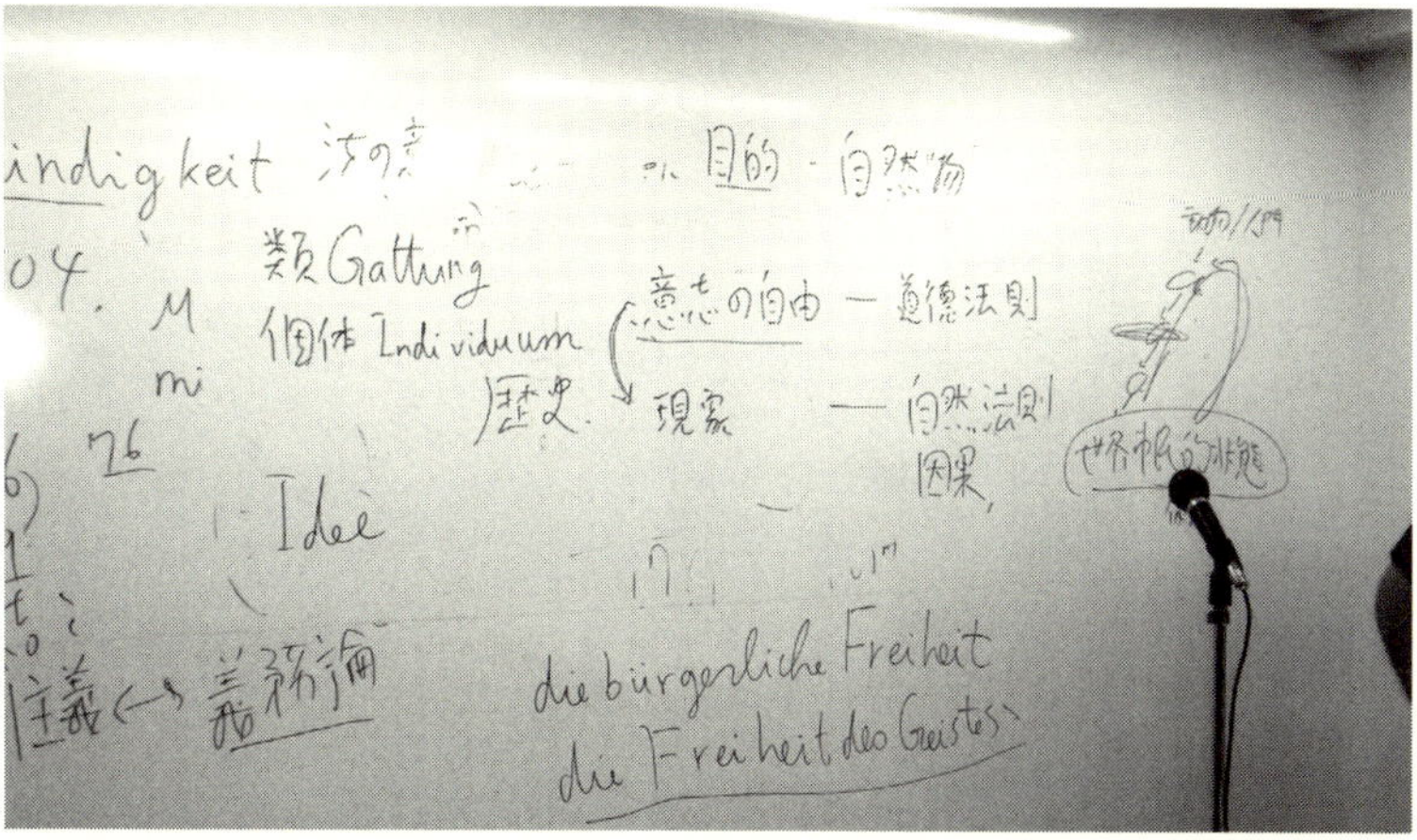

知られるようになったように、政治哲学でも、各人の生の目的を束ねる、政治的共同体の目的を論ずる「目的論」があります。古代哲学では、この意味での目的論と、自然哲学的目的論が連動していました。アリストテレスは、その二つの意味での目的論と取り組んだわけですが、それはここで詳しく論じる必要はないでしょう。

近代に入って、認識主体としての自我が世界の中心に位置付けられるようになると、自然哲学的な目的論は次第に排除されるようになりました。目的論的に考えるには、万物の目的を設定した神のような超越的主体を想定せざるを得なくなるからです。カント自身も、「目的論」を学問として体系化することは不可能だという立場を取っていますが、その一方で、美や想像力をテーマとする『判断力批判』（一七九〇）では、自然界に存在する諸物の間の目的連関を見出す「目的論的判断力」の働きについて論じています。

この「第一命題」では、自然界に存在する諸物が、それぞれの目的に合わせて発展するよう定められているという仮定が示されているわけです。何だか強引な感じがしますが、その後に述べられているように、目的連関がないとすれば、自然は法則性がなく、無目的に戯れるものの集合体だということになってしまう。だから、一応何らかの目的に従っていると仮定してみよう、という話です。

第二命題——幸福は二の次にすぎない!

次に「第二命題」です。

> 人間（地上における唯一の理性的被造物としての）にあっては、理性の使用を旨とするところの自然的素質があますところなく開展するのは、類においてであって、個体においてではない。

これは、個々の人間の行動には常に理性的なものを認めることはできないけれど、歴史の過程の中で「人類＝人間性」が次第に発展する、というこの論文の主題を、コンパクトに命題化したものです。二六頁から二七頁にかけて述べられているように、具体的には、各人が獲得した「啓蒙」の成果を、教育や訓練を通して、次の世代に継承していくことで、次第により高いステージに上っていく、ということです。各個体の知能が高くなったり、寿命が延びたりする必要はないわけです。これは、ルソーも強調している点です。

因みに「類」の原語は〈Gattung〉で、通常は、「ジャンル」とか「種類」の意味で使われます。生物学用語としては、「属」という意味です。因みにマルクスが「人間の類的本質（Gattungswesen）は労働である」と言う際の「類」も〈Gattung〉です。

第三命題——人《類》の発展

「第三命題」は、人類の類としての発展の仕方について述べています。

自然が人間に関して欲しているのは、次の一事である、すなわち——人間は、動物的存在としての機械的体制以上のものはすべて自分自身作り出すということ、また人間が本能にかかわりなく、彼自身の理性によって獲得した幸福、或いは成就した完全性以外のものには取り合わない、ということである。

抽象的でやや分かりにくいですが、人間は、自然によって予め与えられているもの、つまり自分の身体的な属性に従って機械的に生命維持することよりも、自らの理性を使って、自分自身を発展させ、より幸福に、かつより完全になることに関心を持つということです。「〜以外のものには取り合わない」と断定しているところが引っかかりますが、これはあくまで個々の人間の具体的振る舞いではなく、人類全体の話をしていると考えれば、さほど突飛な話ではないようにも思えます。自然は、人間に最低限の生命維持機能だけは与えたけど、それ以外の部分、精神的・道徳的部分に関しては、人間が自分の理性で自分を完成するように仕向けているわけです。

すると自然の狙いは、人間の安楽な生活というよりも、むしろ人間が自己の理性的価値を認識することにあったかのようである。人間に関する事柄のとるこのような経過のなかには、夥しい心労が蝟《い》集《しゅう》していて、それとばかりに人間を待ち設けているからである。いずれにせよ自然は、人間が安楽に生きることなどは、まったく考慮しなかったらしい。自然が深く心に掛けたのは、——人間は、自分の行動に依って、自己の生活と身心の安寧とを享受するに値いするような存在になる、ということであった。

「自己の理性的価値を認識すること seine vernünftige Selbstschätzung」、つまり、自分自身の本来の価値は、理性的であることにあると認識するように、自然は人間を仕向けるわけですね。しかしその状態は、大変な苦労を伴うものであり、ただちに安楽になれるわけではない。理性的な存在になることによって幸福になれるかどうか分からないけれど、とにかく、自己の生活（Leben）と心身の安寧（Wohlbefinden）に「値いする」存在になるよう努力し続けねばならない。「理性的であること」と、「幸福であること」の違い、前者が必ずしも後者を伴わないことを確認したうえで、前者に徹すべきと考えるのは、『実践理性批判』にも通じる、カント倫理学の基本的な発想です。「理性的」でありながら、「幸福」であるという状態に到達できる可能性を否定するわけではないのですが、少なくとも、現在のままの人間にとっては、両立は難しいと考えます。

「値いする würdig」というドイツ語の形容詞は少し意味深です。〈würdig〉自体は、述語形容詞として、英語の〈worth〉あるいは〈worthy〉と同じ使い方をしますが、これの元になった名詞〈Würde〉は「尊厳」という意味です。人間の尊厳とか、人格の尊厳という時の尊厳です。英語の〈worth〉は、名詞としては「価値」という意味ですが、「価値」だと少し軽い感じになりますね。

人間にとって、自らの理性的な努力によって尊厳ある存在になることが最重要であって、幸福になることは二次的なことにすぎない。

ただ、そう考えると、少々奇異な二つの問題が生じてくると述べていますね。

第一に、前の世代の人々は後の世代のために、骨の折れる仕事に営々と従事して後世の人々の利益を図り、彼等のために基段を用意する、そこで次の世代の人々はこの段の上に、自然の意図するところの建物を構築することができる、ということである。また第二は、この建物に居住するという幸福を享けるのは、最も後世の人々だけであり、幾代もの先祖達は（もちろん自分で意図したわけではないにせよ）、この建築物を工作したにも拘らず、自分達自身は彼等の下拵えした幸福に与り得ない、ということである。確かにこのことは不可解な謎である、しかしひとたび次の事実を承認するならば、このような成行きは、同時に必然的であることが明らかになる、すなわち――動物の一類としての人類が理性をもつと、個々の理性的存在者はことごとく死滅するが、しかし類としての人類は不死である、そこで人類の自然的素質は、完全な発展をとげることになる、という事実である。

前の世代が後の世代のために努力するのは当たり前のような感じもしますが、よく考えてみると、前の世代は、後の世代ほどには理性的にはなれないし、自らの努力の成果を享受して、幸福になることができない。世代間で、不均等、不公平な感じがしますね。理性的な存在としての人間は、みな同じように尊厳があるのではないのか？ 自然はどうしてそんな不公平なことをするのか？ 因みにカントとは全然前提が異なりますが、ロールズの正義論でも、世代間の正義＝公正さが問題になります。

この箇所から読みとれるように、カントは、個々の人間の間に不公正があるのはあまり問題ではないと考えているようですね。大事なのは、個々の人間が理性的な存在者として完成するということではなく、「類」として完成するということです。個々の人間はいずれ死んでしまうけど、「人類」自体は不死で、啓蒙の成果を取り込んで、だんだん完成していけるからです。カントが描く「自然」は、「人類」そのもののために、個々の人間を踏み台にしているようで、かなり冷たい感じがしますね。

第四命題——自己チューでいいんです！……非社交的社交性

「第四命題」は、道徳哲学者カントの通常のイメージより、社会科学っぽい内容になっています。

> 自然が、人間に与えられている一切の自然的素質を発展せしめるに用いるところの手段は、社会においてこれらの素質のあいだに生じる敵対関係にほかならない、しかしこの敵対関係が、ひっきょうは社会の合法的秩序を設定する原因となるのである。ここに言うところの敵対関係（Antagonismus）とは、人間の自然的素質としての非社交的社交性のことである。

「非社交的社交性 die ungesellige Geselligkeit」は有名な言い方です。典型的な撞着語法（oxymoron）ですね。撞着語法は、大抵、矛盾しているように見える二つの要素の一方が、文字通りの意味ではなく、比ゆもしくは誇張した言い方になっていますが、この場合は、「非社交的」あるいは、その同義語として使われているように思われる「敵対関係」がそれに当たります。文字通りの「敵対関係」、あるいは、「非社交性」ではなく、少し後に出ているように、「仲間を離れて自分一人になろうとする sich zu vereinzeln（isolieren）」傾向、「一切を自分の意のままに処理しようとする alles bloß nach seinem Sinne richten zu wollen」傾向、「他人に抵抗しようとする Widerstand gegen andere geneigt」傾向のことを言っているわけです。まとめると、自己チューだということです。自己チューだからこそ、人は社交的になる、すなわち、他者に配慮して振る舞うようになる、という議論です。

人間はなぜ道徳的に振る舞うのかという問いに対して、いろんな答え方ができますが、私たちが通常〝カント的〟だと思っている答えは、「人間の本性は道徳的普遍性を求めている」という感じになると思いますが、この命題でカントはそれとは正反対のことを言っているわけです。本当に自己チューの人間だったら、行き当たりばったりに利己的に振る舞っていたら結果的に自らが損をすると分かる。他の人と協調して振る舞うこと、社交的に振る舞うことが結局は自己利益につながるのだ、と考える。これは、カントが理想とする、道徳法則と合致した本来の理性の使い方とは違いますが、結果的にみんながそういう意味で利己的な振る舞いをすれば、「社会 Gesellschaft」の「合法的秩序 eine gesetzmäßige Ordnung」につながっていくわけです。「合法的」と訳されていますが、この場合は、自己チューの人々のばらばらの振る舞いから、規則性が生じるという意味合いも含まれているので、「法則的」と訳してもいいでしょう。ドイツ語の〈Gesetz〉には、「法」と「法則」の両方の意味があります。形容詞形の〈gesetzmäßig〉にも、それに対応する二つの意味があります。

各個人が自分の利益を第一に考えるエゴイストであるからこそ、「秩序」が形成されるというのは、アダム・スミス（一七二三－九〇）が『諸国民の富』（一七七六）において、人々の個人的利益の追求が、市場を通して、社会全体の利益に変換されるメカニズムを説明したのと同じ理屈です。スミスの直接の影響なのかどうかははっきりしませんが、一八世紀は、商業が発達し、自由貿易を求める声が強くなり、経済学が生まれた時代ですから、商業に代表される私的利益追求活動の中から秩序が生まれてくる、という発想は、西欧の知識人の間で広く共有されていたのかもしれません。

アダム・スミス

人間は、相集まって社会を組織しようとする傾向をもっている、彼はこのような状態においていっそう人間としての自覚をもつようになるからである、換言すれば、彼の自然的素質の発展をみずからのうちに感知するのである。ところがまた人間は、仲間を離れて自分一人になろう（孤立しよう）とする強い傾向をも具えている、彼は自分のうちに、社交的性質と同時に、一切の自分の意のままに処理しようとする非社交的性向をも見出すからである。そこで彼は、到る処で他者の抵抗に出会うことを予期する、自分のほうでも他人に抵抗しようとする傾向が自分自身にあることをよく承知しているからである。ところでこの抵抗こそ、人間がほんらい具えている一切の力を覚醒させ、彼を促して怠惰の性癖を克服させ、また名誉欲や支配欲、或いは所有欲に駆られて、人間仲間――彼がこの人達をどうにも我慢できないとしながらも、さりとて彼等からすっかり離れることもできないような仲間――のあいだにひとかどの地位を獲得させるのである。そして未開状態から脱出して文化へ向う紛うかたなき第一歩はここに始まるのである、なお文化は、もともと人間の社会的価値にもとづいて成立するところの状態にほかならない。

フィヒテ

予め説明したので、比較的分かりやすいと思います。他者からの「抵抗 Widerstand」ということがこの箇所の説明のカギになっているのが分かりますね。自分の思い通りに振る舞おうとすると、不可避的に、自分の思い通りにできない他者からの「抵抗」にぶつかる。そこで、他者を意識し、他者と協調するようになる。物心がはっきりついていない子供が、物にぶつかったり、周りの大人に叱られたりして、他者との関係で自己を意識するようになるのを念頭に置いてもらうと、分かりやすくなるでしょう。

フィヒテ（一七六二―一八一四）も、私ならざるものの「抵抗」を契機として、自我が自己の存在を意識化し、その存在を定立する過程を描き出しています。〈Widerstand〉は、「～に抗して」という意味の接頭辞〈wider-〉と、「立っている状態」を意味する名詞〈Stand〉から合成された語です。そのことを強調して、「自我」に「対抗して立っている」とか「対峙している」という意味合いを持たせて、言葉遊びをすることができます。フィヒテはそういう言葉遊びをやっています。

第五命題――はたして、自己チューたちは「公民的社会」を創れるのか？

「第五命題」では、非社交的社交性を通してどのような秩序が形成されるかが論じられています。

自然が人類に解決を迫る最大の問題は、組織全体に対して法を司掌するような公民的社会を形成することである。組織において最大の自由が保たれ、従ってまたその成員のあいだに敵対関係が普ねく存在するが、しかしこの自由の限界が厳密に規定せられ、かつ守られていて、各自の自由が他人の自由と共存し得るような社会においてのみ、自然の最高の意図――すなわち、自然が人類に与えたところの一切の素質の開展が達成され得るのである。

「組織全体に対して法を司掌するような公民的社会」という言い方が難しそうですね。原文は、〈eine allgemein das Recht verwaltende bürgerliche Gesellschaft〉です。直訳すると、「一般的に法を司る市民社会」となります。ちょっとずつ分解して考えましょう。「法を司る das Recht verwalten」という言い方は、日本語としても難しいですが、分かりやすく言い換えると、「法がちゃんと適用されるように管理する」ということです。〈verwalten〉という動詞は、「管理する」とか「統治する」という意味です。市民（公民的）社会が、「法」を管理している、ということですね。

〈allgemein（一般的に）〉を「組織全体に対して」と訳しているわけです。「市民社会」にとって、「一般的に」というのは、「その市民社会の領域全体を包摂するように（満遍に）」、ということですね。それがどうして、「組織全体に対して」という訳になるのか。恐らく、「市民社会」が、自らを「法」によって

「管理＝統治」しているということから、「市民社会」が全体的に自己を「組織」化しているのだと解釈したのでしょう。先ほどお話ししたように、カントは、「市民」を、単なる、交換関係に参加している自由人ではなく、公共体の構成員と見なしているということもあって、「市民社会＝組織」というイメージが更に強まったのかもしれません。「市民社会」が「法」を介して自己統治しているという話なので、「組織全体に対して」と訳しても間違いではないと思いますが、訳しすぎであるような気もします。私なりに分かりやすく意訳し直すと、「一般的に法による統治を行う市民社会」となります。

先ほどお話ししたように、カントはスミスと同様に、エゴイズムから公共的秩序が生じてくるという前提に立つわけですが、カントは特に、「法 das Recht」を介しての自己統治が行われるという側面を強調します。この講義で何度かお話ししましたが、〈Recht〉には、「法」と共に、「権利」という意味もあります。「市民社会」が「法」によって統治されるということは、各市民に「権利」が保障されるということでもあります。それが、各人の「自由 Freiheit」の基盤になるわけです。「法＝権利」に基づく統治が成されることによって、エゴイストの個人同士の敵対関係が残存しながら、自らの「権利」の範囲内で他者に侵害されることのない「自由」を享受することができる状態が実現するわけです。

それだから外的な法律に保護されている自由が、反抗を許さぬ権力と、およそ可能な限り最大の程度に結びついているような社会、すなわちあくまで公正な公民的体制こそ、自然が人類に課した最高の課題なのである。

「公正な公民的体制」と訳されていますが、原文では、〈eine vollkommen gerechte bürgerliche Verfassung〉で、「完全な vollkommen」という副詞が入っています。〈Verfassung〉は英語の〈constitution〉と同じで、

基本的な意味は「構成（体）」、法学的には、「憲法」です。個人の「自由」と、「反抗を許さぬ権力 unwiderstehliche Gewalt」が結び付いている状態が、「完全に公正な公民的体制」です。「自由」と「反抗を許さぬ権力」は一見矛盾するようですが、各人がお互いの権利や自由を認め合い、それを守ってくれる「法」の必要性を理性的に認識していたら、両者は矛盾しません。各人が〝自然と〟、「法」に適合するように振る舞うからです。無論、「反抗を許さぬ権力」が、合法的で公正なものになっていることが大前提です。

第六命題——やっぱり支配者が必要か？

「第六命題」は、「第五命題」に対する補足です。

如上の問題は、最も困難であると同時に、また人類によって最後に解決さるべき課題である。この課題をちょっと思いみるだけで現前する困難は、——人間は、同類であるところの他の人間のあいだに生活する場合には、支配者を必要とする動物だということである。それというのも人間は、他の人間のことになると、自分の自由を必ず濫用するからである。

人間が支配者＝主（Herr）を必要としているというのは、よく聞く話ですが、ここでカントが言っているのは、依存傾向のことではなくて、少し後を読めば分かるように、人間は依怙贔屓をする存在なので、公正に判断してくれる主が必要だということです。無論、その主もやはり動物なので、やはり公正に判断できるという保証がない。そこでその主を導く主を……と考え出すと、きりがない。プラトンは哲人王の政治を理想としましたが、カントはこの点では結構現実的です。フリードリヒ大王を持ちあげていた「啓蒙とは何か」と違った論調ですが、こっちの方がカントの本音っぽいですね。

人間は、いわば曲った木である、この曲木から真直ぐな材木を切り出そうとしても、それはできない相談である。そこで自然が我々に課した仕事は、人類がこの理念に次第に接近していくということである。

個々の人間の本性は、もともとねじ曲がっている、つまり、理念的に想定し得る、理性＝道徳的な在り方から隔たっているので、生身の人間の間から、「公正な主」を探し出すのはどだい無理だということですね。この「曲った木 krummes Holz」という表現は結構有名です。「積極的自由 positive liberty」と「消極的自由 negative liberty」の区別で有名な、政治哲学者のアイザイア・バーリン（一九〇九‐九七）は、晩年の著作に、『人類（人間性）という曲った木 Crooked Timber of Humanity』（一九九〇）というタイトルを付けています。当然、カントを意識しています。バーリンはこの著作で、単一の理想＝真っ直ぐな材木を追求するユートピア主義、教条主義の危険性を指摘し、価値多元主義の重要性を強調しています。

第七命題──未来は？ グローバルな公民的秩序

次の「第七命題」は、明らかに、カントの時代よりも未来の状態に言及しています。彼の願望がかなりはっきりしてきます。

完全な意味での公民的組織を設定する問題は、諸国家のあいだに外的な合法的関係を創設する問題に従属するものであるから、後者の解決が実現しなければ、前者も解決され得ない。

国家に完全な公民的組織（体制）を打ち立てようとすると、世界的秩序が必要になる。なぜかと言うと、他の国家との間に「敵対関係」があり、いつ戦争が起こるか分からない緊張状態があると、国内において法や権利をちゃんと守ることが難しくなるからです。国防や治安のために、人々の権利を制限したり、私有財産を徴収する必要があるかもしれない。これは現在でもよく聞く話ですね。だから、完全な公民的秩序を作ろうとすれば、国家間の敵対関係を解決する必要がある。公民的秩序をグローバル化する必要があるということです。そうした構想をカントは、国際連合（Völkerbund ＝ Foedus Amphicryonum）と呼んでいますね。因みに、第一次大戦後に出来た「国際連盟 League of Nations」は、ドイツ語で、〈Völkerbund〉と言います。

このような思想は、一見したところいかに空想的に思われるにせよ、またかかる思想を懐いたサン・ピエールやルソーのごとき人が世人の嘲笑を買ったにせよ（恐らくこの人達は、かかる思想が極めて近い将来に実現されると信じていたからであろう）、しかしこのような成行きは、人間同士が互に相手を苦しめ合うところの、のっぴきならぬ必要から必然的に生じる結果であり、この必要が諸国家を強要して、曾ては未開人がいやいやながらも決意せざるを得なかったのとちょうど同じ決意――すなわち粗野な自由を放棄して合法的組織に平安と安全とを求めようとする決意（これが諸国家にとっていかに辛かろうとも）に踏み切らせるのである。

サン・ピエール

訳注に出ているように、サン・ピエール（一六五八－一七四三）は、フランスの司祭・外交官で、啓蒙的な政治・文芸評論家でもあります。

「ヨーロッパにおける永遠平和のための草案」（一七一二）で、ヨーロッパ諸国連合の創設を説いた人です。ルソーがこれを紹介する「サン・ピエールの永遠平和草案の抄解」（一七六一）という文章を書いたおかげで、ルソー経由でよく参照されます。ルソーはまた、サン・ピエールを批判的に検討した「永遠平和批判」という文章も著しています。この構想をカントも継承し、『永遠平和のために』の構想につながっているわけです。本来はエゴイスティックな国家同士の間でも、非社交的な社交性が働くわけです。危ないので、自分のエゴイズムを抑えて、平安（Ruhe）と安全（Sicherheit）を求めて、「合法的組織（体制）eine gesetzmäßige Verfassung」の結成に至る。この辺の記述は、スミスというより、ホッブズっぽいですね。法秩序を人為的に作り出すことに、各人が合意するかのような語り方をしている、という意味で。

我々はいま技術と科学とによって高度の文化に達している。我々はまた諸般の社会的な礼儀や都雅の風に関して、煩わしいまでに文明化している。しかし我々自身をすでに道徳的にも強化されていると見なすには、まだ甚だしく欠けているのである。文化は、更に道徳性という理念を必要とするからである。

「文化 Kultur」と「文明 Zivilsation」を区別していますね。「文明」というのは社会的な礼儀とか都雅とかの話だけど、「文化」は「道徳性 Moralität」と結び付いています。「道徳的に教化されている moralisiert」ということが、「文化」の条件だというわけですね。カントは、「文明」の水準よりも、「道徳性」を含む「文化」の水準を問題にしているわけです。

ドイツ語圏の知識人の間で、一九世紀以降、フランスに代表される物質的・外的な「文明」と、ドイツに代表される精神的な「文化」を対比する言説が流布するようになりましたが、カントのこうした論考に

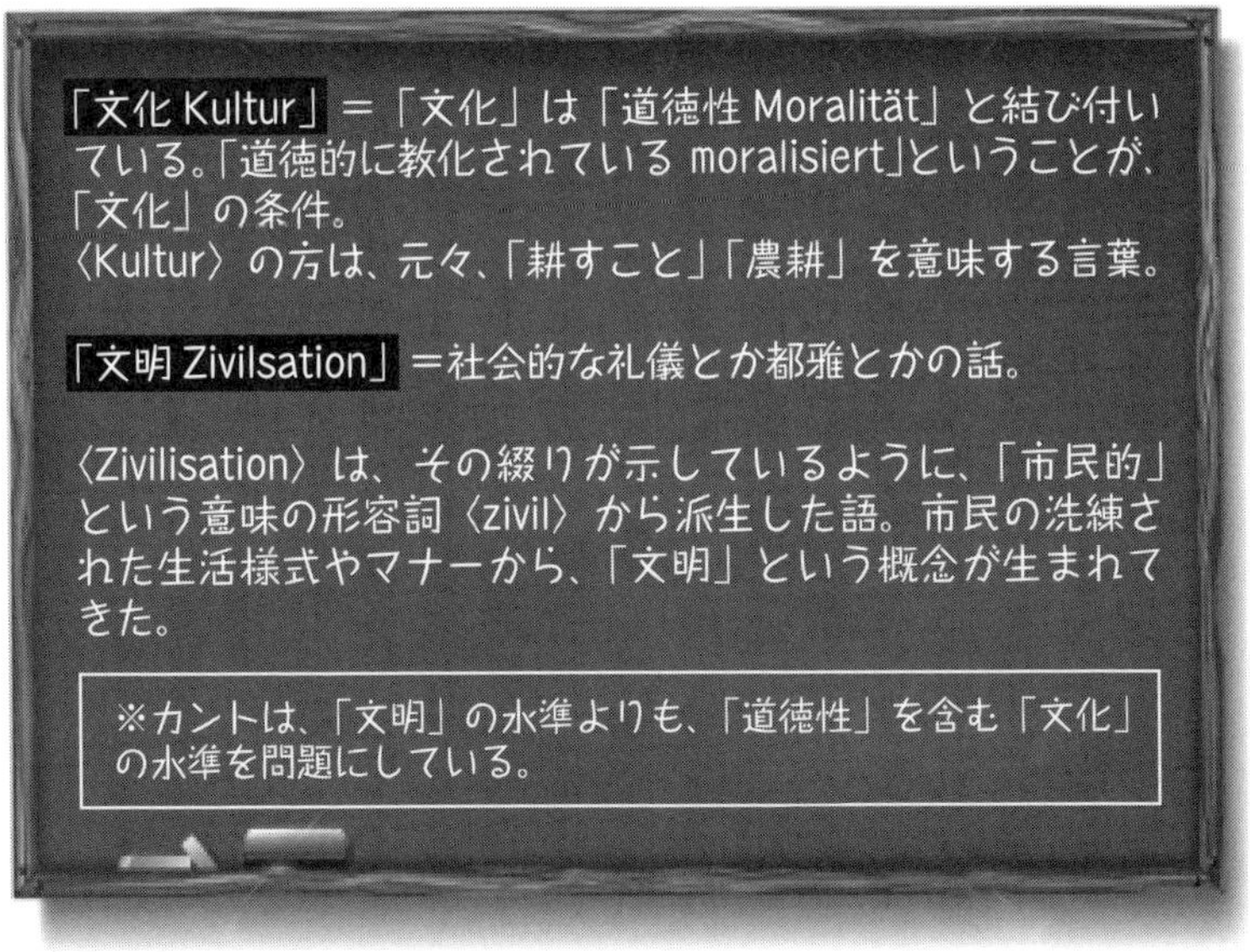
「文化 Kultur」＝「文化」は「道徳性 Moralität」と結び付いている。「道徳的に教化されている moralisiert」ということが、「文化」の条件。
〈Kultur〉の方は、元々、「耕すこと」「農耕」を意味する言葉。
「文明 Zivilsation」＝社会的な礼儀とか都雅とかの話。
〈Zivilisation〉は、その綴りが示しているように、「市民的」という意味の形容詞〈zivil〉から派生した語。市民の洗練された生活様式やマナーから、「文明」という概念が生まれてきた。
※カントは、「文明」の水準よりも、「道徳性」を含む「文化」の水準を問題にしている。

その萌芽があるわけです。因みに〈Zivilisation〉は、その綴りが示しているように、「市民的」という意味の形容詞〈zivil〉から派生した語です。市民の洗練された生活様式やマナーから、「文明」という概念が生まれてきたわけです。〈Kultur〉の方は、元々、「耕すこと」「農耕」を意味する言葉です。その語源を念頭に置いて、「精神」を耕すことが「文化」だ、と言うことができます。最近はあまり聞かなくなりましたが、一昔前の高校や大学の「教養」論では、定番のネタになっていました。

第八命題——では国家はどうあるべきか？

「第八命題」は、再び国家組織に話を戻します。

人類の歴史を全体として考察すると、自然がその隠微な計画を遂行する過程と見なすことができる、ところでこの場合に自然の計画というのは、——各国家をして国内的に完全であるばかりでなく、更にこの目的のために対外的にも完全であるような国家組織を設定するということにほかならない、このような組織こそ自然が、人類に内在する一切の自然的素質を剰すところなく開展し得る唯一の状態だからである。

体内的にも対外的にも完全な「国家」という組織があることが、カギになるということですね。人間の「自然的素質」を発展させるうえで、完全な「国家」がカギになるというのは、ヘーゲルにも通じる、極めてドイツ的な発想です。

> 今日では、諸国家のあいだにはすでに人為的な対外関係が成立しているので、どの国家にせよ国内の文化が衰退すれば、他国家に対する威力と影響力とを失墜せざるを得ないのである。それだから自然のかかる目的の実現を促進しないまでも、せめてこの目的を維持することは、諸国家が各自の利己的な意図に依ってすら、かなり確実に実行されているのである。更にまたこういう事情がある、——公民的自由が甚しく侵害されると、そのために生じる不利はあらゆる商工業部門、とりわけ貿易の方面で顕著になるから、国家の対外関係においても、国力の減退を痛感せざるを得なくなるのである。しかもこの自由は、次第に拡大しつつあるのである。それだから国家の統治者にして、国民が各自に任意な仕方で——と言っても他人の自由と両立する仕方でなければならないが、——自分の福祉を求めることを阻むならば、企業全般に亘る溌剌とした活動のみならず、ひいては国家全体の諸力の発揚をも阻害するに至るであろう。こういう次第で、国民に対する個人的な制限は、時と共にますます撤廃せられ、また宗教における自由も一般的に緩和せられつつあるのである。

少しごちゃごちゃしていますが、要は、ある国家が外交や商業の面で強い国家であろうとすれば、どうしても国内で、「公民（市民）的自由 bürgerliche Freiheit」をきちんと認め、そのための法体系を整備せざるを得ないという話です。「権利」や「自由」を認めずに、経済的繁栄だけ享受することはできない。これは、東欧の旧社会主義国とか、中国とかについてよく聞く話ですね。「市民的自由」を保障すると、反体制が勢いづいて面倒そうだけど、その方が結局、国家のためになることは、為政者たちも分かるはずだ、とカントは見ているわけです。

第九命題――結論。カントが描いた世界史は、コレだった！

最後の「第九命題」は、これまでの主張をまとめて、世界史に対するカントの見方を最終的に呈示するものになっています。

> 自然の計画の旨とするところは、全人類のなかに完全な公民的連合を形成せしめるにある。かかる計画に則って一般的世界史を著わそうとする試みは、可能であるばかりでなく、また自然のかかる意図の実現を促進する企てと見なさざるを得ない。

「完全な公民的連合 die vollkommene bürgerliche Vereinigung」、つまり、市民たちが法や権利を媒介にして結び付いた世界的な連合体を形成させることが、「自然」の最終的な目的であるということですね。しかも、その「自然の意図」に即して「世界史」を書くこと、カントが構想していることは、「自然の意図」の実現に寄与する、実践的な意味を持っているというわけです。「世界史を書く」ことは、それを読む人に影響を与え、世界史の中での自ら役割を自覚させることになる、ということでしょう。

> 私は、世界史に対するこのような構想——いわばア・プリオリな手引きをもつような構想を以て、もっぱら経験的な見地に立って編まれる本来の修史を駆逐するつもりはない、そのような非難は、私の真意を誤解するものである。私の考えは、哲学者（いずれにせよ哲学者は、歴史に精通していなければならない）が、経験的立場とは別の観点から試みるような歴史に対する一つの着想にすぎないのである。ところで我々がいま当代の歴史を詳述するのは、確かに称讃すべき事業に相違ないが、しかしこの分だと数世紀ののちに、我々の子孫に残すであろうような歴史の重荷をどう処理するであろうか、という懸念を懐かざるを得ないのは当然であろう。言うまでもなく彼等は、その時にはもうとうに記録を佚しているかも知れぬ古代の歴史をも、彼等の関心を喚起せしめるところの観点——すなわち、諸民族とその統治とが世界公民的見地において成就したところの是非得失を考察するという観点からのみ評価するであろう。こうして彼等は、このことに顧慮を払うと同時に、また国家主権者ならびにその従属者たちの名誉欲をも等閑に付することなく、彼等の光栄ある追憶を後世に伝えるに最も適切な手段を講ずるであろう。実際、このような考察も、かかる哲学的歴史の著述を試みさせるささやかな動因となり得るのである。

最初から分かり切っていることですが、カント自身の意図は、史料に基づいて経験的に正確な歴史を書くことではないということですね。それはそれで大事だけど、単に、史料を増やして精密な歴史を記述するということだけを目標にしていたら、時代が進むにつれて史料がどんどん増えていって、何をどう叙述していいか分からなくなるかもしれない。そこで、（哲学的な推論から導き出した）アプリオリな原理に基づいて、歴史の「目的＝終わり」を示したうえで、歴史の中の主要な人物をどう位置付け、評価すべきか指針を示すことを試みているのだ、というわけです。国家の元首——「主権者」と訳されていますが、原語は〈Staatsoberhaupt〉なので、「元首」と訳した方がいいでしょう——とか、その臣下のやったことにはいろいろな側面があるので、史料をフラットに見ている限り、何に重点を置き、何を基準に判断したらいいかなかなか見当がつかない。しかし、「完全な公民的連合」の達成と、その前提となる「合法的体制」を備えた国家の樹立にどれだけ貢献したかという尺度を立てれば、何に注目し、どう評価すべきか見えてくる。自分はそういう歴史記述の哲学的な軸を示したいのだと最後に改めて強調しているわけです。

■質疑応答

Q　今回カントを読んでみて、ロールズの議論は、カントの議論を反転させただけのように感じられました。カントは上から想定して社会を論じ、一方ロールズは下から見て論じていた。しかし、実は両者は同じことを言っていると感じられます。ロールズはカントの議論を踏まえているのでしょうか。

A　ロールズは自らカント主義者であると言っています。しかし、カントの議論をかなり換骨奪胎しています。カントは「自律」を本来の意味で使っています。『実践理性批判』で定義している、自由とは究極の自律であり、それは道徳法則に従うことである、という議論に拘っています。しかし、拘りすぎると、現実的な規範や政治の原理を導き出せない。そこでロールズは、「自律」を緩い意味に解釈して、政治哲学に応用可能にします。何らかの「公正さ」の基準に従って、正義の原理を選び、それに従って自分の行動を律することができれば、それで自律していると見なすわけです。

『正義論』（一九七一）でロールズは、「原初状態」と「無知のヴェール」という仮定の下で、人々はどのような正義の原理を選択するかシミュレーションします。「無知のヴェール」の下にある契約当事者たちは、自分が社会の中でどのような位置を占めているか、どういう能力があるのか、どういう価値観を持っているのか、どういう文化集団に属するのか、といった自他の相対的な有利／不利に関する情報から遮断されます。いわば、自己中心的な判断、依怙贔屓ができない状態に置かれます。そういう状態で選択する正義の原理であるなら、公正であり、かつ人間の普遍的理性に適ったものであるはずだ、と前提したうえで、「無知のヴェール」が実在しなくても、それに近い判断をすることができることを示そうとします。

情報の面で完全に公正＝非党派的（impartial）な正義の原理を志向するという点で、確かにロールズはカント的です。しかし、厳密にカント的であろうとすれば、情報において公正であるだけでなく、いかなる外的条件にも囚われることなく、純粋に（理性的な「道徳法則」によって規定される）「善」だけを志向する「善意志」によって自らの行動を律しなければいけません。ロールズも、各主体が自らの意志で「善」を追求しているという前提で議論を構築しますが、ロールズの言っている「善」は、基本的に「幸福」です。各人の「幸福」は、当然、物質的条件や他人との関係に左右されます。それぞれ自分なりに、自分なりの「幸福＝善」を追求している各人が、お互いの間で協力するための枠組みを作るには、どのような条件が必要か、という視点から「正義」を再定義するのがロールズの問題意識です。経済成長によって財を増やした上で、それをどう分配するのが公正かを論じます。そこで、有名な「格差原理」を核とする分配的正義の原理が出てくるわけです。

ロールズは、純粋な意味での、道徳的「自律」は問題にしていません。各人が物質的幸福も追求しているという大前提の下で、個人の幸福と、正義をいったん切り離すために、カントの名前を出して、〝道徳的自律性〟を強調します。しかし、それは、カントの道徳哲学からはかなりずれていると思います。

ただ、カントも文字通りの意味で、純粋な「道徳的自律」を求めたわけではなく、露骨なエゴイズムを排除するためのテストとして、定言命法を定式化したのだという風に考えるのであれば、ロールズの〝カント主義〟もそれほど不当ではないのかもしれません。英米系の倫理学・政治哲学では、そういうカント解釈がけっこうポピュラーです。

カントの言っていることを、現実社会における制度設計に応用しやすいように、緩く解釈し直したのがロールズだと考えればいいでしょう。八〇年代以降のロールズは、自分の正義論を経済学的見地から論証しようとするそれまでの路線から少し撤退して、カント的な〝自律〟の見地から論証する方向へとシフトしていきます。この辺の詳しい事情については、拙著『いまこそロールズに学べ』（二〇一三）をご覧下さい。

定言命法
実践理性批判

Metaphysik der Sitten

Verstand
die ungesellige
Geselligkeit

Antagonismus

［講義］第六回

現実の世界では「自由」と「法」は両立するのか?

実践とは何ぞや?

今回は『啓蒙とは何か　他四篇』の最後に収められている論文「理論と実践」を読んでいきたいと思います。『判断力批判』よりも後なので、結構後期の論文です。かなり長いですね。この岩波文庫の訳で、訳注込みで七八頁あります。一四頁の「啓蒙とは何か」や二八頁の「世界公民的見地における一般史の構想」に比べてかなり長いですね。この論文は専門的なカント研究者からそれほど重視されていないだけでなく、カントの政治哲学的諸著作の中でも注目度が低い感じですが、国際法を論じたロールズの著作『万民の法』(一九九九)で、『永遠平和のために』と共に、この論文の国際法関係の部分を参照しているので、そちらの方面から関心を持つ人もいるかもしれません。

タイトルからは少々昔の左翼的な印象を受けますが(笑)、勿論、カントはマルクスよりずっと前の時代の人ですし、「実践」の意味が、左翼運動の〝実践〟とはかなり違います。このタイトルについては、「訳者後記」で説明されています。「この論文の完全な題目は、『理論では正しいかも知れないが、しかし実践には役に立たない、という通説について』である」(二〇〇頁)。つまり、「理論では正しいかもしれないが、しかし実践には役に立たないかもしれない、という通説について Über den Gemeinspruch: Das

クリスティアン・ガルヴェ

mag in der Theorie richtig sein, aber taugt nicht für die Parxis」という長いタイトルを、「理論と実践」と省略して訳したわけです。省略したせいで、社会運動のスローガンっぽく聞こえるわけです。マルクス主義等の左派の言説では、「理論」と「実践」の間のギャップはどうやって生まれるのか、どうやったらそれを克服できるのかをしつこく追求しますが、この通説のタイトルにはそれほど重い意味はなさそうですね。「通説」と訳されている〈Gemeinspruch〉は、もともと学問的な言葉ではなく、基本的には「決まり文句」という意味です。

カントの理論は、例えば『純粋理性批判』という主著のタイトル等から想像できるように、理性の純粋な働きを探求するものなので、「実践」から遠くなる傾向があると思われがちです。現代の知識人にとって難しいのは当然のこととして、当時のドイツの知識人にとってもそうだったようです。「訳者後記」にも、「カントは一七八一年に『純粋理性批判』を公けにしたが、当時この主著は極めて難読、難解であるという評判を得た」（二〇一頁）とありますね。いつの時代にもありがちな話ですが、よく分からない、難解な理論が評判になると、「そんなの実践では役に立たない」と言って文句を言う人が出てきます。このタイトルは、そうした〝批判〟に応えるために書かれた文章であることを示唆しています。具体的にはクリスティアン・ガルヴェ（一七四二－九八）という、ブレスラウ生まれの哲学者による『純粋理性批判』への批判が念頭に置かれています。ガルヴェは当時、アリストテレス、キケロ（前一〇六－四三）等の古代の哲学者や、スミスや保守主義の元祖のバークといった英国・スコットランド系の啓蒙主義者の著作を翻訳したことで知られていた人です。

現実主義を撃って！

「理論と実践」は三つの章から構成されています。第一章は道徳一般、第二章は国内法、第三章は国際法を扱っています。各章では、論破すべき相手として、〝現実主義〟――カント自身は相手の方が現実主義的だとは思っていなかったでしょうが――的な思想家が想定されています。第一章がガルヴェ、第二章がホッブズ、第三章がモーゼス・メンデルスゾーン（一七二九‐八六）です。

メンデルスゾーンは、ユダヤ系の哲学者で、一七六三年にベルリン・アカデミーの懸賞に応募して、論文「形而上学における明証性」（一七六四）で一位になり、頭角を現しました。次席がカントです。両者はライバル的な関係にあったわけです。「啓蒙とは何か」の原注と訳注（二〇頁）にあるように、カントとたまたま同時期に、「啓蒙するとはどういうことか、という問いをめぐって Ueber die Frage: was heißt aufklären?」（一七八四）を書いています。ユダヤ人は慣習と伝統を守りながら、同時に国家に忠誠を尽くし、平等な市民として生きるべきという立場を取っていました。作家のレッシング（一七二九‐八一）の友人で、戯曲『賢者ナタン』（一七七九）の主人公のモデルになったとされています。レッシングの死後、信仰こそが知の基礎となるという信仰哲学の立場を取るヤコービ（一七四三‐一八一九）がレッシングはスピノザ的汎神論に陥っていると批判したのに反論し、それが「汎神論争」と呼ばれる論争へと発展しました。カントやゲーテ（一七四九‐一八三二）も参戦した、ドイツ思想史では有名な論争です。

一八世紀のドイツ思想史をちゃんと勉強している人であれば、何らかの形でメンデルスゾーンの名前を目にしたことがあるはずですが、ガルヴェの方は、カントを批判した通俗的哲学者としてカント研究の専門家に知られているくらいです。しかし当時は、カントやメンデルスゾーンと並んで、ドイツの啓蒙主義の代表的哲学者と見なされていたようです。

「訳者後記」をもう少し見ておきましょう。ガルヴェは、『純粋理性批判』だけでなく、『道徳形而上学原

レッシング

ヤコービ

論』も批判しています。「理論と実践」の第一章は、それに対する反論になっているわけです。岩波文庫では『道徳形而上学原論』というタイトルで訳されていますが、これは前回少し紹介した『人倫の形而上学の基礎付け』のことです。原語は、《Grundlegung zur Metaphysik der Sitten》です。「人倫」というのは、社会的な規範、簡単に言えば、道徳のことですが、その本質をめぐる形而上学的考察の起点となるべき導入的な議論、という意味合いのタイトルです。『基礎付け』はそれほど長くなくて、普通の人にも理解できるような具体例がいくつか出ているし、人格の相互尊重などピンと来やすい話題が多いのですが、形而上学的考察を本格的に展開した『実践理性批判』は、抽象度が高いうえに理論的に体系化されているので、難易度がかなり高いです。前回もお話ししたように、自らが見出す普遍的道徳法則に従うという意味での「自律」の視点から、「自由」を論じています。応用編としての「法論」を含んだ『人倫の形而上学』になると、一気に具体的な話になるので、また分かりやすくなります。

「訳者後記」にあるように、カントとガルヴェの対立は、「義務」と「幸福」の関係をめぐるものです。カントの言う「義務」とは、理性によって見出される普遍的道徳法則から生じて来るものです。従って、その場の状況には一切左右されないし、その「義務」に従うことで「幸福」になるかどうかは関係ありません。それに対して、ガルヴェは、「幸福はどうなるのか」と疑問をぶつけているわけですが、カントはガルヴェの「幸福」概念の緩さを指摘する形で、「義務」と「幸福」の関係についての自分の見解を展開しています。

前回お話ししたように、英米系の倫理学では、カント主義のように、無条件な義務の存在を想定するタイプの議論を「義務論」と呼ぶのに対し、行為の「目的」を重視するタイプの議論を「目的論 teleology」と言います。「最大多数の最大幸福」を志向する功利主義と、政治的共同体にとっての「共通善」を追求するアリストテレス主義は水と油のような感じがしますが、いずれも「目的論」です。

“幸福”を題材にして考えてみる

では、本文を読んでいきましょう。最初の前書き的なところで、「理論」と「実践」を別々のものとは考えてはならず、両者が一致している必要があることを強調しています。そのうえで第一章のガルヴェ批判に入ります。一一九頁をご覧下さい。

> 曾て私は、差し当って道徳哲学を、我々が幸福になる仕方を教えてくれるのではなくて、我々が幸福に値いするものになるべき*仕方を教えるような学の緒論をなすものである、と定義したことがある。

「幸福（glücklich）になる仕方」と「幸福に値いするものになるべき仕方」を区別していますね。前者は、いろいろな手段を尽くし、「幸福」な状態に到達するための戦略的な問題であるのに対して、後者は、「幸福」に「値い」するような人格的存在にいかにしたらなれるのか、という道徳的問題です。こういう風に整然と言われると、いかにも当たり前の話のように聞こえますが、「幸福になることが道徳の目的だ」という主旨の議論をする時、両者の区別が曖昧になりがちです。例えば、「他人に親切にすることで私は幸福になれる」という命題は、他人に親切にすることで相手から見返りを受けて幸福になれるという世渡り的なことを言っているのか、それとも、そういう道徳規範を身に付けることを通して、幸福に値する人格的存在になれることを示唆しているのかはっきり分かりませんね。後者のつもりで、実際には前者になっていることが多そうな気がしますね。カントは先ず、そこを区別し、前者のような話を持ち込むべきではない、と言っているわけです。

前回も話しましたが、「値する」という意味のドイツ語の形容詞〈würdig〉は、「尊厳」を意味する〈Würde〉という名詞から派生したものです。＊に対して、カント自身による注が付いていますが、これは少し後で見ることにしましょう。

しかし私はその際、次のような注意を付言することを忘れなかった、――そう言ったからとて私は、或る人にとって義務の履行が当面の課題であるような場合には、人間の自然的目的たる幸福の断念を彼に要求するものではない、と。いったいそのようなことは、人間にできる筈がないし、また人間ばかりか、凡そ有限な理性的存在者にもできないことだからである。とはいえ私はそれと同時に、次のことを要求したのである、――いったん義務の命令が発せられたならば、彼は幸福に関する顧慮をことごとく無視せねばならない、彼は幸福を、理性が彼に指示したところの法則に従うための条件とするようなことがあってはならない、いや、それどころか――幸福に由来するいかなる動機も義務によるる意志規定のなかにひそかに入りこむことのないように、全力を尽して自戒せねばならない、と。ところでこういう心構えは、次のような考え方によって生じる、すなわち――義務は、それが我々にもたらす諸般の利益と結びついているというよりも、むしろ義務を遵守すること（徳）によって我々に課せられるさまざまな犠牲と結びついている、と考えることである。そしてこのことは義務の命令を、その全面的権威において、換言すれば、みずから足れりとして他の影響力をいささかも必要とせず、

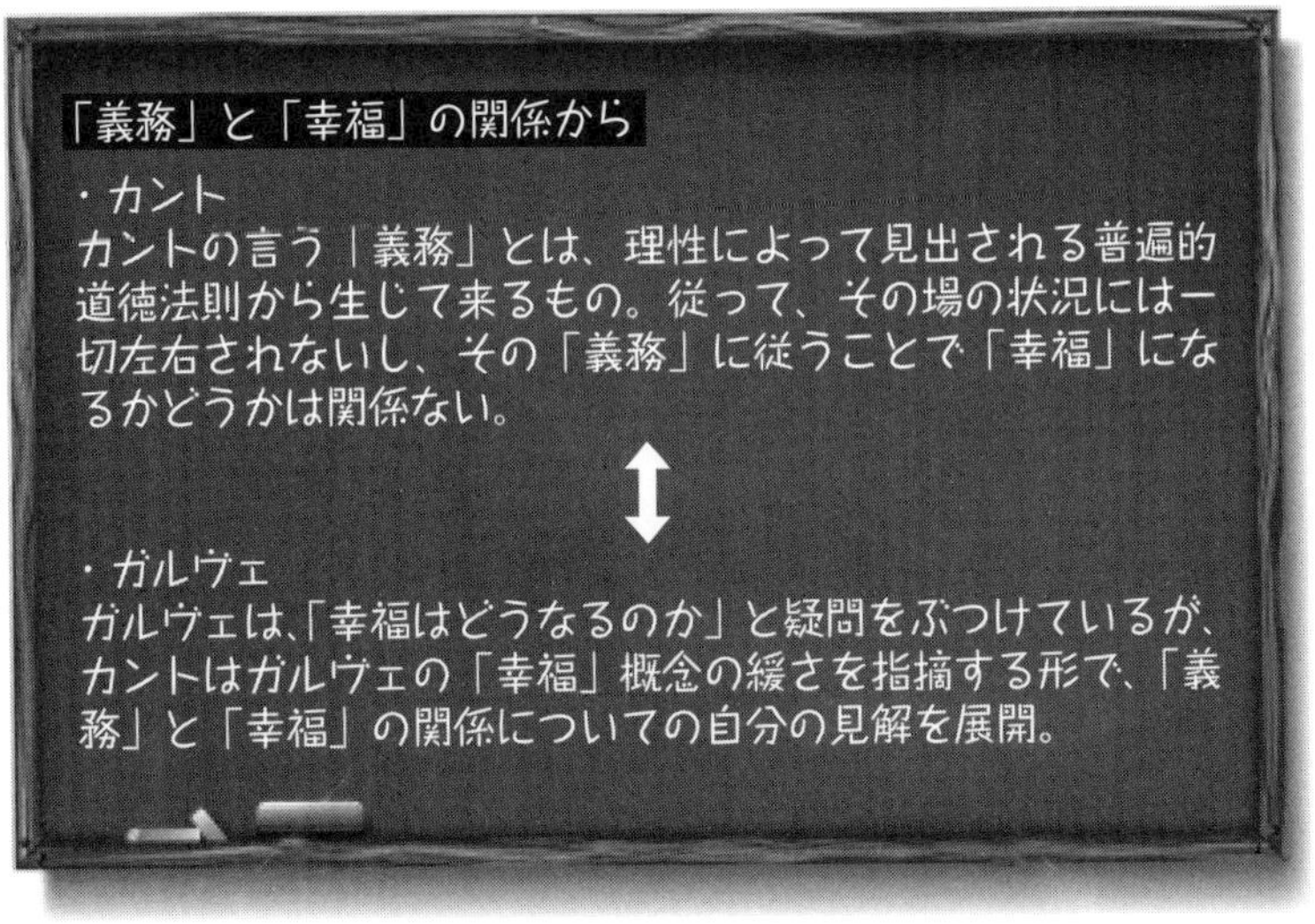
「義務」と「幸福」の関係から
・カント
カントの言う「義務」とは、理性によって見出される普遍的道徳法則から生じて来るもの。従って、その場の状況には一切左右されないし、その「義務」に従うことで「幸福」になるかどうかは関係ない。
・ガルヴェ
ガルヴェは、「幸福はどうなるのか」と疑問をぶつけているが、カントはガルヴェの「幸福」概念の緩さを指摘する形で、「義務」と「幸福」の関係についての自分の見解を展開。

> しかも無条件的服従を要求するような権威において顕示するためにほかならない。

ここに第一章でカントが言いたいことのエッセンスが表現されています。ただ、ダッシュ（——）が変な使われ方をしているので、読みにくいですね。ダッシュとダッシュの間に、読点が入っているので、いったん文章が終わっているのか、続いているのか判別しにくいですね。実は、原文では、今読み上げた箇所全体が一つの文です。カントの文章は、従属節や関係文を何重にも重ねていくので、やたらに長くなって読みにくい、一言で言えば、悪文だということで有名ですが、ここはその典型ですね。

区切りながら読んでいきましょう。まず、「～人間の自然的目的たる幸福の断念を彼に要求するものではない、と。」までが、一つのまとまりです。その前の箇所で、「幸福になる仕方」と「幸福に値いするものになるべき仕方」を区別して、後者に集中するように促しているので、補足的に、「私は、『幸福を断念して純粋に道徳的に生きろ！』、などという無茶なことを言っているわけではない」、と断っているわけです。

「〜凡そ有限な理性的存在者にもできないことだからである」が、無茶なことを言わない理由の説明です。人間は身体的には自然界の中に生きているので、「自然的目的 sein natürlicher Zweck」である「幸福」を一切排除して生きることはできない。宗教の修行のようなことをして、悟りを開けと言っているわけではない。

「〜全力を尽して自戒せねばならない、と」までが、次の一区切りです。「とはいえ私はそれと同時に、次のことを要求したのである、」という部分は、原文にはなくて、訳者による挿入です。原文の構造としては、「義務の履行が当面の課題であるような場合には、人間の自然的目的たる幸福の断念をすべき（sol-le）である」、と要求しているのではなくて、「いったん義務の命令が発せられたならば、彼は幸福に関する顧慮をことごとく無視せねばならない（müsse）〜」と要求しているのである、という形になっています。厳密に言うと、原文では、要求する主体はカントではありません。「人間には〜ということが要求される：〜dem Menschen (nicht) angesonnen werde」という受動態表現になっています。

要は、通常は自分の幸福追求を完全に断念して、欲から解脱しなければならないという話ではないが、「義務の命令 das Gebot der Pflicht」が発せられた場合は、「幸福に関する顧慮をことごとく無視せねばならない」ということです。いったん「義務の命令」が発せられたら、その命じられている行為の実行に関して、「これに従えば幸福になる」というような条件を付けてはならないわけですね。仮言命法になってしまってはいけないわけです。無論、「義務の命令」を理性で受け取るなんてこと本当にあるのか、というそもそもの疑問が湧いてきますが、カントはそれがあり得るという前提で、それと通常の幸福追求との関係を論じているわけです。

もう一つ細かいことを言っておきますと、「こういう心構えは、次のような考え方によって生じる」という風に言うと、何だか、人間がある考え方をするせいで、「義務には従わねばならない」という心構えが生じてくるという主観的な話をしているように聞こえますがそうではありません。原文を見ると、この部分は、〈welches dadurch bewirkt, daß ～〉となっています。「このことは、～ということを通して作用する」と直訳できます。人間の考え方、心理状態が原因だというより、それを介して、「義務の命令」が作用し、私たちを拘束する、ということです。刑法は、個々の人間の心理状態を利用して、犯罪を取り締まりますが、だからといって、個々の人間の心理状態が刑法を生み出すわけではありません。基本的にそれと同じ理屈です。

この箇所の訳について更に細かいことを言っておきますと、「権威」と訳されているのは、原語では〈Ansehen〉で、「外観」とか「外見」です。「義務の命令」が圧倒的で、有無を言わさぬような外観で現れてくる、ということを言っているわけです。

それから「徳 Tugend」という言葉に関して訳注が付いていますね。「徳とは義務を遵守する場合の意志の道徳的強さである（カント「道徳哲学」。上掲邦訳、五七頁）」（一二〇頁）ということです。「徳」という言葉は、通常は、慣習として身に付いた道徳性とか、道徳的に望ましい性質とかを意味しますが、カントは、慣習とか性格とは関係なく、義務を遂行しようとする「意志の道徳的強さ」としてのみ捉えているわけですね。

では、＊のところについているカント自身による注も見ておきましょう。

＊　幸福に値いするということは、一個の人格としての主観の自主的意志を基礎とするところの資格である。人間がこの資格を具えるとき、（自然ならびに自由意志に）法則を与えるところの（すなわち立法的な）普遍的理性は、件の人格のもつ一切の目的と合致するであろう。それだから幸福たるに

値いするという資格は、幸福を獲得する練達とはまったく異なるものである。もし彼が、理性の普遍的立法とよく適合するところの唯一の意志と合致しないような、またこの意志のなかに含まれていないような（換言すれば、道徳性に矛盾するような）意志をもつならば、彼はかかる練達にも、また自然が彼に付与したところの才能にも値いするものでないからである。

本文以上に分かりにくいですが、まず「主観（体）の自主的意志 der selbst eigene Wille des Subjekts」という表現に注目して下さい。他の何かに由来するのではなく、自分固有（eigen）の意志ということですね。「幸福に値いする」というのは、そういう「意志」を備えている「人格 Person」に備わる「資質 Qualität」であるわけです。

「（自然ならびに自由意志に）法則を与えるところの（すなわち立法的な）普遍的理性 eine allgemeine (der Natur sowohl auch dem freien Willen) gesetzgebenden Vernunft」というのが、この注を理解するカギです。「自然」に（因果）法則を与えると同時に、各人の自由意志に（道徳）法則を与える、「普遍的理性」なるものがあるということですね。この場合の「普遍的理性」というのは、神の「理性」のようなものだと考えた方がいいでしょう。神の「普遍的理性」においては、二つの法則は統一されているわけです。

人間の視点から見れば、自然界＝外界を支配する因果法則と、自らの意志によって従うべき道徳法則は全く別物なので、道徳法則に従って行為しても、自然界の法則の作用によって自分が快適に感じ、幸福になれるかどうか分からないわけです。ただ、人間がある一定の「資格」を備えれば、「神＝普遍的理性」が、道徳的行為に対して「幸福」をもって報いてくれるかもしれない。それは、「私」の行為の全ての目的が、「神＝普遍的理性」の意図と一致した場合の話だと考えられます。そうなるためには、人間の側としては、とにかく、道徳法則に適って行為することに集中すべきであって、自分から「幸福」になろうとしてはいけない。幸福になるべくうまく立ち回ろうとしたら、かえって（「神」の目から見て）「幸福」に値しない存在になってしまう。「練達 Geschicklichkeit」というのは、簡単に言うと、「器用さ」ということです。

これはキリスト教をはじめ、多くの宗教で言われていることですね。カントは、それを自らの体系化された理論に即して難しく説明しているだけです。『人倫の形而上学の基礎付け』や『実践理性批判』で、「道徳」と「幸福」と「善」の関係について詳しく論じられています。

一二三頁の最後の行以降、ガルヴェが自分の議論をねじ曲げていることをガルヴェのテクストの該当箇所を挙げながら明らかにし、それを通して自分の議論の要点を明らかにしています。一二五頁で、ガルヴェが、道徳的義務を履行しようと努力するには、まず、「動機 Motive」が発生していなければならないが、その「動機」を発生させるのは幸福ではないか、という主旨の議論をしていることが紹介されていますね。カントは、「人間は、彼になんらかの目標（Ziel）が指定される前に、まず彼の心を動かす動機をもたねばならないのである」というガルヴェのフレーズに対して、注を付けています。

＊ このことこそ、取りも直さず私の力説するところである。人間に目標（目的）が指定される前に、彼のもち得る動機といえば、法則そのものよりほかにあり得ないことは明白である、そしてこの動機は（我々がどのような動機をもつことになるか、また法則を遵守することによってどんな目的が達成されるかは未決定であるにせよ）まさに法則が我々の心に喚起した尊敬の感情によって生じるのである。意志の形式的なものについて言えば、法則は意志の質料（ガルヴェ氏が目標と名づけるところのもの）を意志のさまざまなはたらきから除き去っても、なおあとに残る唯一のものである。

ここで「法則」と言っているのは、道徳法則のことですね。「目標」あるいは「目的」が設定される前に私を動かす「動機」があるとすれば、それは道徳法則それ自体ではないか、とカントは言っているわけです。ガルヴェは、それは「幸福」だと言っているのですが、カントに言わせれば、それは「意志」の「質料 Materie」にすぎないわけで、「目標」以前の「動機」ではあり得ないわけです。「質料」というのは通常は「形式（形相）Form」に対立するものを意味する哲学用語ですが、この場合は、具体的な中身とか内容というような意味だと理解すればいいでしょう。

これは「動機」という言葉をどう理解するかという問題です。カントの方は、運動を引き起こす法則のような意味で理解していて、ガルヴェの方は、主体をやる気にさせる刺激のようなものという意味で理解しているわけです。

最後の「意志の形式的なものについて言えば、法則は意志の質料を意志のさまざまなはたらきから除き去っても、なおあとに残る唯一のものである」という文が少し分かりにくいですが、原文では、〈Denn das Gesetz in Ansehung des Formalen der Willkür ist das einzige, was übrig bleibt, wann ich die Materie der Willkür aus dem Spiel gelassen habe.〉となっていて、「意志の形式的なもの」が「法則」にすぐ後ろからかかっています。「意志の形式的なものとして見えてくる法則は、～」と訳した方が分かりやすいでしょう。「形式的なもの＝道徳法則」と「質料（＝幸福）」が対比されているわけです。

ガルヴェはまた、自分自身のことを意識することができる理性的な存在者としての人間が、ある状態を他の状態よりも選好するとすれば、それはその状態が「善なる状態 ein guter Zustand」であることを意味しており、それは人間が「幸福」を動機としていることに他ならない、という議論を展開しています。これについて、カントはこうコメントしています。

「善い」、「良い」、そして「悪い」――個人のレベルにおける道徳的自律

> ガルヴェ氏によるこのような論証は、善という語の二義性を弄んでいるにすぎない。この語の意味するところは、――それ自体悪であるところのものと対立するそれ自体無条件的な善であるか、さもなければいっそう大なる善或いはいっそう小なる善と比較された場合の、ひっきょうは条件付の善であるか、二つのうちのいずれかである。もし後者を選ぶ状態であれば、それは比較的にいっそう善なる状態というだけで、それ自体としては悪ですらあり得る。いったい意志規定の根底に置かれた目的などをいささかも顧ることなく、人間の自由意志に対して定言的に命令する法則（換言すれば義務）を無条件的に遵守しようとする格律は、或る種の行動の動機としてけっきょくは自然そのものに帰せられる目的（一般に幸福と呼ばれる）の追求を旨とする格律とは、本質的に――換言すれば種類の上から異なるのである。第一の種類はそれ自体善そのものであり、第二の種類は決してそうではないからである、この方は、義務と衝突した場合には甚だしい悪になり得るのである。

「善 das Gute」という言葉に二つの意味があるという話ですね。「善」という漢字で表現すると分かりづらくなりますが、これは基本的に、英語の〈good〉やドイツ語の〈gut〉が、「善い」とも「良い」とも訳せるというのと同じことです。日本語から見ると、〈good〉には二つの意味があるわけです。「善（い）」の方は、「悪」と対立する絶対的基準だけど、「良（い）」の方は人や状況によって変わる相対的な基準です。

　このカントの説明で特徴的なのは、「良」と「善」を全く別ものとして扱うのではなくて、条件付きか無条件かで区別しているわけです。「良」は条件付きの「善」です。その条件になっているのが、自然法

則によって私の身体に生じる欲求です。逆に言うと、その条件＝制約を取り去ってやると、道徳法則に従って絶対的な「善」を志向する「動機」が現れてくる。そう示唆しているようにも見えます。人間の身体を支配している自然法則も、道徳法則を作った存在でもある「神」によって作り出されたのだとすれば、「良」が深いところで「善」と繋がっているとしても、理屈のうえで不思議ではありません。「神」などいるはずがないと思っている人には、屁理屈でしかないわけですが。

因みに現代の英米の政治哲学、リベラル・コミュニタリアン論争等では、〈good〉は主として「良」に近い意味で、つまり各人にとっての「幸福」との関連で理解されます。そのうえで、〈good〉と〈right 正（しい）〉の違いが問題になります。リベラルが「正」重視の立場を取るのに対し、コミュニタリアンや功利主義者は「善」を重視するとされています。そして、カントは「正」の側の人であると位置づけられます。しかし、ここでの議論から分かるように、カントは本当は、「良」とは異なる、無条件の「善」を目指していたわけです。カントはそれを志向する意志を、「善意志」と呼びます。英米圏での議論で「正」と呼ばれているのは、各人によって異なる「善」の構想を相互に調整する中立的な装置のようなものなので、カントが「義務」と呼んでいるものと意味合いがかなり異なります。ただ、「正」も（カント的な意味での）「義務」も普遍性を志向するという点は共通しています。

一二九頁の後半から「動機」についての説明があります。

確かに意志は動機をもたねばならない、しかしこれらの動機は自然的感情に関係せしめられる或る種の対象――すなわち（特殊）目的として我々に指定せられるような対象ではなくて、無条件法則そのものにほかならない、そして意志がこの法則を、無条件に服従を強制するものと見なして、これを受け容れる心的状態を道徳的感情と称するのである。それだから道徳的感情は、意志規定の原因ではな

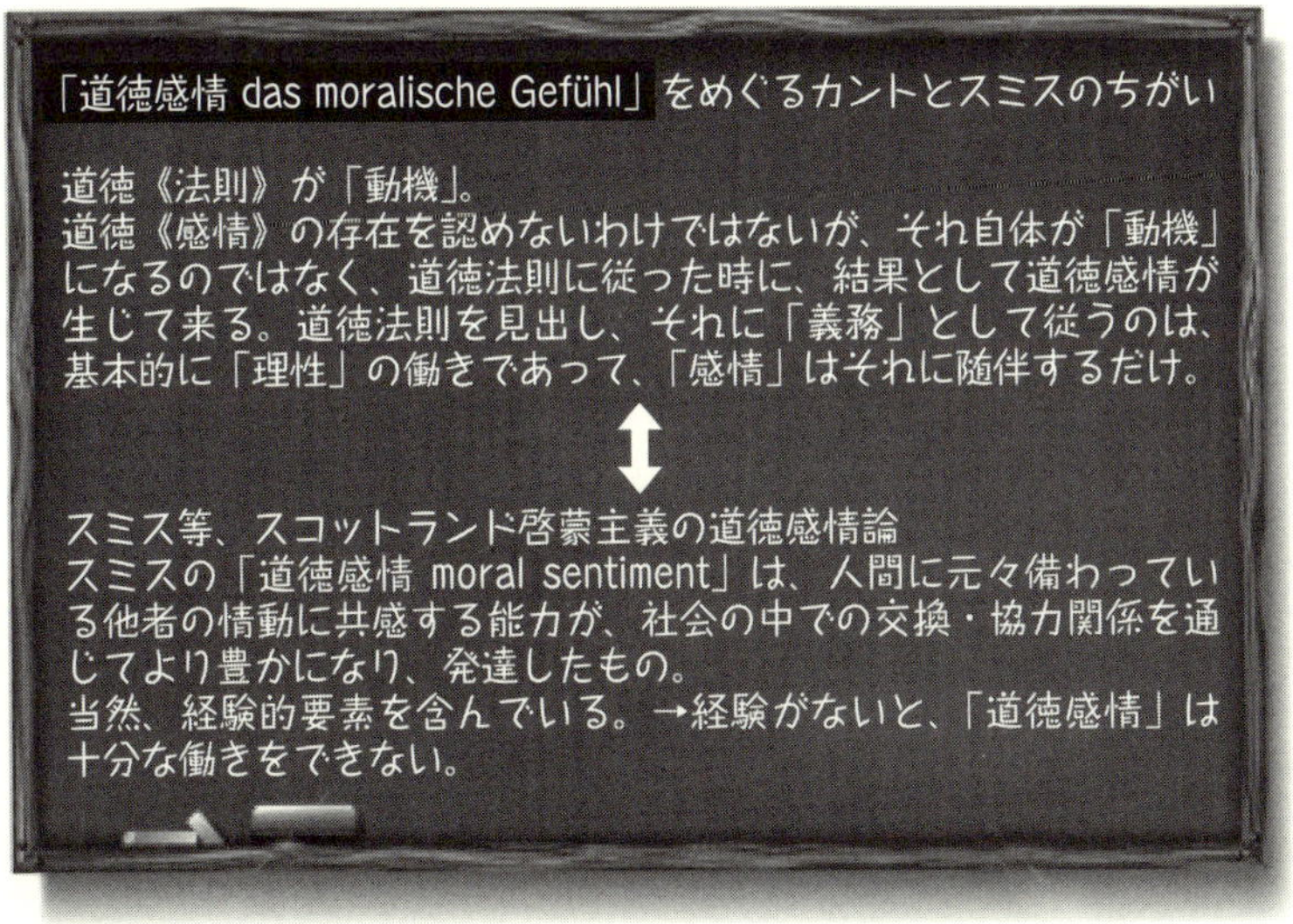
「道徳感情 das moralische Gefühl」をめぐるカントとスミスのちがい
道徳《法則》が「動機」。
道徳《感情》の存在を認めないわけではないが、それ自体が「動機」になるのではなく、道徳法則に従った時に、結果として道徳感情が生じて来る。道徳法則を見出し、それに「義務」として従うのは、基本的に「理性」の働きであって、「感情」はそれに随伴するだけ。
スミス等、スコットランド啓蒙主義の道徳感情論
スミスの「道徳感情 moral sentiment」は、人間に元々備わっている他者の情動に共感する能力が、社会の中での交換・協力関係を通じてより豊かになり、発達したもの。
当然、経験的要素を含んでいる。→経験がないと、「道徳感情」は十分な働きをできない。

くてその結果である。もし法則により無条件的強制が、我々のうちに先行するのでなければ、我々はこの感情をまったく識知できないであろう。

「動機」はあくまで、無条件にある行為をするよう命じる道徳法則でなければならず、「感情 Gefühl」ではないということです。これまでの話から分かるように、自然法則によって引き起こされる「自然感情」は、カントにとって、道徳行為の動機ではあり得ません。原語は、〈das physische Gefühl〉で直訳すると、「物理的感情」です。露骨に物質的な感じがしますね。では、「道徳感情 das moralische Gefühl」はどうか？ カントは「道徳感情」の存在を認めないわけではないけれど、それ自体が「動機」になるのではなく、道徳法則に従った時に、結果として生じて来る「感情」だと見ているわけです。カントは、道徳法則を見出し、それに「義務」として従うのは、基本的に「理性」の働きであって、「感情」はそれに随伴するだけです。

これは、スミス等、スコットランド啓蒙主義の道徳感情論と対立する考えです。スミスの「道徳感情moral sentiment」は、人間に元々備わっている他者の情動に共感する能力が、社会の中での交換・協力関係を通じてより豊かになり、発達したものです。当然、経験的要素を含んでいます。というより、経験がないと、「道徳感情」は十分な働きができません。「道徳法則」が「動機」になるというカントの議論と、「道徳感情」が「動機」になるというスミスの議論は似ているようで、肝心のところで対立しているわけです。

一三三頁から、この章の最後にかけて、たとえカントの言うような「義務」を生み出す法則があったとしても、実際に人間が行動を決定するに際しては、「幸福」への欲求の方向が優勢になる、というガルヴェの議論に対する反論が展開されています。「道徳法則」や絶対的な意味での「善」を欠いた〝幸福〟は何をもって達成されたと見なすことができるのか不確実、不安定であり、何人もどうしたら自分が「幸福」になるのか最終的に決めることはできないとしたうえで、カントは、「義務」はそれが「義務」であることがいったん認知できたら、極めてはっきりした形を取って私たちの内心で作用するとしています。一三七頁をご覧下さい。

> どうすれば我々は自分自身を幸福にすることができるか、少なくとも不利益を予防できるか、という希望に対する指示は、命令ではない。かかる指示は、絶対に何びとをも拘束するものではない。それだからたとえ彼がこのような警告を受けたとしても、さきざき自分に振りかかってくる苦しみを甘んじて受けるというのであれば、彼としては自分が善と思いなすことを選択して差支えないわけである。彼が、自分に与えられた勧告をなおざりにしたためにあとで蒙るかも知れない害悪を、刑罰の原因と見なす必要はない、およそ刑罰は、法則に違反した自由意志のみに該当するものだからである。だが

自然や心的傾向性は、自由に対して法則を与え得るものではない。ところが義務の理念については、これと事情をまったく異にするのである。義務の背反は、そのことから彼に生ずる不利益をいささかも顧慮することなく、直接に彼の心情にはたらきかけて、彼という人間を彼自身の眼において非難されるべきもの、処罰されるべきものとなすのである。

「指示 Vorschriften」と「命令 Gebote」の違いがカギですね。「指示」と「命令」だとあまり違う感じがしないですが、〈Vorschrift〉は、現代の日常的に使われるドイツ語として「処方箋」の意味で使われています。「処方箋」だと考えると、違いが分かりやすくなりますね。治りたかったら、こういう風に飲みなさいとか、塗りなさい、ということです。治りたくない人間には意味がない。つまり仮言命法的なものです。「命令」は上から下に下されるもので、無条件に従うよう要求される、〈Gebot〉は、「モーセの十戒」の「戒」の意味でも使います。「掟」とか「律法」の意味で使われることが多いです。定言命法的な性格を持っています。

「彼が、自分に与えられた勧告をなおざりにしたためにあとで蒙るかも知れない害悪を、刑罰の原因と見なす必要はない、およそ刑罰は、法則に違反した自由意志のみに該当するものだからである。」という文が分かりにくいですが、分かりにくいのは「刑罰」と訳しているからでしょう。「刑罰」と言うと、どうしても法制度を連想してしまいますね。まず、「刑罰」ではなくて、単なる「罰（ばつ）」だと考えてみましょう。「勧告をなおざりにしたためにあとで蒙るかもしれない害悪を、罰（の原因）と見なす必要はない」だったら、分かりますね。日本語としてすっきり理解するには、「原因」がやや余計ですが、原文の意図としては、「勧告をなおざりにしたことが原因で、あとで害悪を蒙ることがあるとしても、それを罰と見なす必然性はない」ということでしょう。「自業自得のことをバチ（罰）が当たった、と考える必然性はない」、というだけのことです。

英語やドイツ語など、西欧語でも、日本語のバチに近い適当な意味で、〈Strafe〉とか〈punishment〉を使うことはありますが、それらは、厳密な意味で、「罰」ではない、とカントは言っているわけです。では、「神」あるいはそれに相当する存在が、人間を罰するとしたら、どういう場合か？　それに関しては、刑法との類推で考えればいいでしょう——刑法と全く関係ないわけでもないので、日本語に訳すとややこしくなります。近代刑法で、人間が刑事責任を問われるのは、「自由意志」で何か「（刑）法」に反することをやった時だけです。「自由意志」がない状態で、例えば、私の身体が風に飛ばされて、誰かにぶつかって怪我をさせても、刑事責任は問われません。近代刑法の「自由意思」論に理論的な根拠を与えたとされるのは、カントです。『人倫の形而上学』では、「定言命法」と「刑罰」の関係が論じられています。「刑法」を「道徳法則」に置き換えると、神によって定められた道徳法則に由来する、ある「戒律」を、それと分かっていて違反したら、それは「罪」であり、「罰」に値する、ということになります。アウグスティヌス（三五四－四三〇）によって基礎付けられたキリスト教神学では、人間の先祖が「自由意志」で神の定めに反したことによって、原罪が生じたことが強調されます。「処方箋」を無視するのも、「自由意志」による選択ではありますが、この場合は、定言命法的に与えられている「戒律」がないので、それで〝バチ〟が当たっても、「罰」ではないわけです。

「心的傾向性」という用語も少し気になりますね。訳では「心的」と付いていますが、原語は〈Neigung〉だけで、「心」に当たる言葉は付いていません。単に「傾向性」としたのでは、分かりにくいので、「心」を付けたのでしょうが、かえって混乱するような気もします。要は、身体的欲求や習慣に従って、「〜しようとする」傾向のことです。それは、道徳法則とは関係ありません。カントの議論の枠組みでは、理性によって道徳法則を見出し、自己自身を律することは、「自由意志」の現れですが、傾向性に従うことは、

「自由」ではありません。因みに、サンデルの『これからの「正義」の話をしよう』（二〇〇九）でも、カントについての回で、「義務」と「傾向性」の対立関係が説明されています――よく読むと、結構難しい話が出てきます。

一応、論理的に一貫性がありそうですが、最後の結論は、普通の日本人には少なからず、引っかかりがありますね。「義務」に違反すると、そのことが本人の「心情 Gemüt」に直接的に作用して、自分自身が非難されるべき（verwerflich）もの、罰されるべき（strafbar）ものと見なす、というわけです。本当にそんなに法律のように客観的な形で、良心の働きのようなものなどあるのか、と思ってしまいますね。

「法と自由」を社会契約から考える

第一章は、個人のレベルにおける道徳的自律をめぐる議論でしたが、第二章「国内法における理論と実践との関係について」では、国家の公民的組織における「自律」が論じられています。社会契約という側面から「法」と「自由」の関係について論じています。この講義のルソーの回でも、出てきたテーマですが、カントの方がかなり細かい論点にまで拘っています。

> 多数の人間が結合して社会を形成するためのあらゆる契約（pactum sociale〈社会契約〉）のうちで、彼等のあいだに公民的組織を設定するところの契約（pactum unionis civilis〈市民の対等権利の契約〉）は、極めて特異の性質をもつものであり、たとえこの契約が実施に関しては諸他の契約（やはり共同で促進さるべき任意の目的の達成を旨とするところの）と多くの点で共通であるにせよ、しかしそれは契約制定（constitutionis civilis〈市民法〉）の原理において他のいっさいの契約から区別されるのである。

「社会契約」というのは、「社会」を形成するための契約ですが、カントは先ず、「社会契約」にはいくつかタイプがあることを示唆しているわけですね。その一つとして、「公民的組織を設定するところの契約=市民の対等権利の契約」があると言っているわけです。「公民的組織 die bürgerliche Verfassung」という言葉は、前回の「世界公民的見地における一般史の構想」にも出てきましたね。「市民的な国家体制=憲法」ということです。市民たちが、お互いの対等の権利を認め合うための契約ということですね。これは、主権者が絶対的な存在になり、他の人は臣民になるホッブズ型の社会契約とも、社会を形成する契約と臣民が王に服従する契約が同時に結ばれるというプーフェンドルフの社会契約とも異なります。

そうした市民的公民組織（立憲体制）のための社会契約は、「共同で促進さるべき任意の目的」のための諸契約と似ているけど、契約制定（Stiftung）の原理において違うということです。その原理が、〈constitutio〉やドイツ語の〈Verfassung〉と同じように、「憲法=国家体制」の意味です。「公民的組織」と「市民法」と違った訳になっていますが、同じものです。紛らわしいので、しばらく両者とも「市民的憲法」と呼ぶことにしましょう。

「共同で促進さるべき任意の目的」のための諸契約とは、他の全ての「社会契約」ということです。訳文で「諸他の契約～と多くの点で共通である～」となっているので、社会契約ではなくて、「契約」一般の話をしているようにも見えますが、原文では、改めて「契約」という名詞を使っているわけではなく、「他のあらゆるものと～多くの点で共通である～ mit jedem anderen ～ gemein hat」、となっています。つまり、単純に代名詞を使っているだけなので、他の「社会契約」を指していると取るのが自然でしょう。

多数の人間の結合がなんらか成る（共通の）目的（すべての人がもつところの目的）のために結合するということは、あらゆる社会契約において見出されるところである。しかし多数の人間の結合といっても、ここで問題とするのは、それ自体が目的であるような結合のことである、従ってまたいつかは相互的影響を及ぼし合うような羽目に立ち至らざるを得ない人間一般のあいだのいかなる外的関係においても、第一の無条件的義務をなすような結合にほかならない。

「なんらか成る（共通の）目的」という言い方がよく分かりませんが、原文を見る限り、これは「なんらかの（共通の）目的」、と直していいでしょう。「それ自体が目的であるような結合」という表現が抽象的で難しそうですが、要は、他の何かの目的のための「結合 Verbindung」ではなく、そうした他の結合関係の基礎となるような、根本的な「結合」ということです。

こう言ってもまだ抽象的でピンと来ないかもしれませんが、私たちが売買契約とか賃貸契約などの個々の契約を守るべきなのは何故か、法哲学的に考えてみれば、分かりやすくなると思います。私たちが同じ法体系あるいは市民社会的諸規範を共有する「市民」であるから、というのが、普通の答えでしょう。同じ法・規範共同体に属するものとして根源的に「結合」している市民同士は、お互いの間で結んだ契約（個別具体的な結合）を守らねばならない、と想定するわけですね。では、私たちはいつ、どういう風にして、同じ法体系あるいは市民社会的諸規範を共有するという合意に至ったのか？　この問題を真面目に考えた時、市民同士の「それ自体が目的であるような結合」を可能にする「市民的憲法」が理論的に要請されるわけです。

自律した理性の主体としての各個人が道徳法則に従う義務があるのとパラレルに、市民的憲法の下で生きる市民たちにとって、「市民的憲法」による「結合」が「第一の無条件的義務」の源泉になるわけです。

「市民的憲法の下での結合」が「道徳法則」に対応しているわけです。

そしてこの種の結合は、公民的状態にある限りの――換言すれば、一個の公共体を形成する限りの社会においてしか見出され得ないのである。ところでかかる外的関係において、それ自体義務でありまた諸他いっさいの外的義務を成立せしめる形式的条件（condito sine qua non）であるところの目的は、公的強制法の支配下にある人間の権利である、かかる強制法に依って各人には自己の所有物が規定せられ、また他者によって加えられる一切の侵害に対しても保証せられ得るのである。

先ほど言ったような市民相互の根源的な結合は、「公民的状態 der bürgerliche Zustand」にある社会、「公共体 ein gemeines Wesen」を形成している社会でないと可能でないと言っているわけですが、何だか禅問答みたいでピンと来にくいですね。先ず、この「公共体」というのが、国家のように組織化された共同体を指す言葉だということを念頭において下さい。そういう意味での「公共体」がないところでは、公民相互の根源的な「結合」は不可能ということですね。

「外的関係」や「外的義務」など「外的 äußer」という言い方をしていますが、内面ではなく、外の現象界で起こっていることに関係している、という意味での、「外的」です。第一章は、道徳法則に起因する内面的な義務の話をしていたのに対して、第二章では、外的な、つまり他の市民との関係における義務が話題になっているわけです。

では、市民相互の関係における「外的義務」は、何のために存在するのか？「公的強制法の支配下にある人間の権利である」を保障するためです。「公的強制法の下で unter öffentlichen Zwangsgesetzen」ということをわざわざ強調しているのは、公的で強制力を持った法律の裏付けがなく、対等な市民の約束だけでは、「自己の所有物が規定せられ、また他者によって加えられる一切の侵害に対しても保証せられ得る」とは限らないわけです。難しい言い方をしていますが、要は、お互いの権利が国家の強制力の下で保障されるように、市民たちは外的義務を引き受けているわけです。基本は、ルソーと同じです。

ところで外的権利一般という概念は、すべて外的な対人関係における自由から発生するものであり、およそいっさいの人間が自然にもつところの目的（幸福を求めんとする意図）や、この目的を達成するための手段の指示には、いささかもかかわりがないのである。それだからまたこのような目的は、手段を規定する根拠として、上記の法則のなかに混入してはならないのである。権利は、各人の自由を――この自由が普遍的法則に従って可能である限り、――他のいかなる人間の自由とも一致せしめる条件に制限する。公法とは、公民の全体に及ぶこのような一致を可能ならしめる外的法則の総括にほかならない。

最初の文は、「外的権利」、つまり他者との関係における「権利」が、対人関係における「自由」に由来するものであって、その人の自然の目的＝幸福追求とは関係ない、ということを言っているわけですが、すぐには、ピンと来ないですね。「私」が自分の幸福のために何を求めているかは、「外的権利」とは関係ない、という部分は理解できますね。「外的権利」は他者から認められないと意味がないですが、他者にとっては、「私」が何を求めているのかは関係ありません。

分かりにくいのは、対人関係における「自由」から「外的権利」が生じるという理屈ですが、その後に続く、「権利は、各人の自由を――この自由が普遍的法則に従って可能である限り、――他のいかなる人間の自由とも一致せしめる条件に制限する」という文と関連付けると、分かりやすくなります。お互いの

「自由」が衝突しないように、普遍性のあるルールの下で限定したものが「権利」だということですね。

こういう風にあっさり説明すると、なんだか当たり前の話のように聞こえるかもしれませんが、ホッブズの議論と比較すると、それほど当たり前の話ではありません。ホッブズは、自然状態における各人には、自己保存のためにあらゆるものを我がものにしようとする欲求があり、あらゆる手段を駆使して、その欲求を追求する「自然権」があるという前提から議論を始めますが、カントの発想では、それは、「自由意志」に基づく他者との相互制約的関係を含んでいないし、「権利」ではないわけです。

自由の相互制約としての「権利」を、全ての市民を包摂するように体系化したものが、「公法 das öffentliche Recht」だというわけですね。一般的な法学の教科書では、公法とは国家などの公権力を規律する法律だと説明されることが多いですが、カントは公民（市民）の権利の総体を守るための「法」として理解しているわけですね。

なぜ、自由な人間は、「法」に縛られるのか？

およそ或る人の自由が他人の意志によって制限されるのを強制という、それだから公民的組織とは（他の人々との結合の全体において、各自の自由を損うことのないような）自由な人間のあいだの関係であるが、しかしこれらの自由な人間とても等しく強制法の支配下にあるわけである、なぜかと言えば、理性そのものがこのことを欲するからである、しかもア・プリオリに立法するこの純粋理性は、いかなる経験的目的（幸福という一般的名称のもとに包括されるような）をも顧慮しないのである。経験的目的や、また各人がこの目的の内容とするところのものに関しては、人々の考えは区々であるから、彼等の意志を共通の原理のもとに統一することは不可能であり、従ってまた各人の自由と合致

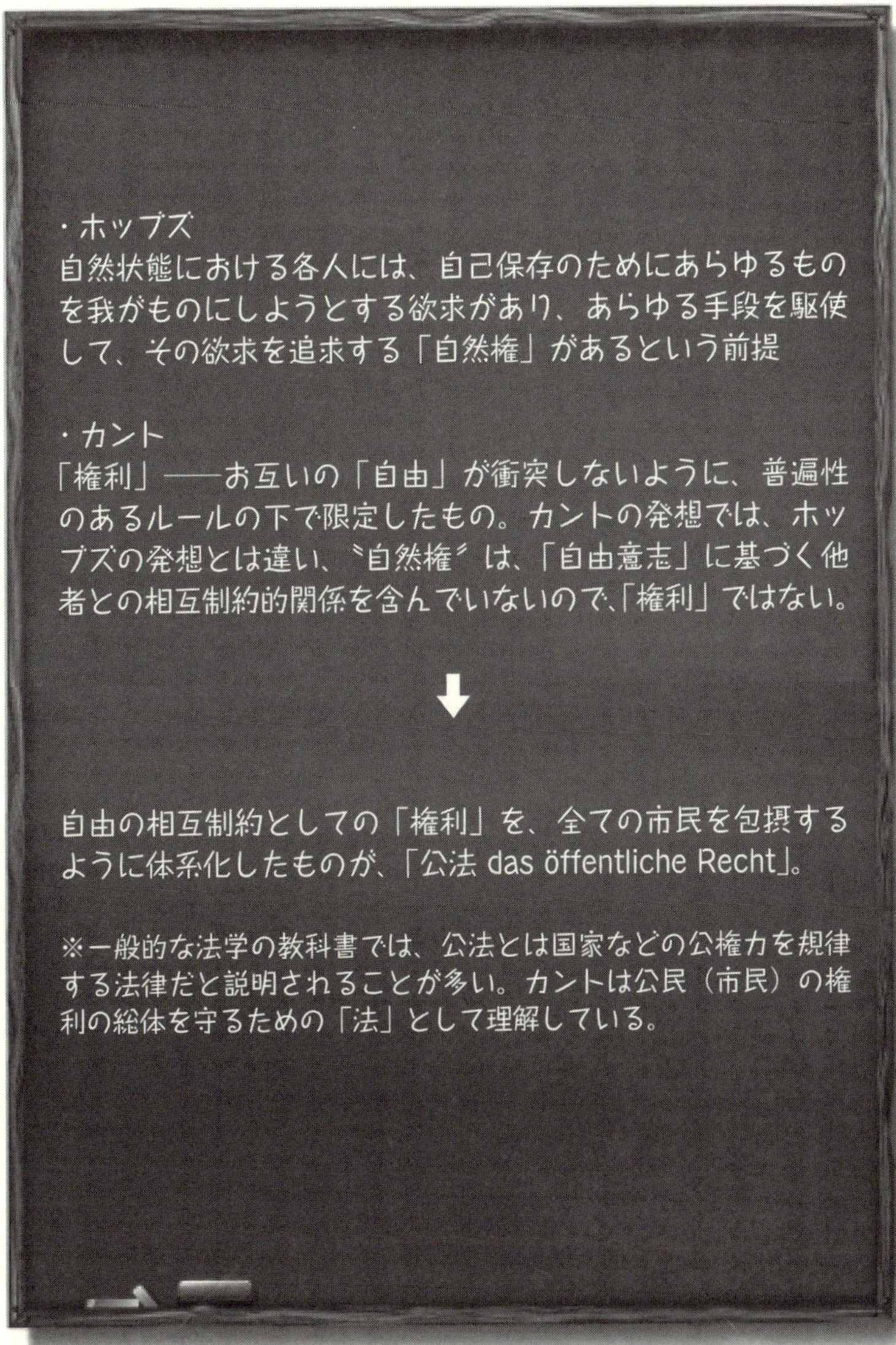
・ホッブズ
自然状態における各人には、自己保存のためにあらゆるものを我がものにしようとする欲求があり、あらゆる手段を駆使して、その欲求を追求する「自然権」があるという前提
・カント
「権利」――お互いの「自由」が衝突しないように、普遍性のあるルールの下で限定したもの。カントの発想では、ホッブズの発想とは違い、〝自然権〟は、「自由意志」に基づく他者との相互制約的関係を含んでいないので、「権利」ではない。

自由の相互制約としての「権利」を、全ての市民を包摂するように体系化したものが、「公法 das öffentliche Recht」。
※一般的な法学の教科書では、公法とは国家などの公権力を規律する法律だと説明されることが多い。カントは公民（市民）の権利の総体を守るための「法」として理解している。

するような外的法則のもとにおくこともできないのである。

ルソーの時にも出てきた問題ですが、「自由な人間」が、「強制法」の下にある、というのは一見矛盾しているような感じがしますね。カントは、「理性」がそれを欲しているという説明で、その矛盾を解消しようとしているわけです。各人が「理性」に従って、強制法によってお互いの「自由」を制限することに同意しているので、その「法」に従うことは、自律していること、つまり「自由」であることを意味します。

ひっかかるのが、「ア・プリオリに立法する純粋理性」が「いかなる経験的目的をも顧慮しない」という点です。その後に出て来る、経験的目的は人によって違うので、それらを「共通の原理」の下に統一するのは不可能であるというのは、近代自由主義の大前提であり、ロールズも強調していることなので分からないことはないですが、「理性」が「ア・プリオリに立法する」とは、どういうことか？

内面における道徳法則を与えるに際して、理性がアプリオリに立法するというのなら、信じる／信じないは別にして理屈としては分からないこともないですが、ここで問題になっているのは、道徳法則ではなくて、市民の間で現実に通用する外的強制法です。アプリオリに立法する理性の命令に従って、市民たちが、自分たちの現実の欲望や幸福観とは関係なく、アプリオリな理性の法則に直接由来する「法」の制定に合意するというのは、想像しにくいですね。

ただ、これは現実の法ではなく、「市民的憲法」の理想形があるとすれば、それはどのような性質を持つのかという話をしていると考えれば、それなりに納得できますね。各人の現実の欲求を足し合わせて、平均を取ることで導き出される「全体意志」のようなものではなくて、理性によって、人格相互の関係を規制すべきアプリオリな法則として見出されるものに従って、強制法を制定すべきだとカントは示唆して

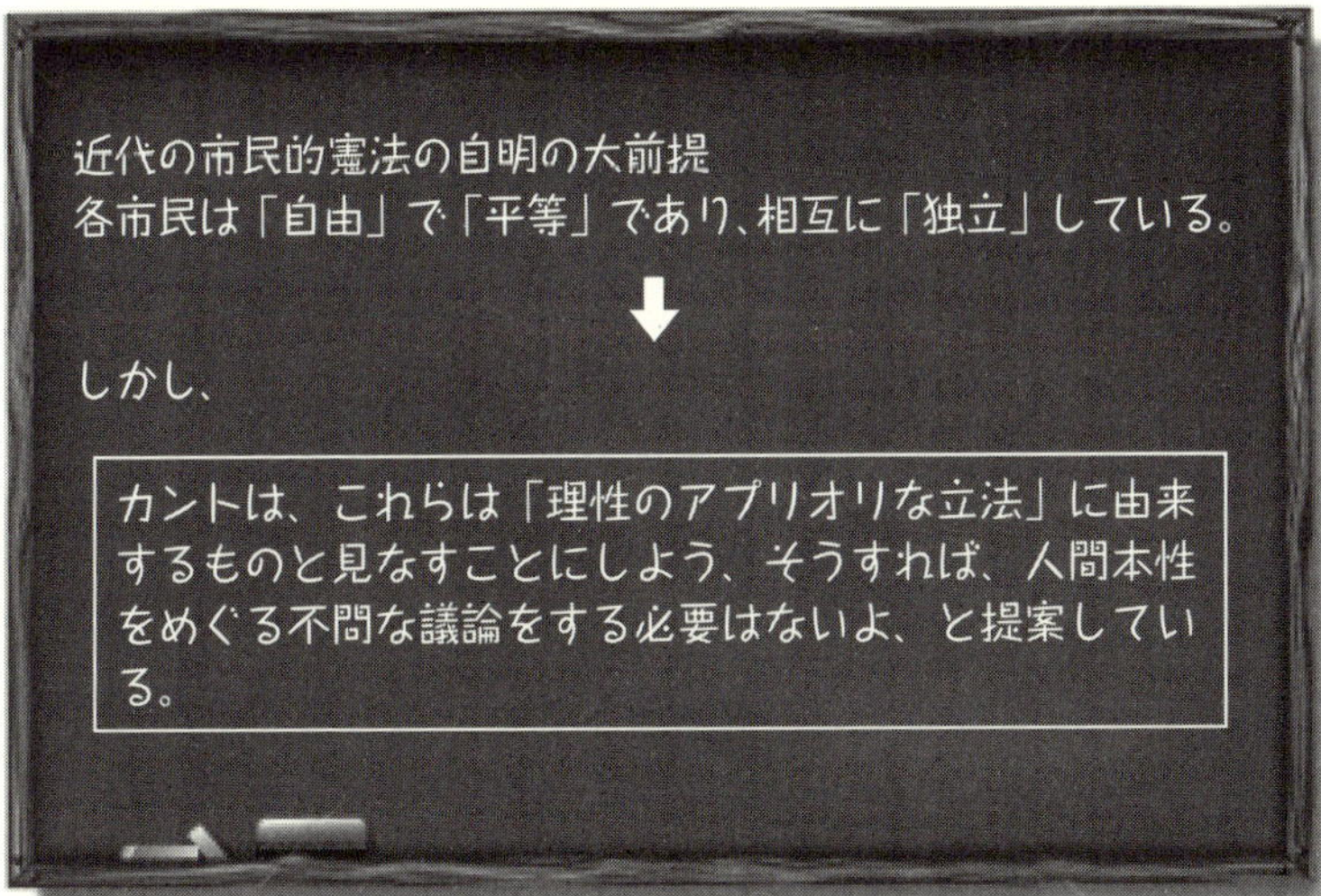
近代の市民的憲法の自明の大前提
各市民は「自由」で「平等」であり、相互に「独立」している。
しかし、
カントは、これらは「理性のアプリオリな立法」に由来するものと見なすことにしよう、そうすれば、人間本性をめぐる不問な議論をする必要はないよ、と提案している。

いるわけです。そういう法則をどうやって発見すべきなのかは、分からないわけですが。ロールズだったら、「無知のヴェール」を持ち出すところですが、カントには、そういう便利な道具立てはありません。実証できないのに、そうした法則を見出すことができるものとして淡々と話を進めるところが、カント・ファンには、カントらしくていいのかもしれません。ただ、次の例を見ると、少しピンと来るのではないでしょうか。

それだから公民的状態を、法的状態としてのみ考察すれば、この状態の根拠をなすものは次に掲げる三個のア・プリオリな原理である。

1 社会の各成員の人間としての自由。
2 各成員と他の各成員とのあいだの、国民としての平等。
3 公共体の各成員としての公民としての独立。

ここでは、「ア・プリオリな」を、「大前提として想定されている」という意味で理解しておけば、分かりやすくなります。各市民は「自由」で「平等」であり、相互に「独立」しているというのは、カントに言われるまでもなく、近代の市民的憲法の自明の大前提になっていますね。しかし、それが何故、大前提なのか、改めて問われると、まともに理屈で説明するのは難しいですね。三つとも道徳的な性質なので、人間の自然本性に訴えて根拠付けようとしても、見当はずれな議論になるでしょう――こうした道徳観念を自然主義的に説明することが可能であるとする立場もありますが、それをここで検討する必要はないでしょう。カントは、これらは「理性のアプリオリな立法」に由来するものと見なすことにしよう、そうすれば、人間本性をめぐる不問な議論をする必要はないよ、と提案していると見ることができます。そういう提案だと思えば、それなりに納得いくのではないかと思います。

細かい訳語上の問題ですが、2の「国民」は原語では〈Unterran〉で、直訳すれば、「臣民」です。「臣民」というと、君主に従っているように聞こえますが、この場合は、法に従っている者ということです。「法」に従う「臣民」を、「法」は平等に扱うわけです。これは、ルソーの時にも出てきた話ですね。

幸福を追求する権利（日本国憲法第一三条）は、パターナリズムにならないのか?

1　人間としての自由という原理は、公共体を組織するに必須の原理であるが、私はこの原理を次のような方式で表現する、――何びとといえども私を強要して、（彼が自分なりに他の人々の幸福と思いなしているような）彼自身の仕方で幸福ならしめることはできない、各人は彼自身に適切と思われる方法によって自分の幸福を求めて差支えないのである、ただその場合に彼は、他の人々が彼と同様の目的を追求する自由――すなわちその場合に可能な普遍的法則に従っていかなる人の自由とも共存し得るような自由（換言すれば、他人の権利）を毀傷さえしなければよいのである。

これは日本国憲法の第一三条の幸福追求権の話ですね。幸福追求権とは、政府や社会のパターナリズム（父権的干渉主義）を排して、自分の幸福は何であるかを自分で決め、自分のやり方で追求する権利です。政府や社会が、「こうでないとあなたは幸福ではないだろう」と、押しつけてくるのがパターナリズムです。それは、幸福は人によって異なるからです。先ほどの、純粋理性は各人の経験的目的は顧慮しない、という話に対応していますね。

各人の「幸福」は顧慮しないと言いながら、それを追求する「自由」を「権利」として認めるというのは、何か矛盾しているような感じがしますが、先ほどお話ししたように、幸福追求権は、幸福の中身には一切立ち入りません。むしろ、幸福の中身に立ち入らないでもらえる権利です。それを保障するのが「法」です。「法」は、各人がお互いに迷惑をかけない限り、自らの定義する「幸福」を追求できるよう、相互調整することで、「自由」を保障するわけです。各人は、「幸福」を「自由」に選択し得る道徳的人格として想定されるわけです。

これに続いて、カントはパターナリズムを批判しています。

> 国民に対する好意の原理（いわば子供達に対する父としての）に基づいて設立されているような政府は家長的政府（imperium paternale〈家長的支配権〉）と呼ばれる、それだからかかる組織においては、政府に従属する国民は、自分達にとって何が真に有益であり、また何が真に有害であるかを区別できない未成年の子供同然であり、どうすれば幸福であるべきかという方法については、国家主権者の判断をまち、またこの主権者が何を欲しようとも、彼の親切に期待してひたすら受動的態度をとるよりほかはない。このような家長的政府は、およそ考えられ得る限りの最大の専制政である（従属する国

民のいっさいの自由を奪うような統治組織であり、そうなると国民はいささかの権利をも所有しないことになる)。家長的政府と異なり祖国的政府〈imperium non paternale, sed patrioticum〈父権的支配権ではなくて、祖国的支配権〉〉というのは、権利を所有する人々の利益を図ると同時に、支配者の好意が併せ考えられるような唯一の政府である。祖国的とは、国家の各成員(主権者もまたその例外ではない)が、公共体をいわば母の懐《ふところ》と見なし、また国土を父祖の土地——すなわち、彼自身がそこに生れそこで生活し、いつかは彼もまたこれを貴重な担保として子孫に遺《のこ》さねばならぬような土地と見なす考え方である、このような考え方によってのみ各人は彼の権利を、主権者の無制限な恣意の使用に供せられるのではなく、国民の共同意志にもとづいて制定された法律によって保護する権能をもつわけである。このように自由の権利は、人間が一般に権利を所有し得るほどの存在者である限り、公共体の成員たる彼に帰するのである。

まさにパターナリズム〈paternalism〉の話ですね。〈paternalism〉は、「父」を意味するラテン語〈pater〉から派生した言葉です。〈imperium paternale〉の〈paternal〉はその形容詞形です。「家長的政府 eine väterliche Regierung」というのは、お父さんが子供に対して良かれと思って、子供の自由を奪うように、臣民のために良かれと思って臣民の自由を奪う政府のことです。こうした政府は、臣民を「未成年の子供 unmündige Kinder」のように扱うわけです。〈unmündig〉というのは、まさに前回読んだ「啓蒙とは何か」で問題になっていた状態ですね。ただし、こっちでは、政府が臣民を「未成熟」の存在のように扱うことを批判しているわけです。必ずしも「啓蒙とは何か」の論旨と矛盾しているわけではないですが、こっちでは、自らを未成熟状態に置いている臣民ではなく、政府の姿勢を問題にしています。

細かいことを言っておきますと、〈imperium〉というのは、共和制時代のローマで、法的手続きに基づ

大地と自由

「祖国的政府 eine vaterländische Regierung」


父祖の土地を、みんなで大事にしようという前提で出来上がっている政府。

その共通の財産を守っていこうとする「共同の意志 der gemeinsame Wille」によって統治。
⇒「共同の意志」の形成に参加している市民＝臣民一人ひとりの「自由」を尊重する。各人が、土地を中心とする自らの権利を保障された状態で、自らの幸福を追求することが、「祖国＝父の国」のためになるという前提。

※土地が個人の自由の基盤になるという考え方は、古代の都市国家や市民革命時代の英国の政治思想家ジェイムズ・ハリントンなどが提唱。

↕

「家長的政府 eine väterliche Regierung」


お父さんが子供に対して良かれと思って、子供の自由を奪うように、臣民のために良かれと思って臣民の自由を奪う政府。

こうした政府は、臣民を「未成年の子供 unmündige Kinder」のように扱う。

つまり、君主の恣意的判断によって統治する。

ジェイムズ・ハリントン

いて与えられる軍の指揮権のことで、それから転じて、「帝国」の意味になります。公的な法に基づかない、家長的支配（dominium）とは本来対立する概念です。

支配者の好意が幸福の押し付けになるのではなく、あくまでもお互いの関係は自由で、権利を守る関係にあるのだ、と述べています。「祖国的政府」がそれとどう違うのかは、名称だけからは分かりにくいですね。「祖国」を意味するラテン語〈patria〉も〈pater〉から派生した語ですし、ドイツ語の〈Vaterland〉は、まさに「父 Vater」の「国 Land」なので、西欧の言葉で考えると余計にややこしくなります。というより、「家長的政府と異なり、祖国的政府というのは」という箇所は、原文では、〈Nicht eine väterliche, sondern eine väterländliche Regierung〜〉という風に、わざわざ同じ系統の言葉であることを強調しています。似たような形容詞だけど、意味するところは全然違うんだということを強調したかったのでしょう。

カントの説明だと、「祖国的政府 eine vaterländische Regierung」というのは、父祖の土地を、みんなで大事にしようという前提で出来上がっている政府だということですね。その共通の財産を守っていこうとする「共同の意志 der gemeinsame Wille」によって統治されている政府は、君主の恣意的判断によって統治する「家長的政府」とは違って、「共同の意志」の形成に参加している市民＝臣民一人ひとりの「自由」を尊重するというわけです。各人が、土地を中心とする自らの権利を保障された状態で、自らの幸福を追求することが、「祖国＝父の国」のためになるという前提で考えているのでしょう。

土地が個人の自由の基盤になるという考え方は、古代の都市国家にはありましたし、市民革命時代の英国の政治思想家ジェイムズ・ハリントン（一六一一－七七）もそういう考え方を示していますが、あまりカントらしくない気がしますね。ただ、法哲学者の木原淳さん（一九六九－　）が『境界と自由』（二〇一二）で、カントが国家による土地の領有化と私的所有の関係に注目していたことを指摘しています。

また細かいことですが、先ほどの箇所で「主権者」と訳されているのは、原文では〈das Oberhaupt〉で、これは「首長」とか「首脳」の意味です。「国家」を意味する〈Staat〉と合成して、〈Staatsoberhaupt〉とすると、「国家元首」の意味になります。国家元首と主権者は別です。アメリカの国家元首は大統領ですが、大統領は主権者ではありませんね。「主権者」は、〈der Souverän〉で、カントも『人倫の形而上学』ではこの用語を使っています。ただ、カントの場合、「主権」の意味も、主権者が誰なのかについてもテクストによってかなり揺れがあるので、ここで〈Oberhaupt〉と呼ばれているのが「主権者」なのか、単なる「首長」なのか微妙です。文脈的にはどちらでも大差はないような気がします。

平等と「支配者」

2　政府に従属する国民としての平等という原理の方式は、次のようなものである。公共体の各成員は他の各成員に対し強制法による強制の権利を有する、ただし公共体の支配者は例外である（支配者はその公共体の創始者、或いは保持者だからである）、彼だけは、自分自身が強制法に従うことなくして、他を強制する権能をもつのである。しかし法の支配下にある一切の者は、国家において従属者であり、従ってまた公共体におけるいっさいの成員と同じく強制権に従うのである、そのなかでただ一人（自然的或いは道徳的人格）だけが例外である、それはすなわち国家支配者であり、いっさいの法的強制は彼によってのみ行使されるのである。仮りにこの人もまた他人の強制を受けるとすれば、彼はもはや国家の支配者でなくなるだろう、するとその上にまた支配者がなくてはならないから、そうなると従属すなわち上下の系列は、上方へ向って無限に遡ることになるだろう。しかしまたこのような支配者（強制を受けない人格）が二人いるとしたら、両者のいずれもが強制法に支配されないから、一方は他方の違法行為に対して法を行使することができないだろう、だがそのようなことは不可能である。

ここでは、「法の下での臣民の平等」と同時に、その例外が「支配者」であるということが主張されています。ここでは、「支配者」と訳されていますが、原語は〈Oberhaupt〉です。「国家支配者」の原語は、〈Staatsoberhaupt〉です。訳語を統一しておいた方がいいような気がします。

「強制を受けない人格 eine zwangsfreie Person」としての「国家元首」が必要なのは、強制法を執行する権限が最終的に一人の人格に統一されていないと、法体系に混乱が生じるからです。現代の「法の支配」の普通の考え方では、国家元首や行政や司法のトップも、少なくとも形式的には、一般国民と平等に強制法に従属しているはずですが、カントは、法的強制の最高責任者自身は、強制を免れていないといけない、と考えていたわけです。現代人にはしっくりきませんが、恐らくカントは、「国家元首」自身が個人的に強制法に拘束されて身動き取れなくなったら、法の執行に支障が出る恐れがあるので、「元首」は、神が自然法則を超えているように、国家の強制法を超えていなければならない、と考えているのでしょう。後ほど出てきますが、このことは、抵抗権に関するカントの考え方と結び付いています。

ところで国家における従属者たる国民としての人間が、押しなべて平等であるということは、彼等の所有物の量や程度に関する最大の不平等とよく両立するのである。このような不平等は身体的もしくは精神的な優劣とか、或いは運不運に依存する外的財貨の多少とか、或いはまた一般に権利（これには多くの種類がある）強弱ということもあるだろう。それだから或る人の幸福は他の意志に左右されざる（貧者は富者に）とか、或る人は他の人に服従せねばならない（子供が両親に、また妻が夫に服従するように）とか、また或る人は他の人に命令するとか、更にまた或る人は他の人に（日雇い人として）使役されて、雇い主から賃銀を受取る等々のことがおきるのである。しかし人間としての権利（これは普遍的意志の要求として唯一の権利であり、これ以外に原本的な権利はあり得ない、なおこれは権利の形式に関することであり、権利の内容たる質料や対象にはかかわりがない）について言えば、上に挙げたような不平等があるにも拘らず、すべての人間は国民として互に平等なのである、何びとといえども公法（とその執行者すなわち国家支配者）によるのでなければ、他の何びとをも強制することができないからである。

ここは分かりやすいですね。経済的な格差や社会的立場による権力関係があって、その意味で〝不平等〟であっても、人間としての基本的な権利においては「平等」である。他人に強制しようとすれば、「公法」に定められた手順を経なければならない。現代では、ロールズの正義論のように、社会・経済的不平等の存在も視野に入れた平等論が一般的になりつつありますが、カントに言わせれば、それは「権利」の「質料 Materie」あるいは「対象」の話であって、大事なのは、「権利」の「形式 Form」です。「法」は、各人格を同じ「形式」において扱うことを使命としていますが、「質料」の面で実体的に〝平等〟にすることは必ずしも目指さないわけです。この点でカントは、ロールズのような平等主義的リベラルよりも、古典的自由主義者やリバタリアン（自由至上主義者）に近そうです。

ただし、世襲的特権（ein erbliches Präogativ）によって、階級が固定化することは許されないという立場を取っています。各人は自らの才能、勤勉、幸運によって、いかなる地位にも就くことができなければならない、としています。

それにはこういう訳合いがあるからである、——およそ公共体におけるいっさいの権利の旨とするところは、他人の自由が自分の自由と、普遍的法則に従って共存し得るという条件に、各人の自由を制限するところにある。そして公権（公共体における）とは、如上の原理に適合し、また実力と結びついている現実的立法の状態にほかならない、このような立法の力に依ってすべての人は従属者としての国民の一員であり、法的状態（status iuridicus）一般のなかに在る、なおここで法的状態とは、自由の普遍的法則に従って、互に制限し合う意志の作用と反作用とが相等しい状態である（これがすなわち公民的状態と呼ばれるところのものである）、それだからこのような状態における各人の生得〔天賦〕の権利（換言すれば、各人のいっさいの法的行為以前の）は、他の何びとにせよ彼の自由の使用が自分の自由と調和する限界内に常に止まっているために彼を強制する権能に関しては、いかなる点においても彼と平等なのである。ところで出生は新たに生まれてきた幼児自身の行為ではない、従ってまたこの新生児は、法的状態のいかなる不平等も、或いはまた強制法へのいかなる服従も強いられるものではない、かかる服従は、唯一の立法的最高権力への従属者としては、彼にもまた諸他いっさいの人々にもまったく共通だからである。こういうわけで、公共体の一員が、同じく従属者として他の成員に優先するような生得の特権はあり得ない。

長いですが、ポイントになるのは、「生得の権利 das angeborne Recht」と「法的行為 eine rechtliche Tat」の関係です。「生得の権利」は平等のはずなので、生まれた時点で不平等というのはおかしい。もし「法的状態」における不平等があるとしたら、当事者同士の間の「法的行為」の帰結でないといけない。「法的行為」は、各人の自由意志と権利に基づくものです。例えば、自由意志に基づく契約によって、何らかの報酬と見返りにAさんがBさんに奉仕するようにするのは、「法的行為」です。生まれたばかりの赤ん坊は、「法的行為」をしようがないので、赤ん坊が法的に不平等な「地位」にあるのはおかしいことになります――〈status〉には、「状態」のほか、「地位」という意味もあります。

３　公共体の成員の公民としての――換言すれば、共同立法者としての独立（sibisufficientia〈自足〉）立法そのものという点については、現行の公法のもとで自由かつ平等であるような人々はすべて平等と見なされるが、しかしこの法を与える〈立法する〉ところの権利について言えば、すべての人が平等と見なされるわけではない。立法する権利を有しない人でも、公共体の成員としては法を遵守せねばならないし、またそうすることによって法に基づくところの保護を受けることができる、だがその場合には公民としてではなく居留民としてである。

最初の文が分かりにくいですが、「立法」という言葉が一つ余計についているせいでしょう。これは恐らく単純ミスでしょう。「公共体の成員の公民としての――換言すれば、共同立法者としての――独立（sibisufficientia〈自足〉）それ自体については～」、と直せば、大分分かりやすくなるでしょう。

ここで言われているのは、「公共体」の構成員の中には、法に基づく義務と権利を有していても、立法に参加する権利を持っていない人、公民ではなくて、「居留民 Schutzgenosse」でしかない人もいるということです。〈Schutzgenosse〉は、直訳すれば、保護されるべき同胞です。『人倫の形而上学』では、「能動的国民 aktive Staatsbürger」と「受動的国民 passive Staatsbürger」という言い方をしています。「居留民」あるいは「受動的国民」は、「独立」を欠いているので、「同胞」ではあっても、「公民」ではないわけです。この後の箇所にも述べられているように、立法に参加していないということは、他人の作った法に従属していることを意味するので、「独立」していないことになります。

現代人の発想からすれば、立法に参加する権利＝投票権を全員に付与すればいいじゃないか、と言いたくなるところですが、カントは、どうも人々の政治に参加する能力や資格には違いがある、と見ているようです。

ところでこのような立法において投票権をもつ人が公民（国家における公民〈citoyen〉であって市民〈bourgeois〉ではない）と呼ばれるのである。公民たるに必要な資格は、自然的資格（少年でも婦人でもないという）のほかには、彼が彼自身の支配者（sui juris〈自主権者〉）であり、従ってまた彼に生活の資を供するような、なんらかの所有物（いかなるものにせよ技術、手工或いは芸術、学術等もそのなかに数えられる）、換言すれば、彼が生計費を他の人達から取得せねばならない場合にその手段となるのは彼の所有物の譲渡だけであって、彼の労力の使用に対する同意を他人に与えることではない。

はっきりしていますね。土地とか固有の技能があって、他の公民と対等の契約を結ぶことのできる人は、独立しているので、立法に参加することができるけれど、そういう手段を持たない人は、独立していないので、立法に参加することができない、「公民」の頭数に入れることはできないというわけです。財産のあるなしで人間を区分するのは、おかしい感じがしますね。カントが、ある人が道徳的に尊重されるべき人格であるということと、「公民」であることを対応させようとしているのは確かですが、後者は現実政治的な問題なので条件を付けているということなのでしょう。

「理性」に理念はあるのか？――「原本的契約」

この章の「結論」部に行きましょう。

ここに原本的契約の概念がある、そして人間のあいだの公民的組織――換言すれば、国民全体に行きわたるこの法的組織の形成も、また公共体の設定も、この契約に基づいてのみ可能なのである。しかしかかる契約（原本的契約〈contractus orginarius〉、或いは社会的契約〈pactum sociale〉）は、国民ひとりびとりの特殊的意志を合一して、共同の公的意志（単に法的な立法を可能ならしめるためだけに）たらしめ、これを事実として前提することを必要とするものではない（実際、そのような事実は、決して成立し得るものではない）。もしそうだとしたら或る国民が曾つて実際にこのような事業を成就し、これに関する確実な報告や証明書を口頭なり或いは文書なりで、後世に遺していなければならないだろう、そして既存の公民的組織にはこの事実が結びついていると見なされ、これらのことが何よりもまず歴史に依って予め証明されていなければならないだろう、更にまたその国民の子孫は、実際にもこれらの権利を継承しかかる結合に加わっている筈である。しかしこの原則的契約は、歴史的事実ではなくて、理性の純粋な理念にほかならない、それにも拘らずこの理念は、疑いをさしはさむ余地のない（実践的）実在性をもつのである。そこで立法者たる資格を有する、公共体の各成員を結合して、この法があたかも国民全体の統一された意志から発生し得たかのように立法するのである。

「原本的契約」というのは、最初に出てきた「市民的憲法」を生み出す「彼等のあいだに公民的組織を設定するところの契約」のことです。この契約のことを、市民的法関係の出発点になるという意味で、「原本的契約」と呼んでいるわけです。

先ほどもお話ししたように、カントはこの「原本的契約」を歴史的事実としてではなく、「理性の純粋な理念 eine bloße Idee der Vernunft」として想定していますね。つまり、歴史的事実として人民が「原本的契約」を結んだということはないけれど、あたかもその契約が「市民的憲法＝国家体制」がその原点において成立した「かのように als ob」市民たちが振る舞うことによって、市民的憲法＝国家体制がうまく機能し、みんなの権利が守られる。あたかも、そうした契約が実際にあり、みんなそれに縛られているかのような状態になる。それが「実践的実在性 praktische Realität」です。そういう現実が実際にあるとして、その起源はどのようなものであるか理性によって推論した時に、「原本的契約」という理念が浮上してくる。だから、「理性の理念」というわけです。

現実の自然界を見て、慣性の法則とか万有引力の法則とか相対性原理とかの「理念」を見出し、それで実際に自然界の現象が説明できれば、それらの理念に実在性があると見なす、というのとパラレルな関係にある、と考えれば分かりやすいでしょう。

抵抗と言論の自由

一五九頁から抵抗権についてのカントの議論が紹介されています。簡単に言うと、抵抗権否定論です。

従属者たる国民が、彼等の不満を行動によって表示するために、最高の立法的権力に対して起こすところのいっさいの扇動や、また謀反につながるいっさいの暴動は、公共体において最高の刑罰に値する犯罪である、かかる所行は、公共体の基礎を破壊するものだからである。この禁止命令は無条件的である、たとえ最高権力或いはその代理人たる国家主権者が原本契約を侵害し、これによって立法者たる権利を（国民の考えに従えば）喪失したにせよ、――換言すれば、この最高権力が政府の全権を掌握して飽くまで弾圧的（専制的）な行動に出るにせよ、その場合ですら国民には依然として反権力的抵抗が許されないのである。その理由はこうである、――現存の公民的組織にあっては、国民はこの組織がいかに統括さるべきかという問題を解決すべき合法的判断を持ち合わせていないからである。実際、もし国民の判断が現在の国家主権者の判断に反するとしたら、両者のいずれに権利があるかを、何びとが決定したらよいのであろうか。

この箇所は非常にクリアですね。人民が主権者に反抗したら、「公共体」が破壊されるので許されない、というわけです。ロックであれば、政府が社会契約に反した行為をすれば、政府に対する「信託」を人民は一方的に解除できると言うところですが、カントは、人民の意見と主権者の意見が食い違ったら、どちらが正しいのか決めるやり方がないので、原本契約違反という判定をすることができないと言っているわけです。カントの理解では、そもそも主権者は、何が合法的なのかを最終的に判断するためにいるわけですから、それより上位の判断者がいるというのは矛盾する。だから、「公共体」が存続する以上、人民が主権者に対抗する権力を行使することはできない。

カントは、「理性の理念」に現実の「公共体」を近付けることよりも、市民相互の法的関係を支えている現実の「公共体」を守ることを優先して考えているようですね。

訳の問題点を言っておきます。最後の行で、「いずれに権利があるか」とありますが、何度も触れてますが、「権利」の原語である〈Recht〉には、「法」「正当性」「正義」といった意味もあります。ドイツ語の日常語に、「君の方が正しい」あるいは「君の方に分がある」という意味の、〈Du hast recht.〉という表現があります。ここはそれと同じ意味合いでしょう。「いずれに正義があるか」とか「いずれが正しいのか」と訳し直した方がいいでしょう。

一六七頁以降、ホッブズと自分の違いを強調しています。カントは、国家元首は法を超越した存在、臣民が抵抗することのできない存在だと考えています。だとすると、カントもホッブズと同じではないかと思えてきます。ホッブズは、一旦社会契約が成立すれば臣民は全ての権利を主権者に譲渡しているので、主権者の意志自体が法であり、臣民は法の黙過するところでのみ自由であり、抵抗することはできない、という立場を取りました。カントは、ここで自分とホッブズとの違いを強調します。

ところで上述した私の主張を読まれた方で、私が君主の不可侵性を強調するのは君主に過度にへつらうものであるという非難を私に加えられることは、よもやあるまいと思うのである。そこで私はまた、国民は国家主権者に対して、たとえ強制権はあり得ないにせよ、自分達の権利を決して喪失するものではないと言ったとしても、これをもって国民を利すること大に過ぎる主張であるという理由で、私に非難を向け給わざらんことを希う次第である。

ところがホッブスは、私とはまったく正反対の意見である。彼の言うところによると（「公民について〈De cive〉」第七章、第一四節）、国家主権者は契約によって、国民に対する債務をいささかも負うものではない、すると彼が公民に不法を加えるということもあり得ないわけである（たとえ彼が意のままに公民を処刑しようとも）。

最初にすごく細かいことを言っておくと、〈Hobbes〉をドイツ語風に発音すると、最後の〈s〉が濁らないで、「ホッブス」になります。カントは、自分はホッブズとは違って、人民は自分たちの権利を喪失してしまうわけではない、という立場を取っていると確認しているわけです。

『公民（市民）について De cive』は、ルソーの所でも出てきましたが『リヴァイアサン』の先駆け的な性格の著作です。この著作で既にホッブズは、主権者は国民に対していかなる責務も負っておらず、不法(Unrecht) を加えることはありえない、という見解を表明しているわけですね。当然、この場合の「不法を行わない」というのは、主権者個人が人格的にいい人であるという話ではなくて、主権者は全ての臣民の人格を「代表」して行為しているので、主権者の行為は、臣民が自分自身に対して行っている行為と同じであり、それが「不法」であることはありえないという理屈です

> 国家主権者に対して反抗を敢てしない国民としては、およそ主権者は彼等に不法を加えることを欲するものでないと想定できなければならない。従ってまた各人は、決して喪失することのない彼の権利を常に保有し、たとえみずから欲するにせよこれらの権利を放棄できるわけでないし、またかかる権利に関しては彼自身が判断する権能をもっているのである。すると彼の見解では、彼に加えられたと見なされる不法は、上記の前提に従えば、実は誤解から生じたものであるか、或いは最高権力の制定した法に因由する結果についての無知から起きたものにすぎない。もしそうだとすれば、主権者のとった処置によって公共体に不法が加えられたと思いなすような事柄に関して意見を公表する権能が、しかも主権者の恩寵をもって、国民に帰属せねばならない。主権者は決して誤謬を犯すものでないし、またいかなる事柄についても無知であり得ないと想定するのは、主権者は天の霊感を授かった人間以上の存在であると想像することになるからである。こういう事情があるので言論の自由——と言っても、国民が生活を営む場であるところの政治組織に対して尊敬と愛とを懐く範囲内でのことであるが、——は、件の組織そのものが国民の心のなかに形成するところの自由な考え方によって支持されるの

である（そして言論もまたこの旨を体して、その自由を失うことのないように、おのずから制限し合うのである）、——これがすなわち国民の権利を擁護する唯一の守護者（palladium）なのである。この自由をも国民に拒否しようとするのは、およそ国民が最高命令者（ホッブスに従えば）に関して要求するところのいっさいの権利を奪うにひとしいばかりでなく、もし主権者が知っていさえしたらみずから進んで変更したであろうと思われる事柄についても、彼に何ごとをも知らしめないばかりに、みすみす彼を自己矛盾に陥しいれることになるからである。

最初の方が、何が言いたいのか分かりにくいですが、要は、臣民たちは抵抗してはいけないからといって、異議を申し立てる「言論の自由 Freiheit der Feder」までもないわけではないということです。「主権者は彼等に不法を加えることを欲するものでない」という言い方をすると、普通は、臣民は泣き寝入りしないといけない、ということになりそうな気がしますね。しかしカントに言わせれば、主権者が「不法 Unrecht」を犯さないと想定できるのなら、それは同時に、臣民たちの「権利 Recht」が保障されている、ということを意味するはずです。一応、それを前提にして考えてみようというわけです。

ホッブズは、人々は国家を創設した時点で、安全保障と引き換えに自分の「自然権」を放棄するという前提で議論をするので、彼の枠組みでは、主権者が不法を働かないことが、臣民の権利の保障に直結するわけではありません。それに対してカントの場合、人々はお互いの権利を保障し合う市民的憲法＝国家体制を作るために「原本的契約」を結ぶので、体制の運営に責任を持つ主権者が不法を働かないのであれば、市民たちは自分たちの権利は保障されている、と考えていいことになります。にもかかわらず、自分たちの権利が侵害されていると感じられるのであれば、そこには何か誤解があるかもしれないので、はっきりさせるために意見を申し立てることができて然るべきである。そうカントは言っているわけです。カントは、主権者に抵抗することはできないと言っているけれど、主権者が不法を行う可能性は排除していないわけです。

そこで、自由な「言論」活動を通して、どちらが正しいのか論じることが重要になるわけです――合意形成できない場合、主権者に従うことになるわけですが。言論を通しての真理探究は、市民的憲法＝国家体制にうまく適合するはずだし、それは、臣民たちの権利を保障する責任のある主権者にとっても望ましいはずだ、というのがカントの主張です。この論法によって彼は、国家の「強制法への服従」と、「自由の精神 Geist der Freiheit」を両立させようとするわけです。これは、「啓蒙とは何か」の結論とも一致していますね。

カントの夢――「世界公民的状態」

第三章は、ここは他の章より短いですし、論旨も分かりやすいです。先ほどお話ししたように、メンデルスゾーンはレッシングと友人関係にありましたが、レッシングが人類は普遍的な人間性の理想に向けて教育可能であるというのに対し、メンデルスゾーンは、人間性はそもそも悪なので普遍的な進歩は幻想である、というペシミスティックな見解を持っていました。

それに対してカントは、人間は道徳的にも進歩しているという自らの信念を表明しています。基本的には、前回読んだ「世界公民的見地における一般史の構想」の論旨を要約して、人間は悪いこともするので道徳的進歩は一進一退を繰り返しているだけのように見えるけど、その悪しき性質、利己心ゆえに、人々は市民的憲法の下で法秩序を作り、世界公民的公共体を作るように強制されるという主旨のことを主張しています。悪は確かに現実に存在するけど、その悪を利用する形で、絶対的な「善」へと向かう道徳的進歩が可能になるわけです。その意味で、人類史の「目的」としての「世界公民的状態」という仮定は、決して単なる絵空事ではない。一八五頁をご覧下さい。

悪を発生せしめるものは、人間の種々な傾向にほかならないが、これらの傾向のあいだにはたらく相互的な反作用は、却って理性に自由にはたらく余地を与えて、これらの傾向をひとまとめにして屈服させ、けっきょくは自滅するところの悪の代わりに、いったん存在するとなるとそれからはゆるぎなき自存を維持するところの善を支配的ならしめるのである。

この論文を全体としてまとめると、カントは、理性によって発見させる道徳法則に従って行為することが、一人の「人格」にとっての「自由」であるという道徳的哲学的大前提は崩さないけど、それを現実化するための国家レベル、国際レベルの制度に関しては、かなり現実主義的な見方をしていて、〝理論〟と〝現実〟を強引に一致させようとはしない。理論通りの理想の公共体などないことは分かっているけれど、理想に向かっての更なる発展の契機になりそうな既存の制度は守っていこうとする。彼は抽象的な道徳理論に取り組む一方で、現実の世界において、「自由」と「法」を両立させる方策を探究し続けたと言えるでしょう。

国家の「強制法への服従」と個人の「自由の精神 Geist der Freiheit」は両立する？

ホッブズ

人々は国家を創設した時点で、安全保障と引き換えに自分の「自然権」を放棄するという前提。⇒「主権者が不法を働かない」ことが、臣民の権利の保障に直結するわけではない。

↕

カント

人々はお互いの権利を保障し合う市民的憲法＝国家体制を作るために「原本的契約」を結ぶ。体制の運営に責任を持つ主権者が不法を働かないのであれば、市民たちは自分たちの権利は保障されている。
にもかかわらず、自分たちの権利が侵害されていると感じられるのであれば、そこには何か誤解があるかもしれないので、はっきりさせるために意見を申し立てることができて然るべきである。

※主権者に抵抗することはできないと言っているが、主権者が不法を行う可能性は排除していない。

⇩

そこで、自由な「言論」活動を通して、どちらが正しいのか論じることが重要
合意形成できない場合、主権者に従う。

言論を通しての真理探究は、市民的憲法＝国家体制にうまく適合し、それは、臣民たちの権利を保障する責任のある主権者にとっても望ましい。

※これは、「啓蒙とは何か」の結論とも一致。

Q　ルソーとベッカリーアの関係については「社会契約論」というつながりがあることが分かりましたが、カントとベッカリーアは、相互に影響し合っていたのでしょうか？

A　それほど多くの接点はないと思います。カントは『人倫の形而上学』の「法論」の中でベッカリーアの死刑廃止論を批判する議論をしています。このことは、死刑をめぐる議論の文脈で時々参照されますが、それ以上の接点はないと思います。

第四回で見たように、ベッカリーアは、社会契約に際して人々が自分の命を奪われる可能性に同意するはずはないという前提で議論をしましたが、カントはこれはおかしいと言います。カントに言わせれば、人が刑罰を受けるのは、本人が刑罰を欲したからではなく、罰せられるべき行為を欲したからです。カントによると、社会契約という形で立法に参加しているのは、私の中の「純粋に法的・立法的な理性 die reine rechtlich-gesetzgebende Vernunft」＝「英知的人間 homo noumenon」であって、罪を犯して刑罰を受けるのは、もう一つ別の人格、「現象的人間 homo phaenomenon」です。簡単に言うと、理性的な私と、非理性的な私です。前者が後者を罰するのが、刑法の本質です。カントは、ベッカリーアにはその区別ができていないと指摘しているわけです。

これは「自由意志」論と結びついた哲学的に重要な議論ですが、生身の人間が社会契約を結んでいると考えるベッカリーアにはピンと来ないでしょうし、現代の死刑廃止論の人にもピンと来ないでしょうね。

Q　今行われている憲法改正の議論を、もしルソー、ベッカリーア、カントの三人が議論するとしたら、どういう議論になるでしょうか？

A 率直に言って、三人とも現代の日本人が期待するようなことは言わないような気がします。三人とも一八世紀の人間なので、一八世紀の感覚で議論をしているところがあります。その古い部分を無理に現代化しても、別の人になってしまうでしょう。それは不毛だと思います。現代的議論に仮想的に参加させるのは、ハンナ・アーレントとかロールズのように、二〇世紀以降に生まれた人に限った方がいい。

三人とも、原理的には社会契約を起点として、法体系を構築すべきだという立場を理論的に取っていますが、これまで見てきたように、契約の目的を実現するための組織の作り方に関しては、妙に現実的だったり、古風だったりします。ルソーは古代ギリシア・ローマをモデルにした共和政体を理想化しましたし、カントは啓蒙専制君主が主権者として統治する体制を容認していますし、ベッカリーアはカトリック神学と折り合いを付けようとしている。

ただ、彼らのように、「憲法（基本法）」をはじめとする「法」は「社会契約」に由来するという考え方は、日本の護憲派やリベラル派が前提にしている、「憲法は政府を縛るもの」という考え方と相いれないところがある、ということは指摘しておいていいと思います。政府を縛るものであって、国民を縛るものではない、というのは、マグナ・カルタ以来の英国の憲法の歴史を基準にした考え方です。臣民の代表が、国王の権力を法的に制限するために、マグナ・カルタとか権利章典などが出てきたわけです。社会契約によって国家体制自体が形成されるという考え方は、英国の「憲法」の歴史からは出てこない。

それに対して、フランス革命のように、国家を革命の理念によって作り変えるということを実際に体験している国、言わば、社会契約を実践した国を基準に考えると、社会契約をエクリチュール化したものとしての「憲法」は、国民の自己規律としての性格も持っていると言えそうです。立法者としての国民の意志＝一般意志によって制定された憲法だからこそ、国民を従わせる権威がある。フランス革命の時の「人及び市民の権利宣言」の第六条では、「法律は、一般意思の表明である」と明記されています。現在のフランスの憲法は、その「人及び市民の権利宣言」を前提にすると、前文で宣言しています。

そもそも、日本国憲法によって、立法府の制定する法、行政府による命令、裁判所による司法に権威が付与され、それに国民が従っているわけですから、間接的には、国民を拘束していることは間違いないわけです。その拘束されている国民を、主権者としての国民と区別するかどうかについては、先ほどお話しした、ベッカリーア／カント的な問題があります。要は、直接縛っているか、間接的にかという話です。「憲法は国民を縛るものではない」ということの意味を、こうした観点からちゃんと考え直すべきである、とルソーやカントの社会契約論の視点から示唆できるでしょう。

ただ、そういうことを指摘すると、憲法を国民の意志でもう一度選び直そうという保守派の思想に有利になるので、リベラル系の人はあまりそこに触れたくないかもしれません。カントやルソーを専門的に研究している人の多くはリベラルなので、憲法論議に、自分たちが普段やっている研究の成果を持ち込みにくいのではないか、と思います。民主主義とは、憲法や法律を通して表明される「一般意志」を介しての人民の自己統治であるという議論や、人民は理性的に思考できるように自己を鍛えなければならないという議論も、反権力的な立場の人にとっては、好ましくないでしょう。でも、そういう「好ましくないこと」についてあえて考えるのが、学者だと思います。

［後書き］——憲法改正の議論をする〝まえ〟に、〝法学〟的未人の生態について考えてみる

ドイツ系の思想史と文学を専門にしていた私が、金沢大学の法学部（類）に勤めるようになってから、一六年近く経つ。この間、法学に比較的近い政治思想史を教えることになり、法哲学・法思想史、医事法関係の仕事もするようになったが、法学部の「文化」には完全には馴染み切れない感じがしている。いろいろな面で違和感を覚えるのだが、最もイヤなのは、ヘンな所で見当外れの〝法学権威主義〟を振り回す人種が多いということだ。そういう人種は、一度「権威主義」モードに入ると、話が通じなくなる。私が体験した典型的な例を紹介しておこう。

サンプル1——《法学部》的文化!?

教授会での話である。期末試験の時期が議題になっていた。それまで、前期の期末試験は、夏休みの後に行っていた。それだと、試験の後と新学期の間に中途半端な休み期間ができるし、成績評価と事務処理が大変だということで、全学的に夏休み前に試験期間を移そうという動きがあり、法学部でも検討することになった。その時の法学部の教務委員長は、私と同じように法学部出身ではない、政治学系の先生だっ

た。
教務委員長から、全学の動きに合わせて法学部でも夏季休暇の前に期末試験期間を移したいという提案があったのに対して、六法の一つを教えている、法学原理主義者を自認する教授が強硬な反対意見を展開した。曰く、「文学とか社会学とか経済学とか、水平的にいろんなものを学んでいく学問であれば、授業期間の後、すぐ試験を受けてもいいのでしょうが、法学という垂直的に体系化されている学問の場合、長期休暇の間に、自分の学んだことの意味を十分に咀嚼し、再構成する必要があります」。そう言われて、教務委員長は、自分も〝水平的学問〟扱いされたと思って、かちんと来たらしく、やや強い口調で言い返した。「私のような非法学を専門にしている人間は、広く浅くしか学問をやっていないので理解できないのかもしれません。しかし、法学部でも後期は、これまで春休みの前に期末試験をやってきましたが、後期の科目は水平的だということなのでしょうか？」 結局、期末試験は夏休み前に実施されることになった。

これほど典型的ではないにせよ、〝法学の特殊性〟を権威主義的に強調する屁理屈をしばしば聞かされる。判例データベースの使い方を一年生から教えるべきだという議論があった時、私が、「一年生からやる意味なんてあるんですか。操作自体は簡単だし、実際に判例を専門的な見地から読み始める必要が生じた時に、ゼミの先生が教えた方がいいのでは」という主旨の発言をしたら、「これだから法学部出身でない奴は……」、という感じで白い目で見られた。現実には、一年生の時から「判例」を本格的に読んでいる学生なんて、ほとんどいないし、ごくたまにいる真面目な学生は、教師からデータベースの使い方を教えてもらう必要などないわけだが……。

〝法学教員〟は、東大や京大でさえどのくらいの割合で存在するのか分からない〝理想の法学部生〟――ご当人たちも幻想だと思っているふしもあるが――を想定して法学教育論を展開しようとするので、まともに話を聞いていると、精神的に消耗する。

教員以上に腹が立つのが、学生だ。（戦前旧帝大の一つに成りそこなったトラウマを長年ひきずってきた）大学の特性かもしれないが、やることをやらないくせにプライドだけ高い奴が多い。授業中に居眠りしている奴や、携帯電話をいじっている奴を叱ると、逆恨みし、ネットに悪口を書く。授業にほとんど出ないで、試験だけ受けて、落ちると、教師のせいにする。「面白くないから、授業に出なかった」と屁理屈を付ける――出席していないのに、どうして面白くないと分かるんだ！

「法律相談所」とか、「模擬国連」といった〝公認〟サークルの部室で、新しく入った後輩に対して、「ナカマサはヤバい」という噂を流し、悦に入っている奴が何人かいるらしい。しかし、そいつ自身は、授業なるものに出たことがないので、どうヤバいのか説明できない。「ヤバいよ！　ヤバいよ！」だけで〝コミュニケーション〟が成立するのだから、プレーリードッグ並みの連中である。

そういう輩でも、六法とか行政法の先生が厳しいことに対しては、あまり文句を言わない。民法、商法、憲法、刑法、行政法などについては、法学部の権威の中核を成す格式ある学問だというイメージがあるので、それらに対しては文句を言いにくいのだろう。その埋め合わせとして、政治思想史などの〝不要科目〟をけなしたくなるのではないかと思う。「政治思想史のくせに何で厳しくするんだ。立場をわきまえろ！」ということなのだろう。権威主義的体質を身に付けるために部活をやっているのか、と言いたくなる。無論、これらのサークルは所属する人数が多いので、不可避的に、一定の数のバカが含まれるのだろうが、それ以外の〝真面目な学生〟たちが、バカの責任転嫁発言を許容しているのかと思うと、余計に腹立たしい。

私の知っている法学者たちの多くは、（自分のステータスにふさわしく）ハイソに振る舞おうとする傾向があるので、一緒に仕事をしたり、研究会等で本気で議論する機会がない限り、彼らの権威主義の毒気にさらされないですむ。距離を置いて接すれば、法学者は、〝いい人たち〟である。それがごく最近までの私の認識だった。しかし、近年のネット環境の進化、特にツイッターの普及で、状況が変わってきたような気がする。ツイッターに手を出しているうちにおかしくなるのか、ちょうどいいストレスのはけ口を見つけてしまったのか分からないが、ツイッターでふざけた言動をする法学者も目立つようになった。

サンプル2――「ネ申」（ねもうす）が跋扈する末〝法〟の世に、阿〝法〟の集合痴を見る

私が体験した、ツイッターにおける〝法学者〟たちの奇妙な振る舞いの典型的な例を紹介しておきたい。この話の是非は自分の頭で考えていただきたい。読んだ感想は〝思いつき〟でツイッターで書かないように（笑）。

最近、ツイッター上で私に対する一方的な誹謗が拡がって迷惑する〝事件〟があった。

この件は少なからず「法学部」がらみであった。

そもそもの発端は、私の講義を元にした本に対する、ある大学の「法学部生」で将来は研究者志望だと自称する人間――ハンドルネームを使っていて、所属の大学名も示していない――のネット上の〝書評〟だった。「法学部生」を名乗っていながら、どういう「証拠」か明示せず、どのような「基準」によるのかも示さず、いきなり「無駄な記述が多かった」とけなす、上から目線の嫌な物言いだった。

私は個人的には、ブログやツイッターなどやらない――依頼されて、出版社などのブログにコラムを書くことならある。しかし、ネット上で、何ら根拠や基準をも示さない一方的な批判（っポイこと）を受けた場合には、適宜言うべきことは言うようにしている。「細かいことを気にすべきじゃない」と言う人もいるが、私は「法学者」ではないので、金持ち喧嘩せず、というような態度は取らないことにしている。

当該の〝書評〟が、いかにも〝生半可な学者の卵〟による不快なコメントの典型に思えたので、ある出

版社が運営するブログ上で連載している私のコラムの中で、「匿名でこんなコメントをするのはロクな奴じゃない、こんなのに研究者になられたら、不快である」、という趣旨のことを書いた。

それからしばらくたって、このＨＰの連絡先に対して、この人物――便宜的にＡと呼んでおく――から、これは仲正による「私の人格」に対する誹謗中傷だ、反論文を載せろ、という主旨の投稿があった――ハンドルネームを使っての投稿だった。

二〇一三年の八月七日の午前中のことである。ブログの担当者から、私に相談の電話がかかってきたのだが、その時ちょうど私は、他大学に集中講義に出かけていたので、しばらく電話に出られる状態ではなかった。すると、二～三時間のうちに、その反論文と全く同じ内容の文がツイッター上に現れた。そこに、普段からネット上で私の悪口を拡散して喜んでいる〝常連〟たちが寄って来て、あることないことネガティヴ情報を付け足し始めた。それに加えて更に、とにかく騒ぎが好きなヒマ人どもが野次馬として集まって来た。当然のことながら、この連中は、問題の発端になった私の本がどういうものか全然知らないし、興味もない。単純に、たくさん本を出して、いい気になっているように見える奴を叩きたいという欲望で群れているだけである。

この状況を知って驚いた担当者が、かねてからブログの更新を考えていたこともあって、すぐにブログを閉鎖してしまった――これはまずい対応だったたと思う。私は後になって、そのことを知らされて、すぐに元に戻すように言ったが、技術的な問題があって、すぐには復活できなかった。その間の経緯は、再開されたブログで説明されている。

私が、同日の夕方になってようやくブログの担当者の電話に出た時には、「仲正は学部生に反論され、自分のブログを閉鎖して逃亡している」という〝デマ〟が出回り、Ａは〝勝利宣言〟を出していた。それを含めたネガティヴ・コメントの連鎖を、わざわざ togetter（ツイッター上の関連するコメントをまとめて掲載する簡易サイト）にアップした奴もいる。そこには、「逃げた」を含めて、かなりのデマや、中傷誹謗が含まれていた。例えば、仲正がこれだけ人格異常なのは、まだ統一教会信者であるせいだ、と邪推するのがあった——私が二一年前に信者をやめた経緯については、何度もいろんな所で語っている。仲正はやっぱり屑だったとか、百田尚樹とか仲正がのさばっている日本はおかしい、というのもあった——どうしてさほど著名人でもない私が、流行作家と並んで、日本をダメにしている元凶なのか理解できないが。ブログの臨時閉鎖と、その手のネガティヴ・コメントで満足し、「みなさんのおかげで僕の言い分が通りました」、などと言ってのける、Aはまともな奴とは思えない。反論文を掲載してくれという投稿を送りながら、返事を待たずに、同時にツイッターで悪意のあるリアクションをかき集めようとする。これが誠実な人間か？「法」を学ぶ者の姿勢とは思えない。しかも、終始匿名のままである。

これだけだと、逆切れ人間がたまたま自称「法学部生」だったというだけの話だが、この人物を煽って〝反論文〟を書かせたうえ、ツイッター上で悪意のあるコメントを集めるお膳立てをしたのは、信じられないことに、某国立大学法学部の政治学系の教員Bである。実は、Bは以前一度だけ私と一緒に仕事をしたことがあるし、共通の知人も何人かいるのだが、この間一切私に連絡しないまま、私に対する攻撃を一方的に続けた。Bは、Aのことを「冷静な対応をしている」、などと持ちあげ、それとの対比で、私のことを、「本当のことを言われて狼狽している」などとけなした。togetter に誹謗中傷コメントを集めてアップしたのは、Bのお仲間である——問題の togetter 自体は、いつの間にか削除されていた。

この〝祭り〟に加わった奴の中に法学を学んだと称する者が二～三名いた。その中に、「Aさんに対する仲正氏の行為は、侮辱罪に相当する可能性がある」、などともっともらしいことを言う者もいた——「〇〇罪の構成要件に該当する可能性がある」とか、「◇◇の有力説から見て、△△法に違反する可能性がある」とか、専門用語らしきものを持ち出して、素人を脅かそうとするのは、レベルの低い〝法学者〟の常とう手段である。そもそもAが匿名で、著者としての私を侮辱するようなことを言うので、私がそれに反撃しただけの話である。それに対し、AやB、及び、これら〝法理論家〟を含む、炎上好きの野次馬集団は、私を具体的に名指しし、虚偽の事実を含んだ誹謗中傷記事を集め、ネット上で拡散させている。togetterを「お気に入り」に登録しただけの連中も、それに加担している。しかも、当のAは匿名のままネットから姿を消している。そういうことを一切無視し、私を悪者にして、正義の味方を気取るのが、〝法学を学んだ者〟のやることか？

更に呆れたことに、騒ぎに加わったバカの中に、B以外にも現役大学教員が何人かいた――その内の数名は自他共に認めるネット中毒である。特にひどかったのが、首都圏の大手私大の法科大学院の教授を名乗るCと、そのお仲間らしい、匿名の自称女性研究者Dである。Cは、ブログ中の私のコラムを見たらしく、いくつか誤読による見当外れのコメントをしていたが、特にひどかったのは、「この文章を書いた人間の精神の歪みを感じる」というものである。Dは、「私は学生時代に自分のブログに、先輩研究者から暖かいコメントをもらって勇気付けられながら育ってきました。そういう私としては、こういう心ない文章に対しては怒りを通り越して、背筋が寒くなるのを感じます」、などともっともらしいことを書いている。

私は、自分がまともな人格者であるとも、立派な教師であるとも思ったことなどないが、炎上騒ぎ――ブログ上で起こったことではないので、厳密には炎上ではないが――に便乗し、他大学の教員の人格をけなし、自己満足している自分たちの人格は、まともだと思っているのか？

仮に、B、C、Dたちが、ある程度名前の知られている私がAを迫害していると認識――冷静に考えれば、そんな状況ではないのだが――したうえで、義侠心でAの味方をしたのだとしても、どうして私を挑発し、騒ぎを大きくするような真似をするのか？　Aが実際、研究者志望の学部生だとすれば、この手の騒ぎを起こすのは、本人の将来のためにはならないだろう。彼らがAのことを真剣に考えているつもりなら、先ず、仲正と直接話し合いをするよう、諭すべきだろう。B、C、Dの内の誰かが、間に入って仲介すれば、Aは匿名のまま、私やブログ担当者と話し合いをすることができたかもしれない。Aと知り合いであるBや、首都圏の大学――Aの大学かもしれない――に勤めているCには、その機会が十分あったはずである。B、C、Dが、自分は仲正などと違って〝ちゃんとした教育者〟だと思っているとすれば、仲裁の努力を一切せず、逆に煽って騒ぎを大きくするのは、矛盾している。そういう感覚のない人間が、まともな教育者面してのさばっている現状を見ると、私の方こそ「怒りを通り越して、背筋が寒くなる」。

そもそも、(法と政治について真剣に考えるべき)法学や政治学の研究者が、研究交流や社会問題に対する意見交換など、健全な目的でツイッターをやっているのだとしたら、こういう社会的重要性が極めて低い――ほとんどナイと言っていい――事案に、単に大勢の人間がRT(リツイート)しているというだけで安易に首を突っ込むのは、おかしいだろう。野次馬根性で集まって来たくせに、まともな人間らしい口をきくのは、私に言わせれば、末人的症状である。

最後に、C、Dをはじめとする多くの連中が、根本的に誤解している点について説明しておく。私は自分の勤めている大学の世間的ステータスがそれほど高くないことに不満を言っているわけではないし、学生の基礎学力が低いことに文句を言っているわけでもない。私の担当している授業を、学生たちが不要科目と見なし、真面目に勉強してこないことも、多少不快だが、さほど問題視していない。自分が勉強しないことを、教師などのせいにして正当化し、それを噂として広めようとする態度に怒っているのである。

私は、話の通じる法学者や政治学者とは一緒に仕事をすることが結構多いが、CやDのようなのに出くわすと、むなしくなる。こういう連中を生み出す〝法学〟という因果な学問がイヤになる。

しかし、現実の〝法学者〟がどうであれ、現代社会を深いところで規定する、「法」について哲学的に考えることは重要だ！　ルソー、ベッカリーア、カントの「法」理論に由来する法的言説は、法学という学問の枠を超えて、私たちの法意識に影響を与え続けている。彼らのテクストを――「無駄だ！」などと即断せず――細部に拘って読めば、いろいろと発見がある。

二〇一三年九月

金沢市平和町公務員宿舎にて

「法」と「自由」をめぐる哲学系ブックガイド

マキャベリ
『ディスコルシ：「ローマ史」論』
筑摩書房

古代ローマの歴史家ティトゥス・リヴィウスによって描かれたローマの共和国史を、当時のイタリアの状況と対比しながら、共和制のあるべき姿を論じたマキャベリの大著。国家を守ろうとする市民たちの主体的コミットメントや力量が重要であることを強調しており、君主の力量を強調する『君主論』とは対照的である。この著作で示された共和制観は、ルソーの社会契約論にも影響を与えている。「独裁」の仕組みについても紹介されている。

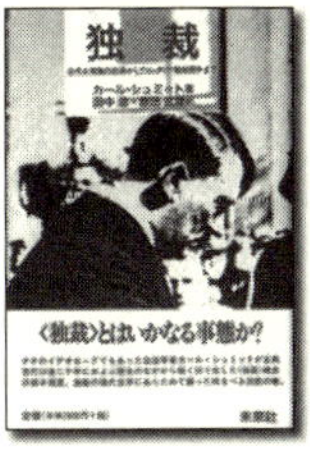

シュミット
『独裁』
未來社

古代ローマの独裁官制から、近代初期の特命委員制度を経て、ワイマール共和国の大統領の非常時の権限に至るまでの、「独裁」の概念と制度の歴史的変遷を論じている。当初は、法的な委任として位置付けられていた「独裁」が、市民革命期に、人民が憲法制定権力の主体として想定されるようになったことによって、無制約の「主権独裁」としての性格を強めていったことを、独特のスタイルで論証している。『政治神学』『政治的なものの概念』『憲法論』等にも繋がる、シュミットの権力論の原型が示されている。

スタロバンスキー
『透明と障害』
みすず書房

ルソー研究の古典的な著作。ルソーの思想と生涯の全体をコミュニケーションの透明性の探究と、それを遮る障害との遭遇という視点から一貫性をもって描き出している。デリダの『グラマトロジーについて』を通じて現代思想の中心的なテーマにもなった、パロール（音声）とエクリチュール（書字）の対立をめぐる問題が、ルソー読解の要点として提起されている。『人間不平等起源論』と『社会契約論』の間の差異もこの視点から読み解くことができる。

アーレント
『革命について』
筑摩書房

フランス革命とアメリカ独立戦争の比較を通じて、近代市民革命を主導した二つの「自由」の概念の違いを明らかにしている。フランス革命が欠乏からの「解放」に終わったのに対し、アメリカ独立戦争が「自由な国家体制」を創出することに成功したことを、構成的＝憲法制定権力の観点から論じている。ルソーを「同情」の論理による解放のイデオローグとして位置付けている点は、（私には）誤読と思われるが、自由主義的な視点からのルソー批判の典型として読むこともできよう。

フーコー
『監獄の誕生』
新潮社

近代の刑罰のシステムが、見せしめ的な性質の強い身体刑から、公衆の目につかない監獄への監禁へと重点を移していったことの意義を、豊富な史料と、独自の「権力」論に基づいて分析している。「法」の社会防衛機能と「犯罪」の間の弁証法的な関係について哲学的に掘り下げた視点が示されている。ベンサムの「パノプティコン（一望監視装置）」に対する批判的な考察は、現代の監視社会論の原点になった。ベッカリーアの議論もたびたび言及されている。

芹沢一也
『〈法〉から解放される権力』
新曜社

大正デモクラシー期における、新派刑法学の登場に代表される「犯罪」をめぐる言説状況や新しい制度の創設を、フーコーの『狂気の歴史』や『監獄の誕生』の枠組みを応用する形で、歴史社会学的に読み解いている。「犯罪」を「狂気」や「貧困」と結び付けて理解する新派刑法的な言説や、予防的な権力観の形成が、「民本主義」と結び付いていたとする分析はスリリングである。

瀧川裕英
『責任の意味と制度』
勁草書房

「法」の基礎的な概念の一つである「責任」を、法哲学と分析哲学の知見に基づいて緻密に分析した研究書。刑法の基礎理論と分析哲学にまたがる興味深いテーマである、「責任」の根拠としての「他行為可能性」についてコンパクトに解説されている。従来の法学において支配的になっていた、目的論的な性格を強く持つ「負担責任」論から、問責者と答責者の間のコミュニケーション的な関係として「責任」を捉える「応答責任」論への転換を提唱している。

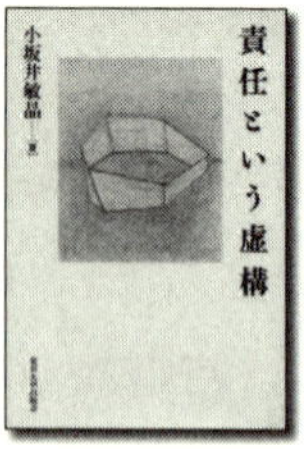

小坂井敏晶
『責任という虚構』
東京大学出版会

近代法の核になっている「責任」という概念の起源を人類学的、心理学的に検討した、社会心理学者による著作。「責任」は因果律に基づかない社会的虚構だという視点から、各人の内に「自由意志の主体」を想定する「責任」論を批判している。ホロコーストの遂行者の心理や、冤罪の生じるメカニズムなどについても示唆的な考察を提示している。同じ著者が、裁判員制度について論じた、『人が人を裁くということ』（岩波書店）も興味深い。

筏津安恕
『私法理論のパラダイム
転換と契約理論の再編』
昭和堂

啓蒙主義の哲学者で自然法論者であるクリスティアン・ヴォルフ、形式的理性法論を展開したカント、歴史法学の創始者であるサヴィニーの三人の私法理論における「契約」観を詳細に検討している本格的研究書。プーフェンドルフに代表される、他律的意思に基づく義務の体系から、自律的意思に基づく権利の体系への転換の意味を、三人の法理論に即して詳細に検討している。カントの『人倫の形而上学』の「私法」理論史上の位置付けを知ることができる。

アーレント
『カント政治哲学講義録』
明月堂書店

本人によって体系的に展開されることがなかったカントの「政治哲学」を、『判断力批判』の中の「共通感覚」論に重点を置く形で再構成することを試みたアーレントの講義。同じ「共同体」に属するヴァーチャルな他者の視線から自己の行為を判定する「共通感覚」が、政治的活動における複数性を支えていることを明らかにする方向での読解が試みられている。編者のベイナーの解説論文も収められている。

木原淳
『境界と自由』
成文堂

カントの「自由」論を、『人倫の形而上学』における陸地の共同取得の問題と関連付けて論じた研究書。カントの社会契約論を、ホッブズ、ロック、ヴァッテルなど、土地の所有化と主権の関係をめぐる議論の系譜の中に位置付けたうえで、「自由」の（現実的）「境界」という問題系を浮上させている点がユニーク。カントと後期シュミットの間の意外な関係も見えてくる。

ケアスティング
『自由の秩序』
ミネルヴァ書房

カントの『人倫の形而上学』の「法論」の部分を丹念に読み解き、カント法哲学の全体像を描き出している。定言命法や超越論的自由を核とするカント倫理学と、法理論の相関関係について突っ込んで論じられている。物権、債権、物権的債権（家族法）等の具体的な問題と、実践理性の関係が詳述されており、法哲学者としてのカントを知る手がかりになる。「緒論」で、現代のリベラリズム系の政治哲学におけるカントの位置付けが要約されており、カント哲学のアクチュアリティを考えるうえで参考になる。

ハイエク
『自由の条件』Ⅰ－Ⅲ
春秋社

ハイエクの政治哲学上の主要著作。「他者による強制がない状態」として「自由」を捉えたうえで、それを保障するための仕組みが、英米の法・政治史の中でどのように発達してきたかを概観している。「法の支配」「憲法」「権利」等に関して、通常の自由主義のそれとは異なる独自の定義を与えている。

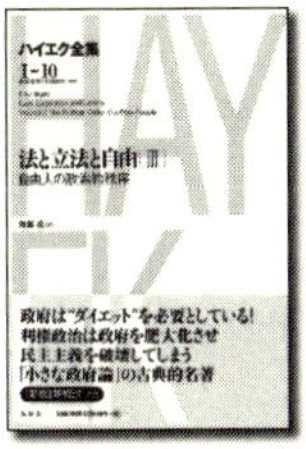

ハイエク
『法と立法と自由』Ⅰ－Ⅲ
春秋社

ハイエクの「法」哲学の集大成。「法」とはそもそも何であるかを、「ルールの進化」という視点から描き出している。「正しい振る舞いのルール」「自生的秩序／組織」「ノモス／テシス」「カタラクシー」など、ハイエク独特の概念装置が登場する。「社会的正義」を政府の力によって実現しようとする設計主義とケルゼン流の法実証主義の繋がりを指摘する議論や、立法院と行政院を分離する提案などもユニークである。

ハーバマス
『事実性と妥当性』上・下
未來社

ハーバマスの法・政治哲学上の主著。近代法が、制度化された討議を通して正義を実現する手続法としての性格を強めていったという概念史的前提の下で、民主主義と自由主義、政治的自律と私的自律を媒介するものとしての「法」の役割を論じている。ハーバマスの討議倫理の集大成としての性格を持っている。「熟議的民主主義」の原点とも言うべきテクストで、ロールズとの論争のきっかけにもなった。

レッシグ
『CODE』
翔泳社

「法」「社会規範」「市場」と並んで「アーキテクチャ」を、人々の行動を社会的に規制する手段としてクローズアップしている。当人の意識に対して言語を介して働きかける「法」や「社会規範」と違って、逸脱行動を取ることが不可能な物理的環境を作り出すことに主眼を置く「アーキテクチャ」をめぐる議論は、「法」とは何か改めて考えるきっかけになる。ネットの発達とアーキテクチャの関係をめぐる考察は、同じ著者による『FREE CULTURE』や『REMIX』など、知的所有権を再考する著作のテーマとも繋がっている。

白田秀彰
『インターネットの法と慣習』
ソフトバンク新書

著者の専門である、ネットワーク上の「知的所有権」をめぐる法理論的問題を検討しながら、土地の「所有権」を基準に構築された近代法の「権利」論を相対化する視点を示している。インターネット関係法と関係付けながら、近代法や民主主義の基本理念を明らかにしているので、ネット時代向きの〝法学入門〞として読むこともできる。

rengoDMS

本書は、連合設計社市谷建築事務所でおこなわれた、著者が主催する勉強会の講義を収録し編集・制作しました。

【著者紹介】

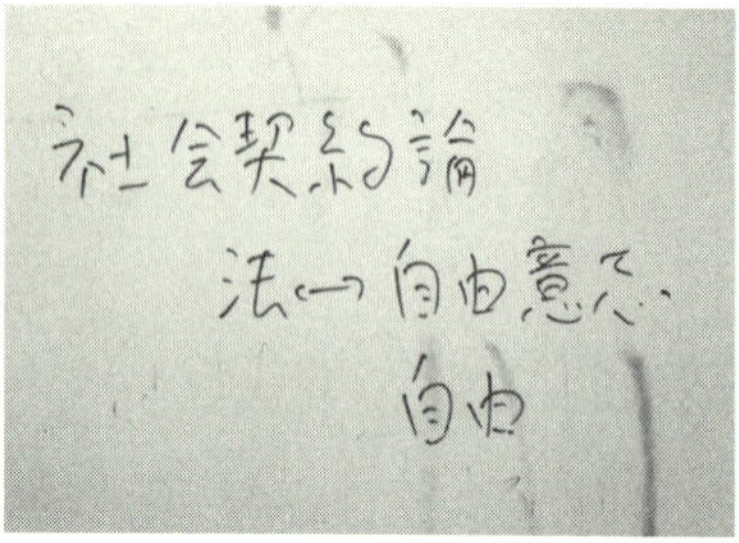

仲正昌樹（なかまさ　まさき）

1963年広島生まれ。東京大学総合文化研究科地域文化研究専攻博士課程修了（学術博士）。現在、金沢大学法学類教授。専門は、西洋古典研究、法哲学、政治思想史。分かりやすく古典を読み解くことで定評がある。また、最近は、『複製技術の演劇――パサージュⅢ』（あごうさとし作・演出）などで、ドラマトゥルクを担当し、演劇を通じて現代思想を紹介している。

主な著作に『集中講義！　アメリカ現代思想』（ＮＨＫブックス）、『今こそアーレントを読み直す』（講談社現代新書）、『いまこそロールズに学べ』（春秋社）、『カール・シュミット入門講義』（作品社）、『〈ネ申〉の民主主義』（明月堂書店）など多数。

〈法と自由〉講義
——憲法の基本を理解するために——

2013年10月31日第1刷印刷
2013年11月5日第1刷発行

著　者　仲正昌樹

発行者　高木有
発行所　株式会社作品社
〒102-0072　東京都千代田区飯田橋2-7-4
Tel 03-3262-9753 Fax 03-3262-9757
http://www.sakuhinsha.com
振替口座 00160-3-27183

装　幀　小川惟久
本文組版　有限会社閏月社
印刷・製本　シナノ印刷(株)

Printed in Japan
落丁・乱丁本はお取替えいたします
定価はカバーに表示してあります
ISBN978-4-86182-455-5 C0010

Walter Benjamin

ヴァルター・ベンヤミン

「危機」の時代の思想家を読む

Nakamasa Masaki

仲正昌樹

現代思想の〈始原〉を熟読する

暴力と正義、言語、情報とメディア、表象文化、都市空間論……あらゆる思考の出発点、ヴァルター・ベンヤミン（1892-1940）の主要作品群『翻訳者の課題』『暴力批判論』『歴史の概念について』『複製技術時代における芸術作品』を徹底的に読み解く。

《日本の思想》講義
ネット時代に、丸山眞男を熟読する

Nakamasa Masaki
仲正昌樹

破滅する政治、蔓延する無責任、
加速するイメージ支配……
そして、“なんでも”「2.0」でいいのか？

戦後の古典を、今一度紐解き、なぜ、この国では、「熟議」「公共性」「自由」「正義」「民主主義」などが、本当の“意味”で根付かないのか?を徹底分析、〈思想する〉ことを鍛える集中授業!

カール・シュミット入門講義

Nakamasa Masaki
仲正昌樹

現代思想の第一人者による、本邦初の“本格的”入門書!

２１世紀最も重要、かつ《危ない》思想家の主要著作と原文を徹底読解し、《危うく》理解され続けるキーターム「決断主義」、「敵/味方」、「例外状態」などを、その思想の背景にある彼が生きた時代と独特な世界観を探りながら、丁寧に解説。